Regimes de Bens no Casamento e na União Familiar Estável

Conselho Editorial
André Luís Callegari
Carlos Alberto Molinaro
Daniel Francisco Mitidiero
Darci Guimarães Ribeiro
Draiton Gonzaga de Souza
Elaine Harzheim Macedo
Eugênio Facchini Neto
Giovani Agostini Saavedra
Ingo Wolfgang Sarlet
Jose Luis Bolzan de Morais
José Maria Rosa Tesheiner
Leandro Paulsen
Lenio Luiz Streck
Paulo Antônio Caliendo Velloso da Silveira

S593r   Simões, Thiago Felipe Vargas
        Regimes de bens no casamento e na união familiar estável / Thiago Felipe Vargas Simões. – Porto Alegre: Livraria do Advogado Editora, 2015.
        199 p.; 23 cm.
        Inclui bibliografia.
        ISBN 978-85-7348-946-0

        1. Direito de família - Brasil. 2. Bens de família. 3. Casamento (Direito). 4. União estável. 5. Autonomia privada. I. Título.

                                      CDU 347.237(81)
                                      CDD 346.810432

Índice para catálogo sistemático:
1. Bens de família: Brasil   347.237(81)

(Bibliotecária responsável: Sabrina Leal Araujo – CRB 10/1507)

Thiago Felipe Vargas Simões

Regimes de Bens no Casamento e na União Familiar Estável

Porto Alegre, 2015

© Thiago Felipe Vargas Simões, 2015

Edição finalizada em setembro/2014

Projeto gráfico e diagramação
Livraria do Advogado Editora

Revisão
Rosane Marques Borba

Direitos desta edição reservados por
Livraria do Advogado Editora Ltda.
Rua Riachuelo, 1300
90010-273 Porto Alegre RS
Fone/fax: 0800-51-7522
editora@livrariadoadvogado.com.br
www.doadvogado.com.br

Impresso no Brasil / Printed in Brazil

"O que há dentro do meu coração
Eu tenho guardado pra te dar
E todas as horas que o tempo
Tem pra me conceder
São tuas até morrer
[...]
Te adoro em tudo, tudo, tudo
Quero mais que tudo, tudo, tudo
Te amar sem limites
Viver uma grande estória
[...]
Um amor puro
Não sabe a força que tem
Meu amor eu juro
Ser teu e de mais ninguém
Um amor puro..."

(Djavan, *Um amor puro*)

À minha Lívia Ronconi Costa, como uma singela (mas verdadeira!) demonstração de todo o meu amor, carinho e imensurável paixão.

Eu te amo!

Prefácio

Sempre me despertou a atenção o talento literário do escritor Thiago Felipe Vargas Simões, cujos textos jurídicos conheci antes mesmo de conhecer o autor, em uma situação bem típica daquelas em que a fama precede ao conhecimento pessoal, como também costuma suceder entre escritores jurídicos, porque os livros chegam antes do escritor. Assim que os escritos de Thiago antecederam ao ato de nossa formal e pessoal apresentação. Nem tão formal assim, pois quando conhecemos a quem já admiramos por suas qualidades literárias sempre fica aquela impressão de estarmos conversando com um velho conhecido e dileto amigo. Mas, nosso marcante encontro ocorreu na encantadora cidade de Vitória, a Capital do Estado do Espírito Santo, onde estive para ministrar palestra em evento jurídico realizado na Univix – Faculdade Brasileira –, e justamente convidado pelo Professor Thiago. Advogado de grande prestígio e palestrante de concorrida requisição, Thiago é Mestre e Doutor em Direito Civil pela PUC de São Paulo, Professor de Direito Civil na Universidade de Vila Velha – UVV/ES, Presidente do IBDFAM do Espírito Santo, concorrido palestrante e autor de diversos livros, sendo para mim, especialmente caro o tomo que ele escreveu em parceria com Cristiano Chaves de Farias, intitulado o – *Reconhecimento de filhos e ação de investigação de paternidade* – publicado pela editora Lumen Juris, para cuja obra fui honrosamente convidado a escrever a sua absolutamente dispensável apresentação, diante da grandeza do texto e dos autores. Thiago também é subscritor de numerosos artigos, disputados para publicação nas mais destacadas revistas de doutrina deste extenso e diversificado País. Este, de um modo muito sucinto, é um acanhado esboço da silhueta técnica do Professor Thiago, colhendo destacar para desfecho deste breve prefácio com a sempre difícil tarefa de pincelar apenas alguns dos diversos aspectos que constroem a personalidade de Thiago Felipe Vargas Simões, com sua inteligência e simpatia, mas, sobretudo, uma pessoa simples e cativante, cujas características bem configuram o aspecto humano deste jovem jurista de destaque nacional, verdadeiro empreendedor e um apaixonado por sua profissão, como sempre demonstra em todas as suas áreas de atuação, próprio daqueles que amam o seu ofício e que, assim como Thiago, dedicam o que têm de melhor para extrair a essência de sua produção jurídica. Por todas estas virtudes é que me permito promover uma pequena intersecção entre a feição técnica e a feição humana do advogado, autor e professor Thiago, de quem hoje sou, além de um admirador incondicional, também um particular e envaidecido amigo, pois dentre os seus inúmeros valores, encontra-se a facilidade pela qual ele constrói e cultiva as suas grandes e perenes amizades. Esta, aliás, a única razão pela qual fui envaidecidamente convidado para prefaciar o festivo lançamento deste novo livro escrito por Thiago Felipe Vargas Simões e que discorre sobre os *Regimes de Bens no Casamento e na União Familiar Estável*, editado em feliz parceria do autor com a igualmente prestigiada Livraria do Advogado Editora, cuidando o autor de preencher com a exaustão que lhe é peculiar uma sentida lacuna doutrinária presente no estudo dos regimes matrimoniais, agora preenchida por Thiago, que dialoga em seu livro sobre os mais variados tópicos vinculados aos regimes de bens inerentes às relações afetivas, com suas variadas espécies, sua alteração judicial ou extrajudicial, a relevância da autonomia privada no âmbito do casamento e dos contratos de namoro e de convivência, com importante incursão nas relações poliafetivas, passando pela teoria do patrimônio mínimo, pela doação universal de bens e pela polêmica separação obrigatória dos cônjuges e conviventes septuagenários e todas as suas consequências jurídicas. Com mais este livro muito bem semeado por Thiago Felipe Vargas Simões, para a indescritível gratificação de todos seus leitores que operam e se encantam pelo Direito de Família, calha, a partir deste ponto, simplesmente desfrutar dos seus conhecimentos, como doravante vocês poderão pessoalmente verificar.

Porto Alegre, maio de 2014.

Rolf Madaleno
wwww.rolfmadaleno.com.br

Prefácio

O Direito de Família obteve uma autonomia muito significativa, em parte pela atuação do IBDFAM, que nasceu num congresso em Belo Horizonte, tendo por principal mentor o Prof. João Baptista Villela.

O entusiasmo dos seus seguidores levou à organização permanente de congressos, que foram adquirindo o condão de trazer novas propostas.

Resultou tal dinamismo em multiplicação de obras e, é inevitável, de repetição de temas. Começou a surgir certa reação ao trabalho do IBDFAM com posições doutrinárias confrontantes com as inovadoras ali desenvolvidas.

Isto foi positivo para o desenvolvimento científico do estudo da matéria.

A distinção entre o direito puro de família e o direito patrimonial ficou um tanto quanto amortecida.

Essa é a razão desta obra de Thiago Felipe Vargas Simões, jovem promissor oriundo do Espírito Santo, que desenvolveu seu doutorado na PUC/SP sob nossa orientação.

Além de se apaixonar pelo estudo, em particular pela análise do papel da Autonomia Privada no âmbito do Direito de Família, procurou evidenciar independência e maturidade.

Não se limitou a analisar o direito posto, mas também, os aportes jurisprudenciais e doutrinários sobre as novéis relações familiares.

Sua proposta mereceu o apoio dos examinadores da tese e, por isso está chegando agora à forma de livro para circulação nacional.

Espero que o público tenha o mesmo prazer que tive em ler e examinar o texto, bem escrito e fundamentado.

É um prazer prefaciar esta obra.

São Paulo/SP, 25/06/2014

Renan Lotufo

Sumário

Palavras prévias..13

Apresentação – *Cristiano Chaves de Farias*..17

Capítulo 1 – O princípio da autonomia privada..................................19
   1. Breves contornos acerca da autonomia privada: uma necessária distinção com a autonomia da vontade..19
   2. A autonomia privada como tutela da liberdade: um escorço sobre a autodeterminação..25
   3. A autonomia privada, *summa diviso* e o Direito Civil-Constitucional: os direitos fundamentais e as relações privadas..................................31
      3.1. Estado democrático e a tutela dos direitos fundamentais individuais..........38
      3.2. Eficácia horizontal dos direitos fundamentais nas relações privadas..........41

Capítulo 2 – As relações familiares..47
   1. A família contemporânea e a Constituição Federal..........................47
   2. Os princípios norteadores do Direito de Família...............................54
      2.1. Dignidade humana..59
      2.2. Solidariedade familiar..63
      2.3. Igualdade...66
      2.4. Pluralidade das entidades familiares......................................72
      2.5. Liberdade ou não intervenção do estado................................74
   3. As formas de constituição familiar à luz da Constituição Federal........77
      3.1. Casamento...78
      3.2. União familiar estável..85
      3.3. Monoparentalidade...90

Capítulo 3 – Os regimes de bens..95
   1. A relação patrimonial das famílias..95
   2. Os princípios informadores dos regimes de bens..............................97
      2.1. Variedade...98
      2.2. Mutabilidade condicionada..99
      2.3. Liberdade de escolha...110
         2.3.1. O pacto antenupcial..112
         2.3.2. O contrato de convivência...120

3. O contrato de namoro e a união familiar estável...126
4. O contrato de convivência poliafetiva...129
5. Os regimes de bens..132
6. Os regimes de bens aplicáveis ao casamento..133
    6.1. O regime da comunhão parcial...134
    6.2. O regime da comunhão universal...144
    6.3. O regime da participação final nos aquestos......................................148
    6.4. O regime de separação de bens..151
        6.4.1. A separação obrigatória de bens...152
            6.4.1.1. A Súmula nº 377 do Supremo Tribunal Federal....................154
        6.4.2. A separação convencional de bens..157
7. Dos regimes de bens aplicáveis à união familiar estável..................................160
8. Administração de bens e a prática de atos de disposição.................................162
    8.1. Atos que não necessitam de anuência expressa...................................163
    8.2. Atos que necessitam de anuência expressa.......................................166
        8.2.1. Cônjuges..167
        8.2.2. Conviventes...169

Capítulo 4 – As relações patrimoniais da família e a teoria do patrimônio mínimo...171
1. O Bem de Família e o patrimônio mínimo...171
2. A proibição de doação universal..180
3. O regime de separação obrigatória de bens aos maiores de setenta anos...........183

Conclusão...189

Bibliografia...193

Palavras prévias

Com alegria, trazemos esta contribuição à comunidade jurídica. Trata-se do nosso *Regimes de Bens no Casamento e na União Familiar Estável*, apresentado pela Livraria do Advogado Editora.

O livro é fruto de longos anos de dedicação à pesquisa, cujo nascedouro e desenvolvimento se deu entre os anos de 2009 a 2012, período em que estivemos vinculados ao curso de doutoramento em Direito Civil junto a PUC/SP. Indubitavelmente, intensas e (por vezes) infindáveis foram as discussões e debates sobre o tema que ora apresentamos.

Aliado a grande quantidade de informações literárias e jurisprudenciais absorvidas, nossa inquietude constante na busca de uma conciliação entre questões tão óbvias (e ao mesmo tempo tão complexas) à vida humana como a *liberdade* e a *família*. Isso por ser o primeiro fator de grande destaque na história da humanidade, apresentando-se como grande responsável pelas transformações culturais, econômicas, jurídicas, políticas e sociais dos séculos que nos antecederam, ao passo que a segunda é a mais antiga das associações do ser humano.

A tentativa de propiciar aos alunos, profissionais e curiosos do Direito uma visão que entendemos ser condizente com a ordem sociojurídica brasileira, a partir de uma interpretação do Direito Civil à luz da Constituição Federal de 1988, certamente encontrará dissidentes e, por este motivo, divergências surgirão. E outra não poderia ser a nossa expectativa: provocar o debate com vistas a reinterpretar o regramento jurídico nacional.

Não medimos esforços para apresentar uma visão crítica e profundamente jurídica sobre os institutos da *liberdade contratual*, do *casamento* e da *união familiar estável*, do *pacto antenupcial*, do *contrato de convivência*, do *contrato de namoro* e do *contrato poliafetivo*, para chegarmos às conclusões sobre a incidência das regras específicas dos *regimes de bens*.

O ponto de partida e chegada deste livro é a Constituição Federal de 1988 e suas regras, uma vez que este foi o texto legal responsável pela mudança dos paradigmas exclusivamente privados, em que as pessoas se pautavam na liberdade para o acúmulo de riquezas e ampliação de suas propriedades, designada à época como *autonomia da vontade*, para um que atenda a coletividade e que cumpra sua devida função social, como um verdadeiro ato de *autonomia privada*.

Estruturamos o trabalho de maneira muito simples, técnica e objetiva para que sejam analisados os efeitos patrimoniais característicos dos arranjos familiares, conhecidos como regimes de bens, e sua visão civil-constitucional. Por esta razão, este trabalho analisará os regimes de bens das famílias constituídas pelo casamento e pela união familiar estável a partir da concepção de uma nova prumada de possibilidades jurídicas, não mais pautada na irrestrita vontade dos particulares, mas dentro dos limites conferidos pela lei.

Primeiramente, trabalhamos a *autonomia privada* e seu surgimento, bem como o tratamento jurídico e legal que vem recebendo, assim como a incidência dos valores constitucionais no âmbito das relações eminentemente privadas. Em seguida, a família será objeto de estudo. Seus princípios jurídicos e formas de constituição serão vistas sempre com o escopo de atender os ditames da *autonomia privada* e sua aplicação na esfera pessoal da família.

Após, os regimes de bens do casamento e da união familiar estável serão analisados a partir do texto civil codificado e sua justa adequação à Constituição Federal e seus princípios jurídicos, trabalhando-se o exercício da liberdade dos cônjuges e conviventes através dos instrumentos conferidos pela lei. Por fim, estudar-se-á a incidência da *autonomia privada* na esfera patrimonial da família e a relevância da manutenção de um *patrimônio mínimo*, expondo as limitações legais existentes para a preservação deste.

E para que o título deste trabalho não cause estranheza ao leitor, justificamos a designação da família informal como *união familiar estável*, e não simplesmente *união estável*: ao longo da vida, inúmeras são as relações pessoais que se mantêm estáveis ao longo do tempo, mas que não se caracterizam como núcleo familiar legítimo (como ocorre nos namoros prolongados e, até mesmo, nos concubinatos), motivo pelo qual entendemos que a expressão *união familiar estável* melhor se coaduna com a figura jurídica prevista no artigo 226, § 3º, da CF/88 e no artigo 1.723 do Código Civil.

Acreditando sempre que as maiores virtudes do ser humano são a gratidão e o respeito, não podemos deixar de registrar as bênçãos de Jesus Cristo, bem como o amor e o carinho dos meus pais, Carlos e Janete (minhas forças vitais), além de um suporte afetivo e intelectual de amigos e professores queridos, que não mediram esforços e dedicação para que esta jornada fosse concluída da maneira mais plena, aqui representados nas pessoas de *Renan Lotufo, Flávio Cheim Jorge, Débora Vanessa Caús Brandão, Marcelo Abelha Rodrigues, Rolf Madaleno, José Carlos Teixeira Giorgis, Cristiano Chaves de Farias, Giselda Maria Hironaka, Nelson Rosenvald, Felipe Silveira, Vasti Maria de Jesus, Eliana Munhós Ferreira, Zeno Veloso, Maria Alice Zaratin Lotufo, Heitor Neto, Maria Berenice Dias, Tárek Moysés Moussálem, Bruno Klippel, Renzo Gama Soares, Leonardo Barreto Moreira Alves, Filipe Pim Nogueira, Ézio e Olívia Baptista*, e de todos aqueles que direta e indiretamente acompanharam esta caminhada.

Fica, também, nosso agradecimento à Livraria do Advogado Editora, na pessoa do editor *Walter Abel*, que confiou neste projeto e abraçou a empreitada!

Sem a pretensão de prender ainda mais os leitores, invocamos as belas palavras de Gandhi quando o pacifista indiano clamou a todos para que *sejamos a transformação que queremos ver no mundo*, e desejamos, com imenso carinho, uma agradável e produtiva leitura, com votos de que novas ideias possam surgir para a construção de um Direito de Família mais humano, justo e solidário!

Vila Velha/ES, verão de 2014.

Thiago Felipe Vargas Simões
Email: tfvsimoes@terra.com.br
Twitter: @tfvsimoes

Apresentação

Conheço Thiago Felipe Vargas Simões há alguns anos e, desde o início, estabelecemos uma fraterna relação de amizade, em decorrência de uma grande afinidade de ideias.

Ele integra a nova safra de jovens, talentosos e corajosos civilistas que estão a prestar relevante contribuição à ciência jurídica (e à sociedade como um todo), discutindo a feição estruturante do Direito Civil, seja pelo prisma dos seus fundamentos teóricos, seja pela sua efetividade prática, com o diálogo com os outros ramos da ciência jurídica.

Desfrutando da sua inestimável amizade, venho, prazerosamente, acompanhando o sucesso profissional desse jovem civilista, cuja paixão pela pesquisa científica e pelo Direito salta aos olhos (somente sendo equiparada por uma igualmente substanciosa paixão chocólatra – típica de um bom capixaba...). Assim, testemunho a sua dedicação ao estudo na cuidadosa preparação das aulas e das palestras que vem brindando o público no Espírito Santo e em diferentes estados da Federação, sempre tratando de temas contemporâneos, plasmados de preocupações evidentes com um sistema jurídico melhor operável.

E a obra que vem a lume nessa oportunidade está inserida nesse quadrante.

Fruto de sua cuidadosa pesquisa de doutoramento, *Regime de Bens no Casamento e na União Familiar Estável* é uma obra com a assinatura indelével de seu autor.

Um livro prospectivo e contemporâneo.

Prospectivo porque problematiza o tema com verticalidade evidente. Analisa os efeitos patrimoniais de uma relação afetiva à luz da (indispensável) influência da autonomia privada – pedra angular das relações entre particulares, materializando a própria liberdade de autodeterminação, garantida constitucionalmente.

Contemporâneo também. Porque apresenta uma visão do regime de bens voltada muito mais para o para-brisa do que para o retrovisor. Com fina sensibilidade, submete a normatividade dos efeitos patrimoniais da relação familiar ao princípio do patrimônio mínimo da pessoa humana (também chamado de mínimo existencial), que é decorrência direta da dignidade humana. Aqui, inclusive, ouso dizer, está o ponto alto do trabalho, percebendo, com sutileza, a necessidade de novas reflexões sobre velhos temas, como, por exemplo, a nefasta imposição do regime de separação obrigatória de bens para as pessoas com mais de setenta anos de idade.

É aqui que o tom se eleva.

Fixadas as premissas fundamentais de suas obra, sem desafino, o talentoso civilista do Espírito Santo executa uma nota musical corajosa: propõe alvissareiras conclusões, com alto grau problematizante, instigando o leitor a uma vertical e novidadeira reflexão. E, garantindo a prospecção e a contemporaneidade do seu escrito, Thiago Felipe Vargas Simões instiga o seu leitor a pensamentos que, certamente, trazem consigo relevância teórica e prática, presente e futura.

Vindo, enfim, de um capixaba, assevero, sem hesitar, que se trata de uma sonata coerente e completa. A leitura dessa obra é, seguramente, *viver um momento lindo, na fé que nos faz otimistas demais na construção de um sistema jurídico mais justo e solidário.*

Afianço que o livro atende às expectativas de quem precisa de uma reflexão cuidadosa e inovadora acerca dos efeitos patrimoniais da relação familiar, em diálogo permanente (e necessário!) com as garantias constitucionais. Reputo, inclusive, que isso decorre, de certo modo, da vivência cotidiana do seu autor no magistério, em palestras e na advocacia (em larga parte nas varas de família), fazendo com que pudesse incorporar um especial cuidado na exposição da matéria.

Thiago Felipe, *meu amigo de fé, meu irmão e camarada*, muito orgulha essa nova safra de jovens professores da qual me permito sentir parte integrante, propondo uma nova compreensão para o regime de bens do casamento e da união familiar estável, afinado com a normatividade da Carta Magna, escrevendo, nessa senda, o seu nome no rol dos compositores que transpassam o prazer íntimo da criação para executar uma bela melodia que propicia agradável sensação a quem tem o prazer de ouvi-la...

Enfim, *esse cara é você*, Thiago!

Praia do Forte, Bahia, no esquentado verão de 2014

Cristiano Chaves de Farias
Promotor de Justiça do Ministério Público do Estado da Bahia
Mestre pela Universidade Católica do Salvador – UCSal.
Professor de Direito Civil do Complexo de Ensino Renato Saraiva – CERS
Professor da Faculdade Baiana de Direito
Membro do Instituto Brasileiro de Direito de Família – IBDFAM

Capítulo 1

O princípio da autonomia privada

1. Breves contornos acerca da autonomia privada: uma necessária distinção com a autonomia da vontade

Desde as mais antigas civilizações, o ser humano se deparou com a necessidade de estipular regras para uma justa e igualitária vida social, a fim de coibir restrições ou privações de seus direitos.

A busca pela *igualdade* e pela *liberdade* individual sempre foi o tônus das sociedades que, ao longo dos tempos, tinham tais ideais como o ápice da vida em comum e a mais clara tradução do sentimento de existência do ser humano, ainda que, em dado momento da história, fosse possível encontrar situações que rechaçassem tal afirmação.

Não se nega que esses direitos sofreram alterações em suas esferas de abrangência e incidência, seja por questões que estejam ligadas à ordem privada ou à pública, haja vista a necessidade de se estabelecer uma convivência social, um verdadeiro *contrato social*, como entendeu Rousseau.

Entretanto, é possível afirmar que independe do contexto social ou momento histórico pelos quais passou a humanidade, *a pessoa humana* sempre esteve como elemento ensejador das normas jurídicas, ao passo que estas surgiram como forma de pautar condutas e obrigações.

Para Renato Rabbi-Baldi Cabanillas,[1] "[...] trata-se de pontualizar a relevância que em todos os processos ostenta-se a pessoa humana e que, justamente para ela (seja para o virtuoso ou para a reprovação), ocupa a atenção de uma das suas criações mais preciosas: o direito".[2]

---

[1] Cf. *Teoría del derecho*, p. 41.
[2] Para Tércio Sampaio Ferraz Jr., cf. *Introdução ao estudo do direito*, p. 29-30, "[...] em sociedades primitivas, esse poder está dominado pelo elemento organizador, fundado primariamente no princípio do parentesco. Todas as estruturas sociais, que aliás não se especificam claramente, deixam-se penetrar por esse princípio, valendo tanto para as relações políticas como para as econômicas e para as culturais, produzindo uma segmentação que organiza a comunidade em famílias, grupos de famílias, clãs, grupos de clãs. Dentro da comunidade, todos são parentes, o não-parente é uma figura esdrúxula. As alternativas de comportamento são, assim, pobres, resumindo-se num 'ou

A partir desta criação, necessária à convivência humana, pois não há quem imagine o ser humano vivendo isoladamente, sem a companhia de seus semelhantes, que surgiu a necessidade de se enxergar o Direito como fenômeno da necessidade humana, estabelecendo-se verdadeiras normas de conduta que são impostas (quando visam ao bem-estar social) ou acordadas (quando estipuladas por particulares).

Do Direito Romano extrai-se a expressão *ubi societas, ibi ius* (*onde existe sociedade, também existirá o direito*) que, de acordo com Renato Rabbi-Baldi Cabanillas,[3] "[...] supõe a presença de pessoas suscetíveis de pautar compromissos e de obrigarem-se ao seu cumprimento e de outras capazes de *dizer o direito* de cada um".

Este *direito*, que surge para regulamentar o vínculo existente entre as mais diversas e diversificadas pessoas que formam uma sociedade, passou a ser entendido e interpretado como o elemento regulamentador da *igualdade* e da *liberdade* individual e social, estabelecendo, em um primeiro momento, normas de caráter geral (públicas) e normas de caráter individual (privadas).

Por certo, esta diferenciação fez com que o direito à liberdade individual[4] ficasse consubstanciado na lei maior da sociedade. Todavia, esta mesma liberdade individual tornou-se o ápice das normas de caráter privado, haja vista que passou a ser vetor essencial das relações jurídicas negociais.

Com o desenvolvimento e sistematização do Direito Civil, esta liberdade apareceu como forma de consagração da não interferência do Poder Público nas relações privadas, traduz o período do *Estado Liberal*, iniciado com a Revolução Francesa de 1789, visando a erradicar o absolutismo estatal e a alavancar o direito dos particulares quando de suas pactuações.

Com o fim do Estado Absolutista e o surgimento do Estado Liberal, propagado pela ideia de que a plena liberdade e a autonomia desenfreada seriam os expoentes da autoafirmação do ser humano, de-

---

isto ou aquilo', num 'tudo ou nada'. O indivíduo, dentro da comunidade, só é alguém por sua pertinência parental ou clã. O poder de estabelecer o equilíbrio social liga-se ao parentesco".

[3] Cf. *Teoría del derecho*, cit., p. 41.

[4] Acerca do direito à liberdade, Joaquim José Gomes Canotilho, cf. *Direito constitucional e teoria da constituição*, p. 408, alçando este à condição de direito fundamental, expõe que "os direitos fundamentais cumprem a função de direitos de defesa dos cidadãos, sob uma dupla perspectiva: (1) constituem, num plano jurídico-objectivo, normas de competência negativa para os poderes públicos, proibindo fundamentalmente as ingerências destes na esfera jurídica individual; (2) implicam, num plano jurídico-subjectivo, o poder de exercer positivamente direitos fundamentais (liberdade positiva) e de exigir omissões dos poderes públicos, de forma a evitar agressões lesivas por parte dos mesmos (liberdade negativa)".

sequilibrou-se, ainda mais, a balança social que já se encontrava demasiadamente desigual.

Com o surgimento da codificação francesa de 1804, Renan Lotufo[5] afirma que esta "[...] deveria refletir os princípios da Revolução (Liberdade, Fraternidade e Igualdade), centralizou-se em dois institutos, tomados como valores fundamentais: *propriedade* e *contrato*. Admitiu que a propriedade devia ser para todos e que devia existir liberdade contratual para todos. Esta liberdade foi entendida como algo inato a todo ser humano, com o que todo ser humano era livre para contratar como e com quem quisesse".

É a partir deste momento, conforme leciona Ana Prata,[6] "[...] que o conceito de autonomia privada ganha um conteúdo autônomo e operativo; e é esse conteúdo que vai investir a própria noção de negócio jurídico. Este deixa de ser visto na perspectiva de instrumento de troca de bens – na perspectiva da sua função – para ser acentuado o seu caráter de realização da liberdade econômica. O negócio é a afirmação da liberdade da pessoa, o negócio é o efeito jurídico da vontade livre".

Assim sendo, a autonomia privada tem como finalidade garantir aos particulares o direito de livremente estipularem cláusulas negociais e os efeitos decorrentes de tal convenção, protegendo-os de uma excessiva intromissão estatal no âmbito de suas relações.

Pelos dizeres de Pietro Perlingieri,[7] a autonomia privada é "[...] o poder reconhecido ou atribuído pelo ordenamento jurídico ao particular para autorregulamentação de seus próprios interesses. Autorregulamento que, conforme previsão do direito objetivo, é juridicamente vinculante às partes que o criaram, assumindo, este, força de lei".

Entretanto, este poder reconhecido aos particulares pelo ordenamento jurídico vem recebendo concepções diversas, com o intuito de se estabelecer um conceito mais denso, coeso e atual com a contemporânea dogmática do Direito Civil. Por esta razão, Luigi Ferri[8] discorre que "o problema da autonomia é, acima de tudo, um problema de limites, os quais são sempre o reflexo das normas jurídicas e que, na falta destas, esse problema não poderia sequer se justificar, a menos que se pretenda identificar a autonomia com a liberdade natural ou moral do homem".

---

[5] Cf. *A codificação: o código civil de 2002*, p. 86.

[6] Cf. *A tutela constitucional da autonomia privada*, p. 9-10.

[7] Cf. *Autonomia negoziale ed autonomia contrattuale*, p. 327.

[8] Cf. *La autonomía privada*, p. 5.

Desta forma, necessária se faz uma tratativa conceitual mais restrita acerca da autonomia privada para, assim, se chegar à formação de um mecanismo efetivamente útil. Em trabalho de referência sobre o tema, diz Luigi Ferri[9] que "a etimologia da palavra *autonomia* nos diz que significa um algo a mais, algo mais circunscrito que a simples liberdade de obrar, ainda que esteja limitada ao campo do lícito jurídico. A autonomia privada não é expressão de uma mera licitude ou faculdade, mas sim manifestação de poder e precisamente do poder de criar, dentro dos limites estabelecidos pela lei, normas jurídicas".

Nada mais salutar do que reconhecer a autonomia privada como verdadeiro poder normativo que se confere aos particulares para possibilitar relações jurídicas de cunho privado por estes regulamentadas, dentro dos parâmetros estabelecidos pela legislação, ou seja, é poder que se confere aos particulares para que estes criem normas jurídicas aptas à definição de seu conteúdo e efeitos.[10] Tais normas jurídicas particulares são estipuladas em negócios jurídicos, ou seja, em normas jurídicas cuja normatividade decorreu de um poder, isto é, da autonomia privada.[11] [12]

O negócio jurídico é, pois, efetivo resultado de um processo de criação de direitos e obrigações por liberalidade de particulares, constituindo previamente atos que estes deverão ou não praticar, respeitando-se limites que a legislação (normas cogentes) impõe para a confecção da avença.

Este ato de exercício da autonomia privada é o que fomenta a elaboração de cláusulas que se destinam, dentro das relações estritamente particulares, a obrigações que versam sobre aspectos pessoais e patrimoniais com respaldo e limites estabelecidos pela ordem do Estado, os

---

[9] Cf. *La autonomía privada*, cit., p. 7.

[10] No entender de Rosa Maria de Andrade Nery, cf. *Noções preliminares de Direito Civil*, p. 116, a autonomia privada "é princípio específico de Direito privado. Situa-se em outro plano, ligada à idéia de poder o sujeito de Direito criar normas jurídicas particulares que regerão seus atos. Manifesta-se, principalmente, nos negócios jurídicos. A autonomia privada como fonte normativa é fenômeno que permite que o sujeito realize negócios jurídicos (principalmente negócios jurídicos bilaterais, ou seja, contratos), que são extraordinários mecanismos de realização do Direito, na medida em que o negócio jurídico é um modo de manifestação de normas jurídicas (ainda que particulares)".

[11] Diz Renan Lotufo, cf. *Código civil comentado: parte geral (vol. 1)*, p. 271, que "o negócio jurídico, para nós, é o meio para a realização da autonomia privada, ou seja, a atividade e potestade criadoras, modificadoras ou extintoras de relações jurídicas entre particulares, portanto o pressuposto e causa geradora de relações jurídicas, abstratamente e genericamente admitidas pelas normas do ordenamento".

[12] "Numa perspectiva substantiva material, os negócios jurídicos são actos de autonomia privada que põem em vigor uma regulação jurídica vinculante para os seus autores, com o conteúdo que estes lhe quiserem dar, dentro dos limites jurídicos da autonomia privada". Pedro Pais de Vasconcelos, cf. *Teoria geral do direito civil*, p. 247.

quais são fixados e destinados aos particulares, como forma de caracterização, ainda maior, da presença de um Estado assistencial em detrimento de um modelo intervencionista.

Esclareça-se que a autonomia privada tem como fundamento a liberdade (alçada à condição de valor jurídico), bem como o fato de o ser humano figurar como elemento estruturante sob o qual se constrói e desenvolve o ordenamento jurídico, a fim de se regulamentar a livre manifestação da vontade das pessoas dentro dos limites conferidos.

Ademais, é imprescindível analisar o conteúdo axiológico que a liberdade traz consigo. É certo e incontroverso que, como a liberdade tem suas raízes no comando máximo da dignidade humana, conjugada com a livre iniciativa e justiça social, insculpidos nos artigos 1º, III, e 170, ambos da Carta Federal de 1988, fixam-se, ali, as raízes da autonomia privada como instrumento de exercício e desenvolvimento da personalidade do ser humano, como já pontificou o Supremo Tribunal Federal[13] ao entender que "[...] é certo que a ordem econômica na Constituição de 1988 define opção por um sistema no qual joga um papel primordial a livre iniciativa. Essa circunstância não legitima, no entanto, a assertiva de que o Estado só intervirá na economia em situações excepcionais. Mais do que simples instrumento de governo, a nossa Constituição enuncia diretrizes, programas e fins a serem realizados pelo Estado e pela sociedade. Postula um plano de ação global normativo para o Estado e para a sociedade, informado pelos preceitos veiculados pelos seus arts. 1º, 3º e 170. A livre iniciativa é expressão de liberdade titulada não apenas pela empresa, mas também pelo trabalho. Por isso a Constituição, ao contemplá-la, cogita também da 'iniciativa do Estado'; não a privilegia, portanto, como bem pertinente apenas à empresa. Se de um lado a Constituição assegura a livre iniciativa, de outro determina ao Estado a adoção de todas as providências tendentes a garantir o efetivo exercício do direito à educação, à cultura e ao desporto (arts. 23, V, 205, 208, 215 e 217, § 3º, da Constituição)".

A liberdade não se confunde com a autonomia privada, uma vez que esta nada mais é que um desdobramento daquela. Como bem afirma Francisco dos Santos Amaral Neto,[14] "a liberdade, como valor jurídico, permite ao indivíduo a atuação com eficácia jurídica, ou melhor, a atuação livre com transcendência jurídica que se concreta em duas manifestações fundamentais, uma, subjetiva, que é o estabelecimento, modificação ou extinção de relações jurídicas, e outra, objetiva, que é a normatização ou regulação jurídica dessas relações".

---

[13] ADI 1.950, Rel. Min. Eros Grau, julgamento em 3-11-2005, Plenário, DJ de 2-6-2006.

[14] Cf. *A autonomia privada como princípio fundamental da ordem jurídica*, p. 128.

Quanto à autonomia privada, o aludido autor aduz que "[...] o ordenamento estatal deixa um espaço livre no exercício do poder jurídico dos particulares, espaço este que é a esfera de atuação com eficácia jurídica. Reconhece-se portanto que, tratando-se de relações jurídicas de Direito Privado, são os particulares que melhor conhecem seus interesses e a melhor forma de regulá-los juridicamente".[15]

Percebe-se, assim, que a autonomia privada decorre da liberdade, uma vez que, enquanto esta é irrestrita, aquela sofre limitações por parte do próprio ordenamento jurídico. Importante ressaltar, outrossim, que a autonomia não se encontra limitada apenas às relações econômicas ou meramente tidas por patrimoniais, abarcando também as relações jurídicas extrapatrimoniais, tais como o casamento e a união estável, que terão como base diretiva princípios constitucionais que assegurem a promoção à dignidade humana.

Apesar de seu nascedouro ter ordem constitucional e desaguar em todas as relações privadas, não se pode confundi-la com a autonomia da vontade, devendo-se estabelecer as diferenças entre elas existentes.

Se, por um lado, a autonomia privada é o poder que o Estado confere aos particulares para que estes, mediante negócio jurídico,[16] venham a estabelecer suas próprias pretensões, ou seja, poder para regular a si mesmo e os seus atos e consequências no mundo jurídico, a autonomia da vontade está ligada à própria vontade do indivíduo em realizar determinado negócio jurídico, isto é, um elemento anímico, interno que, nos dizeres de Immanuel Kant,[17] "é aquela sua propriedade graças à qual ela é para si mesma a sua lei".

A outrora visão de autonomia da vontade, como verdadeira fonte dos atos e dos negócios jurídicos, hoje se encontra superada, haja vista que sua concepção se deu em momento histórico no qual a necessidade de autoafirmação do ser humano era considerada como mecanismo de sua própria existência, refletindo-se, assim, o contexto individualista da sociedade.

Muitos se equivocam ao tratar a *autonomia da vontade* como sinônimo de *autonomia privada*. Há de se fixar que a primeira, considerada princípio jurídico fundamental do Direito Privado, foi superada pela

---

[15] Francisco dos Santos Amaral Neto, cf. *A autonomia privada como princípio fundamental da ordem jurídica*, cit., p. 128.

[16] Acerca da instrumentalidade do negócio jurídico como materialização da autonomia privada, pontifica Emílio Betti, cf. *Teoria geral do negócio jurídico*, p. 88, que "ele é o ato pelo qual o indivíduo regula, por si, os seus interesses, nas relações com outros (ato de autonomia privada): ato ao qual o direito liga os efeitos mais conformes à função econômico-social e lhe caracteriza o tipo (típica neste sentido)".

[17] Immanuel Kant, cf. *Fundamentação da metafísica dos costumes*, p. 90.

segunda, não apenas pelo momento social em que passaram a ser difundidas, mas também por uma análise que se faz da estrutura dos negócios jurídicos.

Como bem percebe Débora Vanessa Caús Brandão,[18] "a autonomia privada consiste na possibilidade conferida às pessoas pelo ordenamento jurídico de estabelecer relações jurídicas cujo conteúdo e efeitos são por ele reconhecidos e tutelados, bem como de autorregular suas ações, desde que dentro dos limites jurídicos".

2. A autonomia privada como tutela da liberdade: um escorço sobre a autodeterminação

Partindo-se das palavras de Francisco dos Santos Amaral Neto,[19] a liberdade jurídica "se encarada sob o ponto de vista do sujeito, realiza-se no poder de criar, modificar ou extinguir relações jurídicas; se encarada objetivamente, é o poder de regular juridicamente tais relações, dando-lhes conteúdo e eficácia determinada, reconhecida e protegida pelo Direito".

Na contemporaneidade das relações jurídicas, percebe-se facilmente que o ordenamento jurídico voltou-se para a pessoa humana, lançando sobre esta uma série de proteções e faculdades para, conjuntamente, garantir-lhe justiça social e a busca da realização de seus interesses. Tem-se, assim, a *liberdade* como o pressuposto para o exercício daquilo que é facultado às pessoas.[20]

O exercício da liberdade individual, como corolário de uma garantia dada pelo próprio ordenamento, tem nas relações jurídicas patrimoniais seu campo máximo de atuação. É neste campo que as pessoas traduzem suas intenções e pretensões através dos negócios jurídicos, sejam eles atos unilaterais ou decorrentes da composição de interesses.

Sem dúvida, com o surgimento desta liberdade, ensejou-se a imperiosa necessidade de fixação da autodeterminação das pessoas mediante negócios jurídicos que traduzem, assim, uma conversão da autonomia privada em poder garantido por lei aos particulares para a

---

[18] Cf. *Regime de bens no novo código civil*, p. 17.

[19] Cf. *A autonomia privada como princípio fundamental da ordem jurídica*, cit., p. 123.

[20] Para Karl Larenz, cf. *Derecho justo – fundamentos de etica juridica*, p. 74, "a autodeterminação é uma das capacidades fundamentais do homem. A possibilidade de celebrar contratos e de regular, mediante estes, suas relações jurídicas com outros é um importante tipo de atuação desta capacidade. Por isso, a liberdade contratual é um princípio do Direito justo".

criação de regras jurídicas. Para que se possa fixar com maior precisão, há de se compreender a amplitude dogmática da autonomia privada e sua importância para as relações civis.

Neste diapasão, como pondera Ludwig Raiser,[21] "a dogmática civilista vislumbra a autonomia privada como um princípio inerente à estrutura do direito civil, haja vista que atribui aos particulares poderes de autorregular seus interesses. Essa considerada liberdade contratual é um componente basilar dessa autonomia, indispensável para retratar as relações advindas deste acordo negocial".

Com semelhante pensar, Luigi Ferri[22] explica que "o negócio jurídico não é o resultado de uma faculdade, ou seja, do exercício de algo lícito segundo o direito ou resultado deste, mas, acima de tudo, o exercício de um poder ou de uma potestatividade. E a autonomia privada se identifica com este poder ou potestatividade".

Ora, se é através dos negócios jurídicos que se concretiza o exercício da autonomia privada, uma vez que possibilita às partes celebrantes o poder de ajustar suas vontades sobre determinados direitos, naturalmente se pode afirmar que este exercício garante o poder de criar verdadeiras normas jurídicas. Torna-se, portanto, forçoso dizer que a manifestação da autonomia privada está hoje condicionada à observância de princípios e direitos fundamentais previstos na Constituição Federal de 1988, tais como a dignidade humana, solidariedade, livre iniciativa e propriedade.

No plano infraconstitucional, é de fácil constatação no texto da atual codificação civil que o legislador não retirou das partes o poder de se autorregulamentar. Ao contrário: com o surgimento de um sistema de cláusulas gerais, a autorregulamentação foi respeitada quando da inserção da previsão legal que autoriza os particulares a estipular contratos tidos por atípicos desde que respeitados os limites da lei.

Essa autorregulamentação traduz-se na essência do negócio jurídico, ou seja, um ato de autonomia privada por excelência que, para Maria Cristina Vidotte Blanco Tarrega,[23] "caracteriza-se por se vincular o sujeito por seu comportamento. As partes se propõem à determinada conduta e a lei assegura que seja observado o comportamento à que se propuseram".

Partindo-se da premissa de que é mediante negócios jurídicos que a autonomia privada se perfaz, é possível a afirmação de que esta tem

---

[21] Cf. *Il compito del diritto privato*, p. 52.

[22] Cf. *La autonomía privada*, cit., p. 36-37.

[23] Cf. *Autonomia privada e princípios contratuais no código civil*, p. 93.

na *liberdade* o elemento pelo qual incide a atuação das partes envolvidas na celebração do negócio jurídico, sendo-lhes atribuídas as seguintes facetas da *liberdade*: a) de negociação propriamente dita; b) de estipulação do negócio; c) de determinação do conteúdo do negocial.

Considerado princípio no campo dos negócios jurídicos, a liberdade assume a função de exprimir a liberdade de contratar, possibilitando aos particulares poderem agir por sua própria e autônoma vontade, segundo leciona Mário Júlio de Almeida Costa.[24][25]

Por certo que as aspirações sociais – interesse público – do século XIX e início do século XX marcaram as codificações que emergiram nesta época pela busca desenfreada da garantia individual da liberdade e igualdade, tendo nos negócios jurídicos o instrumento de materialização do então interesse público, restando ao Estado apenas garantir a persecução de tal fim.

A *liberdade de contratar*, que teve como grandes expoentes o Código Civil francês de 1804 e o Código Civil alemão de 1896, foi a grande conquista da classe burguesa, que foi possibilitada de adquirir e circular riquezas, pautando-se em um modelo capitalista no qual a livre contratação pelos particulares eram verdadeiras disposições com força de lei.[26]

De igual modo se deu entre nós com o advento da codificação civil de 1916, de onde se tinha o individualismo exacerbado com vistas a possibilitar o livre regulamento dos interesses dos particulares, para que fosse possível o acúmulo de propriedades. A força vinculante dos negócios jurídicos (*pacta sunt servanda*) foi o ápice da preservação dos interesses individuais sobre os interesses sociais.

Quanto à igualdade, esta também foi trabalhada como mecanismo de promoção do bem-estar humano naquele contexto. Todavia, com o inúmero crescimento das relações jurídicas, que se fundavam na liberalidade negocial, criou-se uma enorme divisão social no que dizia respeito às partes integrantes dos negócios jurídicos. Por certo que a

---

[24] Cf. *Direito das obrigações*, p. 229.

[25] John Rawls, cf. *Uma teoria da justiça*, p. 218-219, anota que a liberdade "[...] pode ser explicada mediante uma referência a três itens: os agentes que são livres, as restrições ou limitações de que eles estão livres, e aquilo que eles estão livres para fazer ou não fazer".

[26] Segundo relata Franz Wieacker, cf. *História do direito privado moderno*, p. 543-544, "os pressupostos espirituais e sociais da época em que surge a codificação exprimem-se de forma característica, quer na forma interna quer na forma externa da lei. Como direito privado geral e abstracto, ela ordena em princípio o seu sistema não segundo as organizações espontâneas da vida social [...], mas pelas formas de manifestação conceituais do direito subjectivo: relações de crédito, direitos reais, direitos pessoais".

igualdade defendida àquela época (puramente formal) demonstrou ser incapaz de garantir a efetiva isonomia entre os negociantes.

Maria Cristina Vidotte Blanco Tarrega[27] elucida que, "a revolução capitalista do século XX provocou a decadência do voluntarismo jurídico e consagrou a política intervencionista como meio de se chegar à justiça social. Reconhece-se ao Estado a obrigação de estabelecer regras para a convivência social, atuando nas esferas privadas dos indivíduos".

A manutenção de uma codificação civil predominantemente individualista e patrimonialista não se sustentou com as mudanças socioculturais sofridas. Se o acervo legislativo possibilitava a pactuação desenfreada com apego maior ao que havia sido celebrado em detrimento das pessoas celebrantes, ensejou a transmudação do pensamento do Estado para que a igualdade fosse atingida em sua plenitude. As falências do pensamento liberal e da liberdade contratual trouxeram a imposição de novos valores que vieram a coibir o absolutismo dos direitos individuais.

Francisco dos Santos Amaral Neto,[28] por sua vez, afirma que "o individualismo dos oitocentos, resultante das concepções jusnaturalistas e iluministas que tão bem se positivaram no Código de Napoleão e no BGB, nos quais a pessoa humana, com sua liberdade e autonomia, era o centro por excelência do universo jurídico, e o Direito Civil "a garantia dos fins individuais relativos à família e aos bens" foi-se reduzindo gradativamente a partir do começo do século e, acentuadamente, com a II Guerra Mundial, mercê duma progressiva intervenção do Estado, que limita a autonomia da vontade, quando não a elimina totalmente, às relações de microeconomia".

E completa: "[...] a passagem do Estado liberal para o Estado intervencionista, com a sua crescente ingerência na organização da vida econômica, conduz ao declínio da concepção liberal da economia e a uma consequente crítica ideológica do dogma da vontade, principalmente da doutrina marxista. As consequências e inevitáveis modificações no sistema de Direito Civil podem-se agrupar em três significativas vertentes: 1) as fontes do Direito Civil; 2) os seus institutos fundamentais (personalidade, família, propriedade, contrato e responsabilidade civil; e, 3) a atuação do Estado e de grupos intermediários (partidos políticos, sindicatos, associações de consumidores, etc. nas atividades tipicamente de Direito Privado. [...] Ora, se por um lado vemos a redução ou anulação do individualismo subjacente aos postulados liberais do Direito

---

[27] Cf. *Autonomia privada e princípios contratuais no código civil*, cit., p. 121.

[28] Cf. *A autonomia privada como princípio fundamental da ordem jurídica*, cit., p. 138.

Civil burguês, por outro lado, temos o reconhecimento constitucional desses mesmos postulados, hoje revestidos de uma dimensão pública, geral e funcional, no sentido de que, integrados na ordem econômica e social se utilizem como instrumentos de desenvolvimento e justiça social".[29]

Portanto, correta é a afirmação, por parte da doutrina, ao apontar o equívoco, ainda existente, na tentativa de manter a similitude das expressões *autonomia da vontade* e *autonomia privada*, uma vez que aquela refletia a liberdade contratual excessiva, ao passo que esta decorre do poder conferido pela lei aos particulares para que, consubstanciado a novos valores sociais, celebrem negócios jurídicos que visem a atender seus interesses.

Por mais que o ordenamento jurídico esteja sempre propenso a promover a dignidade das pessoas, permitindo-lhes regular seus próprios interesses, há de se fixar que a liberdade conferida comporta limites. Isto é, a liberdade de se autorregulamentar não é incondicionada, mas sim sujeita a restrições estabelecidas pela própria ordem jurídica.

Não mais se pode afirmar que os negócios jurídicos estabelecem verdadeira lei entre as partes que os celebram (*pacta sunt servanda* e *contractus est lex inter partes*), uma vez que tal pensamento retratava o liberalismo sob o qual se fez inserir, ao longo de um contexto histórico, social e jurídico, mediante revoluções que tinham, na manifestação negocial, o retrato máximo de liberdade sociojurídica. Este expoente da liberdade negocial do ser humano não deixou de existir, mas sim passou por uma necessária adequação junto ao ordenamento jurídico da pós-modernidade que se encontra pautada em critérios equitativos.

Todavia, as restrições que se fazem hoje à liberdade negocial giram em torno da conjugação dos valores constitucionais e infraconstitucionais, ou seja, daquilo estabelecido constitucionalmente com o que prevê a codificação civil e seu sistema de cláusulas gerais que facilitam a interpretação dos comandos maiores.

Desta feita, é possível estabelecer que os limites impostos pelo legislador, para que os negócios jurídicos não venham a gravitar em torno daquilo que extrapola a função a que se destinam os atos negociais, pode-se afirmar que as limitações decorrerão expressamente da lei ou de valores intrínsecos ao ordenamento jurídico.[30]

---

[29] Francisco dos Santos Amaral Neto, cf. *A autonomia privada como princípio fundamental da ordem jurídica*, cit., p. 139.

[30] É o que se entende por limites positivos (previstos pela lei) e limites negativos (aqueles que garantem liberdade criativa no campo negocial), os quais independem da vontade dos celebrantes.

Com a precisão que lhe é peculiar, Renan Lotufo[31] observa que "[...] mesmo com o atual tratamento legislativo do instituto no Código Civil, ele encontra suas limitações e diretrizes na Constituição Federal, sendo que o papel da doutrina moderna é estabelecer a ponte entre tais limitações com a nova ideia de um Direito Civil à luz da Constituição, sem abandonar, como muitos defendem, o ideal privatístico do instituto".

A mudança do pensamento filosófico-jurídico, que trouxe a possibilidade de livre contratação para que houvesse parâmetros para seu exercício, é um dos mecanismos que trazem essa nova releitura do instituto e impõe, indubitavelmente, um sistema que freie a exacerbação outrora praticada como decorrência da remodelação da liberdade e igualdade.

Discorrendo acerca dos limites que a liberdade deve sofrer para que a autonomia privada seja efetivamente respeitada, Daniel Sarmento[32] aduz que "no sentido ampliado que lhe conferimos, a autonomia privada é um pressuposto da democracia, pois sem ela não há possibilidade de que se forme um debate franco de ideias (*marketplace of ideas*, como diria Oliver Wendell Holmes), que permitia ao cidadão a realização consciente das suas escolhas políticas e a fiscalização dos governantes da coisa pública. Mas o valor da autonomia privada não é apenas instrumental para a democracia. Longe disso, ela está indissociavelmente relacionada à proteção da dignidade da pessoa humana. De fato, negar ao homem o poder de decidir autonomamente como quer viver, em que projetos pretende se engajar, de que modo deve conduzir sua vida privada, é frustrar a possibilidade de realização existencial. Todos possuem o inalienável direito de serem tratados como pessoas, e o tratamento como pessoa exige o reconhecimento da autonomia moral do agente, da sua ontológica liberdade existencial".

A liberdade negocial, portanto, é admitida e prevista pelo ordenamento jurídico, mas seu exercício condiciona-se à observância de limites a que lhe são impostos, com vistas a dar efetivo cumprimento ao desenvolvimento da pessoa humana e de sua personalidade.

É, pois, neste sentido, que Ana Prata, cf. *A tutela constitucional da autonomia privada*, cit., p. 22-23, cunhou que "[...] a liberdade não é suficiente para que as necessidades de todos sejam satisfeitas, passa-se a pensar o produto dessa liberdade, o negócio, como instrumento de realização dos interesses privados e não como afirmação da liberdade".

[31] Cf. *Código civil comentado: parte geral (vol. 1)*, cit., p. 278.

[32] Cf. *Direitos fundamentais e relações privadas*, p. 154-155.

3. A autonomia privada, *summa diviso* e o Direito Civil-Constitucional: os direitos fundamentais e as relações privadas

Tradicionalmente, a ciência do Direito é trabalhada em dois flancos: o Direito Público e o Direito Privado. Trata-se da *divisão fundamental do Direito* ou *summa diviso*, que remonta os mais longínquos tempos do Direito Romano, quando a referida divisão integrava a mesma categoria, o *Jus Civile*.

Andrea Torrente e Piero Schlesinger[33] relatam que "o direito público, [...], regula a organização do Estado e outros entes públicos, regulando suas ações, internas ou de fontes privadas, e impõe a estes um comportamento que é obrigado a respeitar a vida e o social e o fornecimento de recursos necessários para atingir o objetivo, de tempos em tempos, daquilo que é considerado público: direito público que é dividido em várias áreas do direito constitucional, administrativo, penal, tributário, etc. O direito privado, no entanto, limita-se a regular as relações entre indivíduos, sejam pessoas ou entes privadas, não se confiando, ao seu cuidado, os órgãos públicos, mas também deixa à iniciativa privada a atuação para composição de normas individuais".

A liberdade, por sempre ter sido o grande objetivo das sociedades ao longo da história da humanidade, exercia preponderância sobre as regras jurídicas que diziam respeito às relações oriundas do Direito Público. É, pois, correto dizer que, desde os tempos do Direito Romano, as relações jurídicas privadas – Direito Privado – se destacavam como o mecanismo posto à disposição dos cidadãos para concretizarem seus interesses.

Nos idos da Idade Média, de acordo com o que informa Leonardo Barreto Moreira Alves,[34] "[...] constata-se o desaparecimento da distinção entre Direito Público e Direito Privado, afinal de contas, em virtude do sistema feudal então vigente, marcado pela descentralização política e jurídica, não se podia falar em um ou dois Direitos, mas sim em uma infinidade de Direitos, incluindo o próprio Direito Feudal, os Direitos consuetudinários de origem germânica, o Direito Romano, o Direito Canônico, etc., o que não permitia a unidade e a coerência do sistema jurídico, tido, por isso mesmo, como profundamente obscuro".[35]

---

[33] Cf. *Manuale di diritto privato*, p. 17.

[34] Cf. *Direito de família mínimo*, p. 21.

[35] Discorrendo sobre os idos do Direito Feudal, Jean Imbert, cf. *Historie du droit privé*, p. 38, discorre que "o sistema feudal é o resultado de um duplo movimento assinalado ao final do primeiro capítulo desta obra: vassalagem e lucro. O emaranhado de ligações entre pessoas (vassalagem)

Mesmo tendo seu nascedouro no Direito Romano, a *summa diviso* ganhou força com o surgimento do Estado Liberal, no qual a liberdade negocial foi tratada como o reconhecimento da manifestação da personalidade humana, tendo na *autonomia da vontade* sua forma mais clara de concretização.

Pode-se afirmar que o pensamento jurídico trazido pela Revolução Francesa de 1789 provocou alterações profundas na ordem sociopolítica mundial, impulsionando uma série de novas tratativas contratuais a partir da vaga noção de liberdade e igualdade, as quais possibilitavam a confecção de relações jurídicas *pelos particulares* e *para os particulares*, concebendo, entre estes, verdadeira força normativa das convenções privadas.

As denominadas constituições oitocentistas alijaram as relações jurídicas privadas de sua esfera de previsão, limitando-se, tão somente, a estabelecer as estruturas políticas do Estado e as formas com que este atuaria na tutela de seus interesses. Desta feita, os ordenamentos jurídicos pós-revolução francesa constituíram-se com a dicotomia *Direito Público* e *Direito Privado*, tendo sua representatividade na Constituição e no Código Civil, respectivamente.[36]

Há de se mencionar que o contexto sociojurídico dos séculos XVII e XVIII fomentou a necessidade de codificarem as relações jurídicas, fossem elas atinentes ao campo constitucional ou ao campo privado. Tecendo comentários acerca do movimento pela codificação, Andrea Torrente e Piero Schlesinger[37] asseveram que "na história moderna – nos séculos XVII e XVIII – assumiu uma importância considerável para o movimento de codificação, tanto no campo constitucional (acho que da 'Declaração dos Direitos Humanos dos aprovados na França durante a Revolução, ou da Constituição Federal americana de 1787, as lutas

---

e as ligações impostas sobre os ativos (lucro) é tal que no início do século X uma nova estrutura política e social deu lugar a um regime de autoridade que Carlos Magno havia tentado instaurar: o enfraquecimento do poder central e a autonomia dos feudos, tais são as características do ponto de vista do direito público. Mas a feudalidade exerceu influência não menos profunda sobre o direito privado, a única que nos interessa aqui: sem querer – sem poder – ser completa, o autor fará o possível para mostrar o impacto do feudalismo sobre as pessoas, o regime de propriedade, e devolução sucessória".

[36] Destacam-se as palavras de Carlos Maximiliano, cf. *Hermenêutica e aplicação do direito*, p. 249, para quem "a diferença entre os dois grandes ramos do Direito estende-se até os dados filológicos. Em geral, no Direito Público se emprega, de preferência, a linguagem técnica, o dizer jurídico, de sorte que, se houver necessidade de significado do mesmo vocábulo, entre a expressão científica e a vulgar, inclinar-se-á o hermeneuta no sentido da primeira. Ao contrário, o Direito Privado origina-se de costumes formados por indoutos, visa a disciplinar as relações entre os cidadãos, fatos ocorridos no seio do povo; é de presumir haja sido elaborado de modo que se adapte integralmente ao meio para o qual foi estabelecido, posto ao alcance do vulgo, vazado em linguagem comum".

[37] Cf. *Manuale di diritto privato*, cit., p. 24.

políticas na pré-unificação italiana para a concessão de uma constituição ou 'Carta'), tanto no campo do direito privado".

Foi com o *Code Français* de 1804 que o Direito Civil foi recebido como Direito Privado por excelência, tendo, na liberdade de contratar, o ápice do sistema privado, com a obrigatoriedade que se impunha com o acordo de vontade dos particulares, consubstanciado no princípio da força vinculante.[38]

Daniel Sarmento[39] assinala que "no paradigma do Estado Liberal, a Constituição não se imiscuía no campo das relações privadas. Estas eram disciplinadas pela legislação ordinária, que gravitava em torno do Código Civil, centrado na proteção da segurança jurídica, tão vital aos interesses da burguesia".

De acordo com Joaquim José de Barros Dias,[40] "o Direito Civil, visto como o centro das relações privadas, tomou, no entanto, outro notável impulso com a consolidação da consciência filosófica e histórica que marcou o mundo moderno, em especial após a proclamação dos ideários de *Liberdade, Igualdade* e *Fraternidade*, presentes na Constituição americana e na francesa. Todavia, a experiência particular de categorização dos direitos privados em uma carta política, fora dos Estados Unidos e dos países do *Common Law*, fez-se sentir, em princípio, à margem de um sistema constitucionalizado, tendo sido traduzida no famoso *Code Napoleon*, fonte jurídica de acentuada inspiração individualista e assentada no dogma quase absoluto da primazia da vontade particular. Neste mesmo sentido, seguiu-se o Código Civil brasileiro, de 1916, elaborado por Clóvis Beviláqua, cuja escola se baseava nas doutrinas individualista e voluntarista consagradas pelo Código Napoleônico".[41]

De tal sorte, outra não poderia ser a concepção da autonomia privada no ordenamento jurídico brasileiro: a ferramenta de concretização da individualidade humana, e o permissivo maior para a persecução dos interesses particulares decorrentes da liberdade desenfreada

---

[38] O Código Civil italiano de 1865 manteve-se extremamente fiel aos preceitos do código napoleônico, conforme lição de Pietro Rescigno, cf. *Trattato di diritto privato – vol 1: premesse e disposizioni preliminari*, p. 8, "o Código Civil da Itália liberal seguia fielmente, [...], o traço do Código Napoleônico. Como o modelo francês foi construído em torno do instituto da propriedade, e nestes termos – isto é, como código da "propriedade" – como os compiladores o apresentaram".

[39] Cf. *Direitos fundamentais e relações privadas*, cit., p. 49.

[40] Cf. *Direito civil constitucional*, p. 15-16.

[41] Sempre pertinentes são as palavras de Orlando Gomes, cf. *Raízes históricas e sociológicas do código civil brasileiro*, p. 30-31, para quem "o Código Civil é obra de homens da classe média, que o elaboraram nesse estado de espírito, isto é, na preocupação de dar ao país um sistema de normas de Direito privado que correspondesse às aspirações de uma sociedade interessada em afirmar a excelência do regime capitalista de produção".

de contratar e de buscar a aquisição de propriedade sem interferência de outras legislações que não fossem estritamente ligadas ao Direito Privado.

Após o fim do Estado Liberal e a eclosão da 2ª Guerra Mundial, foi necessária uma releitura dos ordenamentos jurídicos, com vistas de se obter uma atuação mais presente do Estado nas relações que outrora não lhe competia, ou seja, as relações jurídicas particulares. A divisão entre o Direito Público (em que vigoravam os direitos fundamentais como verdadeira contenção à atuação do Estado) e o Direito Privado (no qual imperava a autonomia dos particulares em situação formalmente igualitária) iniciou uma nova fase de leitura de seus valores mais fundamentais.

Afirma-se, assim, ter sido o Estado Social o responsável por promover profundas alterações na atuação do Estado em suas tradicionais áreas de intervenção, seja por suas próprias regras, seja através da aplicação de valores, tidos como indissociáveis às relações privadas, que também se submetem aos seus comandos. Esclarece Daniel Sarmento[42] que, "com o surgimento do Estado Social, multiplicou-se a intervenção do legislador no campo privado, assim como a edição de normas de ordem pública que limitavam a autonomia da vontade dos sujeitos de direito em prol de interesses coletivos".

A necessidade do Estado em traçar os parâmetros do Direito Privado em sua Constituição teve seu ponto de partida com a Constituição de Weimar, datada de 1919. Francesco Galgano[43] lembra que "a presença de normas de direito privado em um texto constitucional é a consequência de uma mudança na história das constituições modernas, o que reflete uma profunda mudança na concepção de poder".

E assim prossegue: "na Constituição de Weimar e, em seguida, embora tratamentos desiguais, em todas as constituições da Europa Ocidental, caracterizada pela contribuição direta dos partidos de esquerda para a sua preparação, surge a ideia para a criação de uma nova constituição: não só como oposição ao despotismo político, como sujeição ao direito como a relação entre Estado e cidadãos, bem como a oposição ao despotismo econômico e, mais geralmente, os governantes de fato da sociedade civil, como a legalização, com regras solenes de princípio, a relação entre os cidadãos".[44]

---

[42] Cf. *Direitos fundamentais e relações privadas*, cit., p. 49.
[43] Cf. *Diritto privato*, p. 50.
[44] Francesco Galgano, cf. *Diritto privato*, cit., p. 51.

A superação da ideia segundo a qual o exercício dos poderes do Estado poderia ser retratado, como ameaça aos anseios dos particulares, possibilitou a aplicação dos direitos fundamentais no âmbito das relações privadas como forma de tutelar, não apenas a intromissão estatal nas deliberações particulares, mas também de proteger os particulares dos próprios particulares. Claro está que tanto a autonomia privada como a tradicional *summa diviso* perderam o caráter com a qual foram concebidas.

Isso porque os Estados contemporâneos abandonaram o caráter frio de outrora, aproximando dos particulares seus institutos jurídicos mais básicos, para traçar seus dispositivos, os parâmetros para uma nova releitura dos institutos jurídicos. Este processo de adequação dos institutos privados estabelecidos no Código Civil, a partir do texto constitucional, ficou conhecido como *constitucionalização do direito civil* ou *direito civil-constitucional*.

Desenvolvendo a ideia, Giovanni Ettore Nanni[45] expõe que "[...] o direito civil não tem mais apenas como figura central o Código Civil, que deixa de ser o único texto ordenador das relações privadas, passando a receber uma incidência marcante do Texto Constitucional, de forma unificada e sistemática, desempenhando o papel de aglutinador do sistema jurídico".

É forçoso dizer, portanto, que a Constituição, por ser a lei fundamental de um Estado, exerce condição de prevalência sobre as demais legislações do ordenamento. Isto é, o Código Civil hodiernamente deve ser lido não apenas a partir de seu texto puro e simples, mas também em verdadeira conjugação de suas disposições com os direitos e princípios que emanam do texto maior.

Para Joaquim José de Barros Dias,[46] "[...] o Direito Civil Constitucional foi concebido e se sobressai pela sua função ativa de criar mecanismos de *tutela do indivíduo* em suas relações privadas e, diante dessas circunstâncias, ressalta-se, igualmente, que pode ser o mesmo utilizado e invocado como técnica e injunção da salvaguarda de direitos em face do Estado".

Na realidade, o processo de constitucionalização do Direito Privado, em especial o Direito Civil, deu-se em decorrência da *força normativa* da Constituição, tendo em vista que, com a inserção do Estado Social e a propagação do *Welfare State*, impulsionou toda a estrutura jurídica privatista para uma nova interpretação de seus institutos.

---

[45] Cf. *A evolução do direito civil obrigacional: a concepção do direito civil constitucional e a transição da autonomia da vontade para a autonomia privada*, p. 164.

[46] Cf. *Direito civil constitucional*, cit., p. 22.

Por certo, não se pode afirmar que a adequação do Direito Civil aos direitos e princípios que decorrem da Constituição, a partir da noção de estrutura piramidal do ordenamento, fez com que este apenas fosse acolhido por aquela. Pietro Perlingieri[47] aduz que "a fórmula da 'releitura do código civil e das leis especiais à luz da Constituição republicana', com vistas a evitar ambiguidade, requer uma reflexão adequada sobre o papel geral que, na teoria das fontes do direito civil, reveste a Carta Constitucional".

Assim, o *Direito Civil-Constitucional* destaca-se não só por erigir e afirmar dogmas irrenunciáveis, que norteiam as relações privadas, mas também porque, fundamentalmente, delineia os limites e os contornos do conceito de ordem pública, caminhando na diretiva de que seus paradigmas sejam fielmente observados pelo Estado.[48]

Dessa maneira, a nova tábua axiológica trazida pela Constituição Federal de 1988 foi a responsável direta pelo fenômeno da constitucionalização do Direito Civil (também conhecido por *personalização*[49] *do Direito Civil), fazendo com que todo o ordenamento jurídico superasse a antiga dicotomia existente no período do Estado Liberal, para trazer a pessoa humana para o centro das atenções do Direito como ciência una.*

Por certo, no Direito de Família não pairam dúvidas acerca da incidência dos valores que emanam da Carta Magna, impondo-se uma rejeição do ter pelo ser, preponderando-se, assim, a dignidade humana.[50] Isso porque a própria Constituição Federal traz, em seu bojo, mecanismos que recrudescem a superação da dicotomia amplamente propagada nos idos do pensamento liberal do Estado, resgatando o direito privado de sua antiga finalidade (a salvaguarda da manifestação de vontade dos particulares) e aproximando o direito público dos administrados, quando estabelece o fim da submissão destes em relação ao poder público.

---

[47] Cf. *Il diritto civile nella legalità costituzionale – tomo secondo*, p. 535-536.

[48] Joaquim José de Barros Dias, cf. *Direito civil constitucional*, cit., p. 23.

[49] Em que pese larga tendência da doutrina em designar este movimento como repersonalização, optamos pela expressão *personalização* por uma razão muito simples: se o Código Civil de 1916 era patrimonialista, como se repersonalizar algo que nunca foi personalizado, mas sim patrimonializado? Foi, pois, com a inserção dos valores constitucionais o divisor de águas entre o Direito Civil patrimonializado e o Direito Civil personalizado.

[50] Roncesvalles Baber Cárcamo, cf. *La constitución y el derecho civil*, p. 41, diz que "em uma palavra, com a ênfase e redefinição de valores pessoais, a Constituição tem forçado o direito civil a deixar uma espécie de letargia dogmática e ideológica, que poderia muito bem ser descrito como complacência sobre o legado de séculos de nossa disciplina e nas realizações técnicas do servidor fenômeno encoder, para torná-lo realidade social que realmente deve ser aplicado. Assim, a Constituição modernizou o direito civil, especialmente naqueles setores tidos por eminentemente personalistas, tais como a parte destinada às Pessoas, à Família e à Sucessão, em que com a maior urgência e profundidade teve que assumir a reformas legislativas exigidas pelos novos princípios constitucionais".

Portanto, interpretar as regras do Direito Civil a partir da Constituição Federal é, pois, observar a eficácia dos direitos fundamentais que decorrem do texto legislativo maior nas relações privadas, atendendo-se, em termos concretos, a necessidade de que toda e qualquer relação jurídica seja instrumento de afirmação dos fundamentos e objetivos do Estado Democrático de Direito brasileiro.[51][52]

Na órbita do Direito de Família evidencia-se a (re)adequação do Direito Privado, não apenas a partir dos princípios que emanam da Carta Magna de 1988, mas também desde a concepção da atual codificação civil, uma vez que está tratado legislativamente em blocos distintos, já que seus elementos caracterizadores não recebem disciplina jurídica idêntica no que tange a seus efeitos.

Naturalmente, foi no âmbito das relações familiares que o Código Civil sofreu expressivas alterações, não apenas no que diz respeito a sua inserção topológica, mas também no que concerne ao conteúdo ali trabalhado. Contudo, não se pode afirmar que o legislador inovou, haja vista que, tão somente, fez adequar as disposições infraconstitucionais aos novos vetores principiológicos insculpidos no Texto Maior.

Ademais, encerrando qualquer possibilidade de discussões que se originavam acerca dos institutos jurídicos previstos para este ramo do Direito Civil, denota-se que duas grandes divisões foram feitas (além das relações assistenciais e convivenciais), a saber: *a) direito pessoal da família* – eivado de forte carga ética e principiológica, cujos efeitos lhe são próprios e específicos no que tange à atuação das pessoas em relações subjetivas que dizem respeito à vida social; *b) direito patrimonial da família* – ao qual se aplicam princípios e institutos jurídicos ordinários da codificação, afeiçoando-se ora com a estruturação jurídica destinada ao Direito das Obrigações, ora com aquela destinada aos Direitos Reais. Pauta-se na noção fundamental de administração.[53]

---

[51] Renan Lotufo, cf. *Curso avançado de direito civil: parte geral*, p. 29, enfatiza que "as modificações no mundo contemporâneo evidenciaram que os institutos jurídicos podem ser aplicados indistintamente às relações ditas de direito público, como de direito privado".

[52] Neste contexto, Claus-Wilhelm Canaris, cf. *Direitos fundamentais e direito privado*, p. 27-28, leciona que "designadamente, o direito privado é apenas direito 'ordinário', e está, enquanto tal, na estrutura hierárquica da ordem jurídica, num plano sob a Constituição. Constitui, pois, um imperativo da lógica normativa que a legislação no campo do direito privado esteja vinculada aos direitos fundamentais, segundo o princípio da primazia da lex superior".

[53] Clóvis do Couto e Silva, cf. *Direito patrimonial de família no Projeto do código civil brasileiro e no direito português*, p. 137, afirma que "a distinção entre Direito Pessoal e Patrimonial de Família provém do fato de o ordenamento jurídico não poder deixar de valorizar as relações dos partícipes da família, levando em conta seus atributos de personalidade e patrimonialidade já existentes na dimensão social".

Quando da elaboração do anteprojeto da atual codificação civil, Clóvis do Couto e Silva[54] já havia cunhado o entendimento segundo o qual "o progresso jurídico parece estar na cisão e contínua resistematização das relações jurídicas que se mostrarem diversas". E, conclui, expondo que "todo o Direito de Família está sob proteção do Estado, mas para o Direito Privado, o mais importante são as relações jurídicas que promanam da família, enquanto instituto de Direito Civil, e a tutela jurídica a ela adequada, muito embora nem todos os efeitos resultem da atribuição de direito subjetivos ou de competências aos cônjuges, mas podem decorrer de valorizações anteriores, objetivas, da lei, ou da aplicação de princípios pré-positivos, não recebidos ainda expressamente pelo ordenamento legal, embora nem por isso deixem de integrar o *corpus juris* vigente".

Muito embora a divisão de relações jurídicas existentes no Direito de Família tenha, em seu primeiro momento, sido justificada como válida por trazer maior transparência e segurança, não se pode deixar de fixar que ao Direito Civil hodierno incidem valores constitucionais e que, conforme amplamente difundido, está em completa dissonância dos ideais liberais que fomentaram o Código Bevilaqua.

Nessa tocada, o texto civil atual, mesmo tendo sido promulgado após a Constituição Federal de 1988, encontra-se muito aquém da postura sociojurídica ali adotada, uma vez que as evoluções sociais que se vivenciaram entre sua elaboração e vigência foram, de sobremaneira, demasiadamente profundas. De certo, há de se compreender que pouco importa a natureza da relação jurídica da família (pessoal ou patrimonial), mas sim o estabelecimento de um paradigma civil-constitucional às suas mais diversas atuações jurídicas.

Assim sendo, é imperioso destacar que não apenas ao direito pessoal da família se aplicam os princípios constitucionais, mas, também, ao campo das relações patrimoniais, uma vez que o exercício do fundamento maior das situações jurídicas patrimoniais privadas – a autonomia privada – encontra-se claramente condicionada e vinculada aos vetores jurídicos da Lei Maior, a qual foi o texto verdadeiramente responsável para alteração na realidade jurídica brasileiro.

3.1. Estado democrático e a tutela dos direitos fundamentais individuais

Conforme exposto anteriormente, com a passagem do Estado Liberal para o Estado Social, toda a estrutura e ordem jurídica passaram

---

[54] Cf. *Direito patrimonial de família no Projeto do código civil brasileiro e no direito português*, p. 138-139.

por uma necessária (e profunda) releitura de seus institutos, fazendo com que a outrora latente divisão do Direito em público e privado fosse completamente revista. Não é equivocado afirmar que entre os requisitos que se impõem ao Estado Democrático de Direito para seu devido funcionamento está a tutela dos direitos fundamentais, consagrando verdadeira funcionalização jurídica da *autonomia privada*.

Mas nem sempre foi assim. A necessidade de sua observância surgiu com as transformações sociais para que os cidadãos possuíssem o mínimo de segurança no sentido de que tanto o poder público quanto os particulares não violassem preceitos básicos inerentes a todos os seres humanos, situação esta que teve origem na propagação dos ideais liberais do século XIX.[55]

Inegável é o fato de que não apenas o ordenamento, mas todo o sistema jurídico do Estado Democrático de Direito, é baseado em regras e princípios, as quais possuem a precípua finalidade de zelar pela pessoa humana como o epicentro das relações jurídicas.

Neste diapasão, a Constituição Federal traz, em seu bojo, um ideal pautado na busca permanente para a consagração e efetivação dos direitos fundamentais, adotando um aparato técnico capaz de acompanhar toda e qualquer transformação que possa vir a ocorrer no campo de tais direitos. Dentre tais direitos fundamentais, não foram olvidados pelo legislador constituinte aqueles que dizem respeito à individualidade humana.

Jorge Miranda[56] frisa que "se a Constituição é o fundamento da ordem jurídica, o fundamento de validade de todos os actos do Estado, direitos fundamentais são os direitos que, por isso mesmo, impõem-se a todas as entidades públicas e privadas e que incorporam os valores básicos da sociedade".

Ainda que o Direito Civil esteja umbilicalmente ligado aos direitos e princípios que decorrem da Constituição Federal, é neste ramo da ciência jurídica que as pessoas exercitam a liberdade, pautando-se em

---

[55] Como afirma José Carlos Vieira de Andrade, cf. *Os direitos fundamentais na constituição portuguesa de 1976*, p. 232-233, "numa época em que o indivíduo era concebido isoladamente no espaço social e político e a Sociedade e o Estado eram considerados dois mundos separados e estanques, cada um governado por uma lógica de interesses própria e obedecendo, por isso, respectivamente, ao direito privado ou ao direito público, não admira que os direitos fundamentais pudessem ser e fossem exclusivamente concebidos como direitos do indivíduo contra o Estado. Poder-se-ia até afirmar que os direitos fundamentais não podiam deixar de ser então concebidos dessa maneira: para além da natural influência de um contexto favorável, estava em causa uma exigência teórica e prática, visto que os direitos fundamentais tinham precisamente como finalidade a proteção da Sociedade contra as intromissões do poder público".

[56] Cf. *Manual de direito constitucional – tomo iv: direitos fundamentais*, p. 52.

parâmetros estabelecidos como inafastáveis a toda e qualquer composição de interesses particulares.

Não se está a dizer que o surgimento do Estado Democrático de Direito alijou-se de reconhecer a autonomia dos particulares como fundamento de nossa República. Ao contrário: estabeleceu em seu corpo normativo todo um sistema aberto, para que todos e quaisquer direitos que possam ser considerados como decorrentes da afirmação da personalidade humana, venham a ser recepcionado como integrante de uma gama de direitos tidos por fundamentais aos indivíduos.

Compete registrar: o direito de autodeterminação não foi suprimido. Apenas teve uma transmutação de seu caráter, isto é, a autonomia deixou de versar sobre a vontade do ser humano para estabelecer verdadeiro conteúdo normativo entre particulares descurado de qualquer observância aos direitos fundamentais para, com a nova leitura do Direito Civil, terem, os particulares nos direitos e princípios tidos por fundamentais, o limitador da liberdade: – *autonomia* –.

Pelas palavras de Robert Alexy,[57] "o significado das normas de direitos fundamentais para o sistema jurídico é o resultado da soma de dois fatores: da sua fundamentalidade formal e da sua fundamentalidade substancial. A fundamentalidade formal das normas de direitos fundamentais decorre da sua posição no ápice da estrutura escalonada do ordenamento jurídico, como direitos que vinculam diretamente o legislador, o Poder Executivo e o Judiciário. [...]. À fundamentalidade formal soma-se à fundamentalidade substancial. Direitos fundamentais e normas de direitos fundamentais são fundamentalmente substanciais porque, com eles, são tomadas decisões sobre a estrutura normativa básica do Estado e da sociedade. [...]. Questões relativas à liberdade e à igualdade não são questões apenas de um ramo do direito, elas permeiam todos os ramos".

Nota-se, portanto, que o aparecimento do Estado Democrático de Direito não eliminou os poderes que outrora foram conferidos aos particulares para a persecução de seus interesses, mas tão somente introduziu, em suas relações, a imperiosa necessidade de serem observados os direitos fundamentais que são destinados a todas as pessoas, a fim de que os direitos e princípios que emanam da Constituição Federal sejam respeitados. Em suma: os direitos fundamentais são condição essencial do Estado Democrático de Direito.

---

[57] Cf. *Teoria dos direitos fundamentais*, p. 520-522.

3.2. Eficácia horizontal dos direitos fundamentais nas relações privadas

Que a consagração e prevalência dos direitos fundamentais no texto constitucional, após todo o processo de transmutação do caráter liberal para social do Estado brasileiro, não pairam dúvidas, uma vez ser impossível se afirmar a inexistência e não incidência destes direitos em todos os ramos da ciência jurídica.

Desta maneira, sabendo-se que o Direito Civil contemporâneo não pode ser interpretado e aplicado senão a partir de uma tábua axiológica que emana da Constituição Federal e dos direitos fundamentais a todas as pessoas, impõe-se, assim, uma necessária adequação dos regramentos privados aos novos vetores de interpretação.[58]

Como abordado anteriormente, a posição do Estado como uma constante e grave ameaça aos particulares no que dizia respeito ao exercício de suas liberdades era, por óbvio, equivocada, haja vista que o poder não estava centralizado na atuação estatal, mas sim distribuído na sociedade. Com isso, não apenas o poder público atuava de forma ameaçadora, mas, também, os particulares.

Grande estudioso do tema, Ingo Wolfgang Sarlet[59] assevera que "os direitos fundamentais, como resultado da personalização e positivação constitucional de determinados valores básicos (daí seu conteúdo axiológico), integram, ao lado dos princípios estruturais e organizacionais (a assim denominada parte orgânica ou organizada da Constituição), a substância propriamente dita, o núcleo substancial, formado pelas decisões fundamentais, da ordem normativa, revelando que, mesmo num Estado constitucional democrático, tornam-se necessárias (necessidade que se fez sentir de forma mais contundente no período que sucedeu à Segunda Grande Guerra) certas vinculações de cunho material, para fazer frente aos espectros da ditadura e do totalitarismo".

Inconcebível é imaginar a construção e desenvolvimento do Direito Civil distante da Constituição Federal, uma vez que ambos se apresentam como partes complementares e devidamente necessárias ao ordenamento jurídico. Por certo que, exercendo posição de supremacia legislativa, emana da Constituição uma gama de princípios e direitos que devem ser aplicados também nas relações entre particulares.

---

[58] Cristiano Chaves de Farias e Nelson Rosenvald, cf. *Curso de direito civil – vol. 1: parte geral e LINDB*, cit., p. 72, relatam que "como consequência lógica e natural da constitucionalização do Direito Civil – e, de resto do Direito Privado como um todo – decorre o reconhecimento da induvidosa aplicação dos direitos fundamentais nas relações estritamente privadas".

[59] Cf. *A eficácia dos direitos fundamentais*, p. 72.

Daniel Sarmento[60] diz que "o ponto nodal da questão consiste na busca de uma fórmula de compreensão entre, de um lado, uma tutela efetiva dos direitos fundamentais, neste cenário sem que as agressões e ameaças a eles venham de todos os lados, e, do outro, a salvaguarda da autonomia privada da pessoa humana. As posições que priorizam o primeiro aspecto tenderão a defender uma eficácia mais ampla dos direitos fundamentais entre os particulares, enquanto as que conferem um peso maior ao segundo aspecto vão alinhar-se às teses que mitigam de forma mais marcante esta incidência".

Estes direitos, alçados ao *status* de fundamentais à existência humana, não foram deixados de lado pelo legislador constituinte de 1988. É fato que a atual Constituição Federal não apresenta uma sistematização no que diz respeito aos direitos e garantias fundamentais, uma vez que estes estão presentes ao longo de todo o texto constitucional.

Por tal motivo é que se afirma que os direitos fundamentais atuam como o arcabouço da tutela da personalidade humana, seja nas relações firmadas entre particulares, bem como naquelas constituídas entre estes e o Poder Público, possuindo função *protetiva* e *garantista* como desdobramentos daquilo que se denomina *constitucionalismo contemporâneo*.

Segundo Antonio Enrique Perez Luño,[61] "o constitucionalismo atual não seria o que é sem os direitos fundamentais. As normas que sancionam o estatuto dos direitos fundamentais, junto àquelas que consagram a forma de Estado e às que estabelecem o sistema econômico, são as decisivas para definir o modelo constitucional de sociedade".

De toda feita, ainda que ausente a referida sistematização, com o fenômeno da *constitucionalização do Direito Civil*, teve início o processo doutrinário-jurisprudencial que entendeu ser, como consequência da avocação da Constituição Federal para estabelecer linhas gerais a todos os ramos do Direito, necessária a vinculação das relações jurídicas privadas aos direitos fundamentais.

Quem faz tal constatação é Wilson Steinmetz,[62] apresentando duas razões para tanto: "(*i*) os direitos fundamentais, invenção do constitucionalismo liberal, foram concebidos exclusivamente como limites ao poder do Estado. Eram direitos que se reportavam à relação indivíduo-Estado. Por influência dessa concepção originária, por longo tempo não se cogitou sobre a vinculação dos particulares a direitos funda-

---

[60] Cf. *Direitos fundamentais e relações privadas*, cit., p. 186.
[61] Cf. *Los derechos fundamentales*, p. 19.
[62] Cf. *A vinculação dos particulares a direitos fundamentais*, p. 64-65.

mentais; (*ii*) a segunda razão, [...], reside no fato de que nos textos constitucionais contemporâneos – salvo raras exceções, e.g., Constituição da República Portuguesa (1976), Constituição da Federação Russa (1993) e Constituição da Suíça (1998) – não há referências normativas textualmente expressas à eficácia de direitos fundamentais nas relações entre particulares; não há, portanto, decisão constitucional direta e clara sobre a matéria".

De fato, a incidência dos direitos fundamentais nas relações privadas levou Vieira de Andrade[63] a observar que "a nossa lei fundamental não crisma uma opção liberal-individualista, nem uma opção colectivista-totalitária. Por um lado, revela um forte pendor socializante e não pode, por isso, abandonar aos jogos de forças e interesses a vida de uma sociedade que já não está separada do Estado. Este deve assegurar a justiça social, tem de intervir e organizar, estabelecer imperativos, disciplinar e proibir. [...]. Mas, por outro lado, recebe, como princípio de valor, a *autonomia privada*, não deixando dúvidas de que não quer destruir nem apoucar o livre desenvolvimento da personalidade, a livre iniciativa econômica, a liberdade negocial, a propriedade privada, a família ou o fenômeno sucessório".

E, ao concluir suas ideias, assevera: "afinal, estamos perante um conflito entre duas dimensões da liberdade, ou da liberdade com a igualdade. A liberdade que os direitos fundamentais pretendem garantir não é apenas um abstracto valor social, mas, sobretudo, o poder de disposição ou a autodeterminação dos indivíduos concretos e é, por sua vez, em nome da liberdade geral ou da liberdade negocial que se podem defender certas compressões à aplicabilidade dos preceitos constitucionais nas relações entre particulares. Portanto, para além dos casos em que a Constituição regula os direitos fundamentais de tal maneira que só podem valer perante o Estado e daqueles outros que são desde logo pensados na sua eficácia perante sujeitos privados, [...]".[64]

Todavia, mesmo que não esteja expresso no texto constitucional, é de clareza solar que os direitos fundamentais possuem força normativa, isto é: são aplicados às relações particulares em decorrência da eficácia de seu conteúdo, possuindo *eficácia imediata* (aplicação direta) ou *eficácia mediata* (aplicação indireta).[65] Como elucida Claus-Wilhelm

---

[63] Cf. *Os direitos fundamentais no século XXI*, p. 1070.

[64] Vieira de Andrade, cf. *Os direitos fundamentais no século XXI*, cit., p. 1070-1071.

[65] Conforme leciona José Afonso da Silva, cf. *Curso de direito constitucional positivo*, p. 180, "a eficácia e aplicabilidade das normas que contêm os direitos fundamentais dependem muito de seu enunciado, pois se trata de assunto que está em função do Direito positivo. A Constituição é expressa sobre o assunto, quando estatui que as normas definidoras dos direitos e garantias fundamentais têm aplicação imediata".

Canaris,⁶⁶ "essa fundamentação reside, sobretudo, na circunstância de, para o cidadão, as leis de direito privado poderem ter efeitos ofensivos inteiramente semelhantes aos das leis de direito público".⁶⁷ ⁶⁸

Os postulados constitucionais fundamentais de eficácia imediata (ou de aplicação direta) são aqueles que independem de autorização, concretização ou qualquer outra determinação estatal para que os titulares de tais direitos os exercitem tão logo necessitarem. Noutro plano, os considerados de eficácia mediata (ou de aplicação indireta) são aqueles que não são exercitados diretamente, mas atuam como base à intervenção legislativa ou interpretativa, convertendo-se em clara tábua axiológica para uma irradiação de efeitos a todos os ramos do Direito.

Das lições de Jane Reis Gonçalves Pereira⁶⁹ evidencia-se que, "a tese da eficácia direta postula a incidência *erga omnes* dos direitos fundamentais, que assumem a condição de direitos subjetivos em face de pessoas privadas que se encontrem em posições de poder. Nas situações que envolvem iguais, embora não se aplique a finalidade protetora dos direitos fundamentais, estes também incidem diretamente, sendo empregados como parâmetros de aferição da validade de negócios jurídicos".

Em relação à eficácia mediata ou indireta dos direitos fundamentais, a supracitada autora aponta que "[...] a dimensão objetiva e valorativa dos direitos não acarreta sua incidência direta nas relações privadas, mas apenas implica a necessidade de que sejam levados em conta pelo Estado na criação legislativa ou na interpretação do direito privado. Há sempre a necessidade de que um órgão estatal – este sim, destinatário direto das normas que reconhecem os direitos – atue como mediador da aplicação dos direitos fundamentais no âmbito privado".⁷⁰ ⁷¹

---

⁶⁶ Cf. *Direitos fundamentais e direito privado*, cit., p. 24.

⁶⁷ Daí Hans Kelsen, cf. *Teoria pura do direito*, p. 247, afirmar que "a ordem jurídica não é um sistema de normas jurídicas ordenadas no mesmo plano, situadas umas ao lado das outras, mas é uma construção escalonada de diferentes camadas ou níveis de normas jurídicas".

⁶⁸ Antonio Enrique Perez Luño, cf. *Los derechos fundamentales*, cit., p. 25, pontifica que "no horizonte do constitucionalismo atual os direitos fundamentais desempenham, portanto, uma dupla função: no plano subjetivo seguem atuando como garantias da liberdade individual, se bem a este papel clássico se une agora a defesa dos aspectos sociais e coletivos da subjetividade, enquanto que no objetivo tem assumido uma dimensão institucional a partir da qual seu conteúdo deve funcionalizar-se para a consecução dos fins e valores constitucionalmente proclamados".

⁶⁹ Cf. *Interpretação constitucional e direitos fundamentais*, p. 466-467.

⁷⁰ Jane Reis Gonçalves Pereira, cf. *Interpretação constitucional e direitos fundamentais*, cit., p. 467.

⁷¹ Consoante entendimento de Konrad Hesse, cf. *Elementos de direito constitucional da república federal da Alemanha*, p. 228-229, "nos direitos fundamentais da Lei Fundamental unem-se, distin-

Identicamente ao que ocorre com o exposto acima, no que tange à ausência de previsão expressa acerca da força normativa dos direitos fundamentais, há de se estabelecer que, a partir da releitura dos institutos privados à luz da Constituição Federal, não se nega que os particulares também são diretamente tocados pela incidência dos fundamentos previstos na Lei Maior. Tal vinculação denomina-se *eficácia horizontal dos direitos fundamentais*.

A necessidade de observância e respeito dos direitos fundamentais, nas relações entre particulares, teve seu nascedouro na doutrina alemã da *Drittwirkung der Grundrechte*. A celeuma instaurada no direito alemão versava não sobre a possibilidade de incidência dos direitos fundamentais nas relações privadas, mas sobre a eficácia de tais direitos nestas relações jurídicas.

Para Mijail Mendoza Escalante,[72] "os efeitos horizontais dos direitos fundamentais constituem um problema de direito substantivo: a resolução de uma controvérsia de direito privado com base nos direitos fundamentais ou, em outros termos, se os particulares são destinatários dos direitos fundamentais. Cabe frisar que ainda que tenha implicações processuais, não é um tema processual. Pelo contrário, ao ser um problema de direito substantivo, se fixa independentemente do processo, constitucional ou ordinário, em cuja sede tenha sido fixada. Desta forma, tanto os juízes competentes em matéria ordinária (civil, comercial, cooperativo, trabalhista) como o juiz constitucional ou o Tribunal Constitucional conhecem casos desta natureza".

Neste sentido, não se fala em diminuição ou extinção da autonomia privada – cerne das relações jurídicas privadas – por imperiosa necessidade de observância de direitos fundamentais constitucionalmente previstos. Como visto anteriormente, a adequação da autonomia privada a novos direitos e valores é uma decorrência lógica do fenômeno da *Constitucionalização do Direito Privado* e, consequentemente, da crescente aproximação deste ramo do direito com o Direito Público.

Por este motivo afirma-se, com propriedade, a existência de eficácia imediata destes direitos fundamentais nas relações originárias e eminentemente privadas, restando impossível de se falar em qualquer

---

tamente acentuadas e, muitas vezes, em passagens corretas, várias camadas de significado. Por um lado, eles são direitos subjetivos, direitos do particular, e precisamente, não só nos direitos do homem e do cidadão em sentido estrito, mas também lá onde eles, simultaneamente, garantem um instituto jurídico ou a liberdade de um âmbito de vida. Por outro, eles são elementos fundamentais da ordem objetiva da coletividade. Isso é reconhecido para garantias, que não contêm, em primeiro lugar, direitos individuais, ou, que em absoluto, garantem direitos individuais, não obstante estão, porém, incorporadas no catálogo de direitos fundamentais da Constituição".

[72] Cf. *Los efectos horizontales de los derechos fundamentales en el ordenamiento constitucional peruano*, p. 1378.

tipo de violação aos ditames da autonomia privada, consoante entendimento presente na jurisprudência do Supremo Tribunal Federal,[73] de onde se observa que "[...] a autonomia privada, que encontra claras limitações de ordem jurídica, não pode ser exercida em detrimento ou com desrespeito aos direitos e garantias de terceiros, especialmente aqueles positivados em sede constitucional, pois a autonomia da vontade não confere aos particulares, no domínio de sua incidência e atuação, o poder de transgredir ou de ignorar as restrições postas e definidas pela própria Constituição, cuja eficácia e força normativa também se impõem, aos particulares, no âmbito de suas relações privadas, em tema de liberdades fundamentais. [...]".

Não restam dúvidas, portanto, de que nas relações privadas incidem os direitos fundamentais como uma lógica e inevitável consequência da supremacia dos ares constitucionais a partir da nova Ordem Política que, de acordo com as lições de Juan María Bilbao Ubillos,[74] gravitam em torno do "[...] protagonismo ou o êxito dos direitos fundamentais na cultura jurídica atual radicada nas normas que os reconhecem são de aplicação direta ou imediata, mas têm um conteúdo principal, um substrato muito aberto, os quais tendem a expandirem-se, a penetrar impetuosamente em todos os interstícios do ordenamento. E dá a impressão de que esta é uma dinâmica imparável: por um lado, são cada vez mais frequentes os conflitos entre particulares que se apresentam ante os tribunais nestes termos, e por outro, os juízes tendem a buscar guarida diretamente em um direito fundamental como regra de decisão".

Percebe-se, assim, que a temática dos direitos fundamentais e sua aplicação nas relações privadas não permite seja afastada a possibilidade dos particulares autorregulem seus interesses jurídicos e que, desta feita, estabeleçam convenções às quais esteja respeitada a força vinculante daquilo que por eles foi pactuado, mas com a devida adequação e condicionamento do exercício da autonomia privada aos valores decorrentes da norma fundamental do Estado.

---

[73] RE 201.819-8/RJ; 2ª. T.; Rel. Min. Gilmar Mendes; Julg. 11/10/2005; DJU 27/10/2006; P. 64.
[74] Cf. *Eficacia horizontal de los derechos fundamentales: las teorias y la practica*, p. 224.

Capítulo 2

As relações familiares

1. A família contemporânea e a Constituição Federal

A origem da família é tão antiga e complexa quanto o surgimento das primeiras sociedades humanas.[75] Certo é que o ser humano, assim como suas relações pessoais travadas ao longo dos tempos, modificou-se para uma melhor interação dos costumes e usos sociais, impulsionando, desta forma, a formação familiar em si.[76]

Não se pode olvidar que, durante toda a história da humanidade, a família esteve direta e umbilicalmente ligada a valores que decorriam de um contexto econômico, moral, político, religioso e social, influenciando todas as camadas de uma sociedade que, paulatinamente, foram se adequando às transformações que se impunham. Por isso, afirma-se que a família é verdadeira entidade mutante.

Desde o surgimento dos primeiros agrupamentos humanos, o cerco territorial formado por clãs e feudos, e tantas outras formas possíveis de caracterização de relações sociais entre pessoas que estavam ligadas diretamente à batuta de um líder, têm-se as primeiras noções de que a entidade familiar veio passando por adequações em sua estrutura e forma com que os integrantes deste ambiente celular se comportavam.

Fatores que se fizeram presentes em toda a história da humanidade, a religião e suas seculares influências exercidas sobre os cidadãos impulsionaram o pensamento segundo o qual a formação familiar surgia a partir da necessidade de se manter, em um mesmo grupo de pessoas, o patrimônio adquirido durante a vida de seu líder, e manter as tradições e culturas ali fomentadas.

---

[75] Virgílio de Sá Pereira, cf. *Direito de família*, p. 10, ao traçar a da concepção da família e sua perspectiva social como ente celular e orgânico, leciona que a família "aparecerá como um sub-organismo no qual se garanta o máximo de autonomia aos membros que a compõem".

[76] Para Wilfried Schlüter, cf. *Código civil alemão: direito de família*, p. 55, "a família é a mais antiga forma de comunidade humana. Ela sofreu profundas transformações no decorrer da história, mas sempre afirmou-se como instituição social, apesar das diversas opiniões sobre ela, influenciadas por correntes passageiras".

Alberto Trabucchi[77] aponta que "a família, como grupo social primário, mais além que do direito, é regida pelo sentimento dos indivíduos que a compõem. Na consciência da sociedade em que vivemos a sua estrutura ideal está ligada a um costume que reflete os princípios da ética cristã, mas é certo que as principais inovações introduzidas pelas extensas reformas legislativas têm causado uma mudança significativa a partir de sua concepção tradicional".

Com idêntico pensar, Antunes Varela[78] aduz que "a *família* é o núcleo social primário mais importante que integra a estrutura do Estado. Como sociedade *natural*, correspondente a uma profunda e transcendente exigência do ser humano, a *família* antecede, nas suas origens, o próprio *Estado*. Antes de se organizar politicamente, através do Estado, os povos mais antigos viveram socialmente em famílias".

Aliada à influência religiosa, bem como a valores ético e morais, a família passou por inúmeras transformações, muitas delas decorrentes da necessária adaptação à sociedade em que se inseriam, refletindo-se, assim, desdobramentos diretos no mundo das relações jurídicas entre pessoas que buscavam a composição de um grupo familiar.

A noção de família veio sendo compreendida através das transformações socioculturais da humanidade, o que impulsionou sua interpretação a partir de sentidos completamente antagônicos, mas complementares. Assim, tomando-se por base as palavras de Andrés Gil Domingues, María Victoria Famá e María Herrera,[79] "num sentido antropológico, a família se confirma pela totalidade das pessoas ligadas pelo casamento ou filiação. Em uma perspectiva sociológica, a família é o conjunto de pessoas relacionadas que vivem sob o mesmo teto e que participam conjuntamente das atividades relacionadas ao seu sustento cotidiano".

Por este motivo, Roberto de Ruggiero[80] a trata "como organismo social, que tem o seu fundamento na natureza e nas necessidades naturais da união sexual, na procriação, no amor mútuo, na assistência e na cooperação, que são as raízes da sua existência, a família não é só no direito que tem as suas normas. Em nenhum outro campo, mais do que neste, influem a religião, o costume e a moral, nos quais encontra grande parte da sua regulamentação. Antes de jurídico, é ela um organismo ético".

---

[77] Cf. *Istituzioni di diritto civile*, p. 254.

[78] Cf. *Direito da família*, p. 26.

[79] Cf. *Derecho constitucional de familia*, p. 71.

[80] Cf. *Instituições de direito civil – vol. 2: direito de família, direitos reais e posse*, p. 33.

Com o deslocamento da tratativa legal da família para o corpo do Direito Civil, esta ficou marcada pelo forte viés patrimonial, que influenciava e conduzia as relações jurídicas previstas pelo Direito Privado, além de manter um caráter extremamente conservador e fechado. A composição dos núcleos familiares decorria, única e exclusivamente, a partir dos laços do casamento, considerado, entre os países com forte apego ao cristianismo, como o único instrumento legítimo para a constituição de uma família.

Para se chegar à concepção de família instituída para aquisição de patrimônio, estabelecida a partir da pessoa do *pater* (por isso se diz que a família de outrora era *patriarcalista*), as mais diversas sociedades viram a mais comum e natural das associações humanas serem influenciadas por ideais que visavam à preponderância de seu caráter como instituição, em detrimento das pessoas que a compunham.

Este pensamento impregnou, não apenas a sociedade brasileira, constituída a partir da implementação sociocultural trazida por Portugal, quando de nosso período colonial, difundindo, aqui, um padrão de vida europeu, com todas as suas facetas religiosas que permeavam seu cotidiano.

Por longos anos, a sociedade brasileira, no que diz respeito à constituição familiar, esteve fortemente ligada aos cânones católicos, que se apresentavam como conservadores cuja finalidade era atender os anseios da elite, de forma que aqueles núcleos nascessem apenas a partir do casamento e que, após sua celebração e consumação, fosse estabelecida relação de hierarquia entre seus membros.

Quando da codificação civil de 1916, a família brasileira estava completamente destoada da valorização do ser humano, em detrimento de um formalismo surgido com a codificação civil francesa de 1804. Neste diapasão, Guilherme Calmon Nogueira da Gama[81] relata que "[...] com a interferência estatal na disciplina normativa da organização familiar, a família jurídica somente poderia apresentar sua conformação com a lei por meio dos elementos predominantemente legais, geralmente voltados aos valores patrimoniais. O *Code Civil* francês, de 1804, atribuiu os contornos da estrutura familiar legal, de índole hierarquizada, patriarcal, centralizadora na pessoa do seu chefe, excluindo de legitimidade qualquer outra espécie de união".

Desta feita, a autonomia que os particulares possuíam, em termos de constituição familiar, focava-se, tão somente, na manifestação de suas vontades em preencher ou não os requisitos legais para instituí-

---

[81] Cf. *Princípios constitucionais de direito de família*, cit., p. 19.

rem um ambiente familiar. A concepção familiar estava, portanto, voltada a atender as formalidades do casamento civil, notadamente fruto de um pensamento racionalista propagado no Século XIX.

Por sua característica mutante e adaptativa, não apenas a sociedade, mas também o seu núcleo mais importante – a família – continuam a passar por inúmeras transformações que afetam, direta e diariamente, a relação com que estas se constituem e se portam, tornando-se obrigatória uma constante releitura de seus mais básicos e íntimos fundamentos.

A família erigida à luz do Código Civil de 1916, diretamente influenciada pela Igreja católica, se transformou em uma família mais condizente com as práticas sociais que permeavam a vida social brasileira. Por certo, este movimento transformador não se deu unicamente pela necessidade de adequação de uma nova interpretação de seus institutos jurídicos, mas, principalmente, a partir do surgimento de um novo acervo legislativo que privilegiasse a contemporaneidade social e respeitasse, acima de tudo, a autonomia dos particulares em constituir uma família por outras formas além da tradicionalmente prevista, isto é, o casamento.

Àquela época, a família era considerada o *locus* da aquisição e da manutenção da propriedade privada, legitimação sexual e procriação da espécie e, soberania, dos poderes familiares ao *pater*. Por tal razão, e sabendo-se que o processo de evolução legislativa é historicamente mais moroso e tardio que as transformações sociais, os novos grupos familiares necessitaram de proteção estatal para que se aplicassem as garantias consideradas como valores mínimos para que todo ser humano tenha sua dignidade respeitada.

Surge, neste contexto, a imperiosa necessidade de atualização do tecido constitucional brasileiro, para que as mais diversas experiências humanas das derradeiras décadas do século XX fossem, no que dizia respeito ao aspecto cultural, religioso e moral, destas relações sociais, observadas e respeitadas pelo nosso legislador.

Foi, pois, com a promulgação da Constituição Federal de 1988 que todo o ordenamento jurídico brasileiro passou por uma profunda releitura de seus institutos e princípios jurídicos, trazendo uma nova era na relação jurídica entre particulares e destes com o Estado. Conforme exposto anteriormente, foi este diploma legal o responsável pela mitigação da tradicional divisão do Direito, com a consequente aproximação dos fundamentos mais basilares do Estado Democrático.

A importância desta mudança no paradigma familiar decorreu não apenas da necessidade de se adequar, no plano jurídico, à proteção e à efetividade das garantias destinadas pelo legislador, mas também por ser este um movimento mais que natural atinente a toda e qualquer sociedade.

Como assinala Eliseu Figueira,[82] "o ordenamento normativo e o correspondente pensamento jurídico (a ciência jurídica) são elementos do sistema global que é a sociedade, cujo desenvolvimento assenta no processo contraditório da tensão entre todos os seus elementos componentes – econômico, político, social, ético, cultural e intelectual –, apresentando-se o sistema normativo como expressão da base socioeconômica e política sobre a qual volta a incidir".

A família, a partir de uma obrigatória compreensão civil-constitucional, tornou-se aberta, igualitária, plural, solidária e humana, deixando de lado todo seu caráter patriarcal e patrimonial, além da clausura constitutiva, a partir dos laços do casamento. A Constituição Federal de 1988 empregou novos ares às relações familiares, a partir de uma natural avocação de suas diretrizes básicas para seu texto (artigos 5º, 226 e 227), destinando a esta parte integrante do Direito Civil um capítulo próprio.

Com o início da vigência do atual Código Civil, essa sensível e profunda alteração nas relações familiares foi identificada no plano legislativo infraconstitucional. A adesão de um sistema de cláusulas gerais possibilitou aos intérpretes e aplicadores da norma jurídica uma proximidade entre os valores intrínsecos da Constituição Federal e as mais diversas formas de composição familiar.

Miguel Reale[83] afirma que "ainda não nos demos conta de todas as graves consequências resultantes do art. 226 da Constituição de 1988, ao dispor sobre a instituição da família considerada base da sociedade. Antes desse dispositivo constitucional, notável por seu poder de síntese e pela riqueza de seus enunciados, não havia senão o casamento como entidade familiar, o que contrastava com a pluralidade já praticamente em vigor na sociedade civil".

Não se pode afirmar, com exatidão, a profundidade deste preceito constitucional aberto quando interpretado em favor das realidades da sociedade brasileira e a todo o sistema privado do direito (a parte destinada ao regulamento das relações familiares – *Direito de Família* – pertence ao Direito Civil), haja vista que destas não se produzem apenas efeitos meramente pessoais e sociais, mas também patrimoniais.

---

[82] Cf. *Renovação do sistema de direito privado*, p. 213.

[83] Cf. *Estudos preliminares de direito civil*, p. 71.

Segundo Lourival Serejo,[84] "embora os alicerces básicos do Direito de Família estejam atrelados ao direito privado, em nosso ordenamento jurídico, a vocação publicística do Direito de Família está assentada em nossa Carta Maior, onde estão abrigados seus princípios e institutos norteadores, e firmada uma maior abrangência da tutela de proteção da família (*art. 226: a família, base da sociedade, tem especial proteção do Estado*)".

Ao tratá-la como *célula mater* da sociedade brasileira, a Constituição Federal de 1988 produziu verdadeira descentralização da vida privada, extirpando a exclusividade das legislações infraconstitucionais como fonte normativa das previsões jurídicas da família. Assim, exerceu a Carta Maior o papel de elemento reunificador do direito privado, apresentando possibilidade de soluções aos mais diversos contextos.

Com isso, a família deixou de ser uma instituição para se tornar núcleo de propagação e desenvolvimento da personalidade humana que, em conformidade com os dizeres de Cristiano Chaves de Farias e Nelson Rosenvald,[85] "é simples, assim, afirmar a evolução da ideia de *família-instituição*, com proteção justificada por si mesmo, importando não raro violação dos interesses das pessoas nela compreendidas, para o conceito de *família-instrumento do desenvolvimento da pessoa humana*, evitando qualquer interferência que viole os interesses dos seus membros, tutelada na medida em que se promova a dignidade das pessoas de seus membros, com igualdade substancial e solidariedade entre eles (arts. 1º e 3º da CF/88)".

Desapegada da filosofia patrimonialista (fundamento basilar do direito privado), as relações civis da contemporaneidade, como um todo, estão funcionalizadas para propiciar aos membros da família a garantia constitucional de uma vida digna escorada nos princípios que tutelam a proteção e a promoção da felicidade do ser humano, com vistas a construir relações democráticas, igualitárias, solidárias e humanas.

Contudo, a partir da constitucionalização do Direito Civil e, em especial a do Direito de Família, o exercício da autonomia privada, nestas relações, não foi extinto nem muito menos diminuído. Ao contrário: a autonomia privada, a partir das regras constitucionais do Direito de Família, ganhou novas possibilidades não apenas no campo das relações pessoais e sociais, mas também naquilo que se refere ao seu aspecto patrimonial.

---

[84] Cf. *Direito constitucional da família*, p. 4.
[85] Cf. *Curso de direito civil: famílias*, p. 47.

O ponto de maior relevância neste processo de transformação sociojurídica sofrido pela família (e consequentemente pelo Direito de Família), reside na incidência de princípios que emanam da Constituição Federal e permitem, a partir de sua conjugação com o sistema civil aberto inserido a partir da Lei n° 10.406/2002 – atual Código Civil –, a efetividade na aplicação das normas constitucionais a partir da dignidade humana.

Guilherme Calmon Nogueira da Gama,[86] com clara similaridade de ideias, observa que "desse modo, considera-se que a família patriarcal, considerada o modelo único no Brasil desde a Colônia, entrou em crise no curso do século XX e, desse modo, foi superada, perdendo sua sustentação jurídica, notadamente diante dos valores introduzidos pela Constituição Federal de 1988".

Estes valores trazidos pelo texto maior implicam uma aplicação direta e indissociável de seus preceitos nas relações familiares, que não mais se constituem apenas pelo matrimônio, mas, acima de tudo, pelos laços do afeto, havendo reflexos diretos das normas constitucionais nas situações existenciais enquadradas como composições familiares. Isso porque o desenvolvimento do Direito de Família da pós-modernidade não seguiu a mesma sistematização jurídica hierarquizada e matrimonializada do Texto Civil de Bevilaqua.

Assim sendo, o Direito de Família possui, nos dias atuais, diversos princípios que emanam do texto constitucional e do Código Civil e impõem, portanto, uma releitura de todos os seus fundamentos. Estes princípios, que fomentaram a nova roupagem léxica da família, principalmente pelas transformações sociojurídicas por que passou, são reflexos de uma fórmula social que o constituinte de 1988 adotou, coincidindo-se, assim, com a transição democrática vivenciada pela sociedade brasileira.

A constitucionalização, como vetor de abertura de novos valores sociais, nada mais foi do que o reconhecimento do Estado brasileiro às mais diferentes realidades, as quais há muito estavam impregnadas e difundidas no seio da sociedade.

Portanto, analisar a família como *célula-mãe* da sociedade e buscar a compreensão dos motivos pelos quais esta merece receber *especial proteção do Estado* só será possível a partir da análise dos princípios que a impulsionam, conforme se verá adiante.

---

[86] Cf. *Princípios constitucionais de direito de família*, cit., p. 19.

2. Os princípios norteadores do Direito de Família

Caminhando na linha da *personalização* do Direito Civil e as repercussões constitucionais no Direito de Família, facilmente se conclui que a insurgência de tal fenômeno só foi possível com a promulgação da Constituição Federal de 1988, a qual, por ser considerada o diploma legal máximo do Estado de Direito brasileiro, impôs ao ordenamento jurídico profunda modificação em seus paradigmas mais tradicionais, a partir da absorção, em seu corpo legislativo, de princípios jurídicos que valorizam o ser humano e a constante tutela de sua dignidade.

À Constituição Federal não compete apenas traçar as formas de atuação do poder público e suas atividades orgânicas, mas também estabelecer parâmetros gerais para a edição de leis que versem sobre a relação jurídica de todos aqueles que integram a sociedade do Estado. Para Hans Kelsen,[87] esta "é a fonte comum da validade de todas as normas pertencentes a uma e mesma ordem normativa, o seu fundamento de validade comum".

Por se tratar de fonte normativa geral, a Constituição Federal influenciou não apenas a interpretação das relações privadas, quando da vigência da codificação civil de 1916, mas também avocou a condição de elemento unificador do sistema jurídico[88] brasileiro, fato demasiadamente consagrado com os novos vetores de aplicação e interpretação dos atos entre particulares, a partir do texto civil contemporâneo.

Com esta atuação unificadora, fixaram-se *princípios* que devem ser observados por todas as demais leis que integram o ordenamento jurídico, fazendo-se mais que necessária sua observância no campo do Direito de Família. Assim, os princípios atuam como balizadores dos postulados legais, para que um fim seja obtido a partir de um grau de abstração da norma prescrita. Ou seja: princípio é tudo aquilo que vem no começo; é o *ponto de partida*.

Humberto Ávila[89] é enfático ao expor que "[...] os princípios seriam pensamentos diretivos de uma regulação jurídica existente ou possível, mas que ainda não são regras suscetíveis de aplicação, na medida em que lhes falta o caráter formal de proposições jurídicas, isto é, a conexão entre uma *hipótese de incidência* e uma *consequência jurídica*".

---

[87] Cf. *Teoria pura do direito*, cit., p. 217.

[88] Acerca da conceituação do Direito como sistema, Eros Roberto Grau, cf. *Direito posto e o direito pressuposto*, p. 22, define o sistema jurídico "[...] como uma ordem teleológica de princípios gerais de direito. Não se trata, note-se bem, de ordem de normas, conceitos, institutos, valores ou axiomas, mas de ordem de princípios gerais".

[89] Cf. *Teoria dos princípios: da definição à aplicação dos princípios jurídicos*, p. 36.

Consoante definição de Carlos Dias Motta,[90] "[...] princípios jurídicos são normas jurídicas, positivadas ou não, projetando valores e traduzindo ideias que informam o sistema jurídico e ao mesmo tempo são dele extraídos, cuja aplicação deve ocorrer, na maior medida possível e na menor oposição possível, a outros princípios e regras jurídicas, em busca da harmonia dos valores da segurança jurídica e da justiça".

Portanto, pode-se pontuar que os *princípios* são normas que se encontram presentes na Constituição e que são aplicadas a todas as outras normas constitucionais, haja vista serem dotados de grande abstratividade e têm como finalidade ditar determinados significados às demais normas.

José Afonso da Silva[91] traz a expressão *princípio jurídico-constitucional* dizendo que estes são os informadores da ordem jurídica nacional, decorrendo de certas normas constitucionais e, não raro, constituem desdobramentos dos fundamentais. Assim sendo, existem, ao lado de princípios considerados basilares (ou princípios gerais do direito), aqueles denominados *fundamentais*. Esses *princípios fundamentais* são aqueles que trazem a ideia de que não podem faltar, ou seja, são necessários para determinadas situações que venham a ensejar um ordenamento jurídico.

Sua importância, pelos dizeres de Marcelo Alkmim,[92] "[...] vai além de seu caráter de mero instrumento interpretativo das normas positivadas, haja vista que os princípios, alçados à condição de princípios constitucionais, convertem-se em fundamento de toda a ordem jurídica.".

A necessidade da construção de um corpo legislativo, com respeito a valores que transcendessem a simples fonte normativa, angariou defensores com a Revolução Industrial inglesa (que fez parte do conjunto de revoluções nominadas de *revolução burguesa*), ocorrida no século XVIII, e seus desdobramentos no século XIX, que foram marcados pelo desenvolvimento industrial durante aquele século, até o ato final, que foi a eclosão da Primeira Guerra Mundial.

Durante o desenvolvimento industrial do século XIX, e com o surgimento de uma organizada classe proletária, advieram inúmeros conflitos com a burguesia capitalista, momento este em que surgem novas ideias sobre uma necessidade de ser feita uma adequação daquele

---

[90] Cf. *Direito matrimonial e seus princípios jurídicos*, p. 25.

[91] Cf. *Curso de direito constitucional positivo*, p. 86.

[92] Cf. *Teoria da constituição*, p. 149.

capitalismo com o documento mais importante daquele momento, a saber, o manifesto comunista.

Inegável que as concretas transformações só seriam obtidas quando os direitos *fundamentais* de igualdade, liberdade, dignidade e fraternidade, essenciais a existência de todo ser humano, fossem estabelecidos em textos legais que facilitassem a efetivação de suas finalidades.

Na seara da família, a proteção constitucional, a partir da *Lex Magnum* de 1988, não foi um ato imposto apenas pela sociedade brasileira, mas sim pela decorrência de uma exigência maior: a Declaração Universal dos Direitos Humanos, datada de 10 de dezembro de 1948, na qual se fixou que a família é o grupo mais elementar e fundamental da sociedade e, por tal motivo, cabe ao Estado prestar-lhe toda a tutela necessária para que todos tenham pleno direito de acesso a esta forma mais originária de agrupamento de pessoas.

Conosco não foi diferente. Após advento da Constituição Federal de 1988 – promulgada em 05 de outubro daquele ano – todas as normas jurídicas passaram a receber uma nova fonte de interpretação. O mesmo aconteceu com o Direito Civil, tendo em vista que a atual codificação corrobora toda a importância dos princípios trazidos pela Constituição, quando nos impulsiona a interpretá-lo não mais como um ramo do Direito apartado dos demais, e sim como parte de um todo que mereceu uma releitura dos seus institutos.

Invocando os dizeres de Cristiano Chaves de Farias e Nelson Rosenvald,[93] "o Direito Constitucional afastou-se de um caráter neutro e indiferente socialmente, deixando de cuidar apenas da organização política do Estado, para avizinhar-se das necessidades humanas reais, concretas, ao cuidar de direitos individuais e sociais (nos arts. 226 e 227, por exemplo, a Constituição disciplina a organização da família). Trata-se, sem dúvida, da afirmação de uma nova e fecunda teoria constitucional".

Constata-se, desta feita, que foi com a promulgação dos ideais humanos e garantistas da Constituição Federal de 1988, bem como com a inserção de uma codificação civil, que está eivada de novos valores como *eticidade*, *função social* e *boa-fé*, que estes foram automaticamente aplicados ao Direito de Família, o qual deixou de ser analisado e interpretado apenas como ramo integrante do Direito Civil, para se tornar um conjunto de regras e princípios tutelado pela Lei Maior.

A este processo de repaginação e remodelação das relações familiares deve ser ressaltada a importância dos preceitos fundamentais

---

[93] Cf. *Curso de direito civil: famílias*, p. 77.

que, no entender de André Ramos Tavares,[94] "considera-se fundamental o preceito quando este se apresenta como imprescindível, basilar ou inafastável", isto é, "o fundamental, portanto, apresenta a conotação daquilo sem o que não há nem como identificar uma Constituição. São preceitos fundamentais aqueles que conformam a essência de um conjunto normativo-constitucional".

A importância de tais preceitos fundamentais que emanam da Constituição Federal irradia, de maneira clara e indubitável, consequências no Direito de Família, conforme explicita Rolf Madaleno,[95] ao asseverar que "promulgados novos princípios destinados a promover a releitura de um Direito de Família outrora engessado e hierarquizado, têm-se por revogados todos os dispositivos ainda insertos na legislação ordinária e em especial no vigente Código Civil brasileiro, que ainda contemplem, teimosamente, uma relação de privilégio ou, no caminho inverso, de discriminação".

Mantendo este raciocínio, Maria Berenice Dias[96] diz ser "[...] no direito das famílias onde mais se sente o reflexo dos princípios que a Constituição Federal consagra como valores sociais fundamentais e que não podem se distanciar da atual concepção da família, com sua feição desdobrada em múltiplas facetas".

Torna-se claro, portanto, inexistir qualquer possibilidade de compreensão do contemporâneo Direito de Família, se este estiver alijado de uma interpretação condigna com os princípios e direitos previstos na Carta Constitucional, a fim de propiciar uma aplicação que seja condizente com os valores constitucionais fundamentais, uma vez que a finalidade dos comandos principiológicos é justamente estabelecer juízos estimativos, a fim de que comportamentos sejam regulados.

Até porque, diga-se de passagem, o Preâmbulo[97] da Constituição Cidadã de 1988 (independentemente da existência ou não força vincu-

---

[94] Cf. *Curso de direito constitucional*, p. 119-121.

[95] Cf. *Curso de direito de família*, cit., p. 39.

[96] Cf. *Manual de direito das famílias*, p. 64.

[97] Na esteira do entendimento do Supremo Tribunal Federal, "[...] devem ser postos em relevo os valores que norteiam a Constituição e que devem servir de orientação para a correta interpretação e aplicação das normas constitucionais e apreciação da subsunção, ou não, da Lei 8.899/1994 a elas. Vale, assim, uma palavra, ainda que brevíssima, ao Preâmbulo da Constituição, no qual se contém a explicitação dos valores que dominam a obra constitucional de 1988 [...]. Não apenas o Estado haverá de ser convocado para formular as políticas públicas que podem conduzir ao bem--estar, à igualdade e à justiça, mas a sociedade haverá de se organizar segundo aqueles valores, a fim de que se firme como uma comunidade fraterna, pluralista e sem preconceitos [...]. E, referindo-se, expressamente, ao Preâmbulo da Constituição brasileira de 1988, escolia José Afonso da Silva que 'O Estado Democrático de Direito destina-se a assegurar o exercício de determinados valores supremos. 'Assegurar', tem, no contexto, função de garantia dogmático-constitucional; não, porém, de garantia dos valores abstratamente considerados, mas do seu 'exercício'. Este sig-

lativa de seu conteúdo) traduz o espírito do legislador constituinte e, portanto, deve servir de base para a interpretação de todas as relações jurídicas e eventuais lacunas existentes no ordenamento brasileiro, uma vez que não é possível imaginar direitos que não estejam atrelados à noção conceitual básica de dignidade humana.

E a contextualização da família a partir da dignidade humana não poderia ser diferente: sendo a pessoa o ponto nevrálgico da ordem constitucional atual, e todo o sistema jurídico converge para sua preservação e promoção, é óbvio que as relações familiares eivam-se de conteúdo constitucional, havendo, assim, pleno redimensionamento de seu conteúdo.

Afora a eficácia direta e imediata dos fundamentos constitucionais nas relações privadas, há de se frisar que, para a persecução das finalidades do Estado Democrático de Direito, o aplicador da Lei também poderá se valer, ante a existência de uma situação que apresente lacuna legislativa, dos princípios gerais do direito, a fim de integrar e interpretar as condutas humanas à luz dos preceitos fundamentais.

Por isso, acertadamente, fala-se que os princípios assumem conotação de verdadeiro elemento impulsionador das contemporâneas relações civis, haja vista "o próprio progresso obtido pela sociedade brasileira em seu tecido, na linha da orientação ocidental e em consonância com a opinião da doutrina e a ação da jurisprudência", conforme lembram Carlos Alberto Bittar e Carlos Alberto Bittar Filho.[98]

O caleidoscópio de relações familiares que se apresenta na sociedade contemporânea é fruto da aplicação de postulados constitucionais e, acima de tudo, de princípios, sejam eles tidos por gerais (extensivos a todos os ramos da ciência jurídica) ou aqueles específicos do Direito de Família. Em verdade, pouco importa a classificação sofrida pelos princípios, mas sim as consequências que trazem ao plano da eficácia das relações jurídicas.

Em conformidade com a lição de Luiz Edson Fachin,[99] "a releitura constitucional de estatutos fundamentais do Direito Privado é útil e

---

no desempenha, aí, função pragmática, porque, com o objetivo de 'assegurar', tem o efeito imediato de prescrever ao Estado uma ação em favor da efetiva realização dos ditos valores em direção (função diretiva) de destinatários das normas constitucionais que dão a esses valores conteúdo específico' [...]. Na esteira destes valores supremos explicitados no Preâmbulo da Constituição brasileira de 1988 é que se afirma, nas normas constitucionais vigentes, o princípio jurídico da solidariedade." (ADI 2.649, voto da Rel. Min. Cármen Lúcia, julgamento em 8-5-2008, Plenário, DJE de 17-10-2008).

[98] Cf. *Direito civil constitucional*, p. 20.

[99] Cf. *Direito civil e dignidade da pessoa humana: um diálogo constitucional contemporâneo*, p. 102.

necessária para compreender a crise e a superação do sistema clássico que se projetou para o contrato, a família e o patrimônio".

Desta feita, é imperioso analisar (ainda que perfunctoriamente) os princípios atinentes ao Direito de Família, a fim de se manter uma justa contextualização das relações familiares, partindo-se daqueles cujas raízes estão fincadas na Constituição Federal, assim como aqueles previstos na atual codificação civil, os quais possuem verdadeira relação de interdependência.

2.1. Dignidade humana

Considerado um dos fundamentos da República Federativa do Brasil (artigo 1º, III, da Constituição Federal de 1988), a dignidade humana se traduz em puro elemento de supremacia hermenêutica no contexto jurídico da atualidade, sendo, pois, o basilar da estruturação jurídica brasileira, estando alçado à condição de *supraprincípio*, uma vez que este é o postulado constitucional revestido de maior importância.[100]

Com a reinserção do ser humano como *começo*, *meio* e *fim* das relações jurídicas, o ordenamento jurídico voltou a estes suas atenções. Tudo aquilo que diga respeito a sua honra, decoro, respeito à sua vida, liberdade e família será considerado como consectário de sua dignidade. Em suma: tudo aquilo que for inerente aos seres humanos compreende seus direitos, pouco importando a previsão legislativa.

Trata-se de uma das maiores conquistas obtidas pelo ser humano após um longo e moroso processo de evolução sociojurídica. Nelson Rosenvald[101] entende ser a "[...] noção da mais alta relevância axiológica, pois jamais o ser humano poderá servir de meio para os outros, sendo um fim em si mesmo".

Igualmente, José Joaquim Gomes Canotilho[102] assevera que a ideia de dignidade humana "trata-se do princípio antrópico que acolhe a ideia pré-moderna e moderna de *dignitas-hominis*, ou seja, do indivíduo conformador de si próprio e da sua vida segundo o seu próprio projecto espiritual (*plastes et fictor*)".

---

[100] Para Immanuel Kant, cf. *Fundamentação da metafísica dos costumes*, cit., p. 82, dignidade seria "[...] aquilo porém que constitui a condição só graças à qual qualquer coisa pode ser um fim em si mesma, não tem somente valor relativo, isto é, um preço, mas um valor íntimo, [...]".

[101] Cf. *Dignidade humana e boa-fé no código civil*, p. 2.

[102] Cf. *Direito constitucional e teoria da constituição*, p. 225.

Andreia Sofia Esteves Gomes[103] expõe que "o princípio da dignidade da pessoa humana – como princípio que fundamenta a relação entre o poder e os membros da sociedade política, no sentido de reconhecer o estatuto jurídico básico de cada homem que o Estado tem que respeitar – terá que estar imperativamente consagrado na Constituição de qualquer Estado que se diga de Direito. Efectivamente, numa perspectiva material ou substantiva, só há uma democracia: aquela que se baseia no axioma antropológico da dignidade da pessoa humana, como valor que não está à disposição das maiorias contingentes – nesse sentido, portanto, como 'valor absoluto'".

A primazia deste princípio, no cenário jurídico, faz com este seja considerado o porto seguro dos mais variados fatos jurídicos, e facilmente detectado nas relações jurídicas das famílias, haja vista zelar pela integridade, respeito e promoção humana das pessoas que integram determinado núcleo familiar. A importância que este princípio exerce sobre as relações privadas impulsiona novos horizontes interpretativos, tendo em vista repercutir concretamente no cotidiano da sociedade.

Pelo que destaca Joaquín Arce y Flórez-Valdés,[104] "a pessoa, sua dignidade e seus direitos sempre foram considerados – e agora os reconhece expressamente o texto constitucional – como a razão de ser do Direito, como seu último fundamento. Desde os idos do Direito Romano se pode estabelecer que 'todo o Direito foi constituído para servir ao homem', e no princípio da dignidade da pessoa e no respeito aos demais reside a chave dos *tria iuris praecepta* de Ulpiano, que não em vão se tem visto como os originários princípios gerias do Direito".

Sendo o fundamento primordial de toda a ordem jurídica, bem como o sustentáculo para as relações familiares da atualidade, não há como imaginar este Direito das Famílias da atualidade dissociado deste princípio. A dignidade humana é facilmente percebida quando falamos da igualdade entre homens e mulheres, o reconhecimento dos filhos pouco importando sua origem, o reconhecimento das famílias oriundas da união estável, as famílias *monoparentais* e as uniões entre pessoas de mesmo sexo, por exemplo. A ligação de todos os demais princípios para com este é flagrante.

Debruçando-se sobre a temática dos princípios no Direito de Família, Rodrigo da Cunha Pereira[105] sabiamente afirma que "[...] o

---

[103] Cf. *A dignidade da pessoa humana e o seu valor jurídico partindo da experiência constitucional portuguesa*, p. 24.

[104] Cf. *Los principios generales del derecho y su formulación constitucional*, p. 103-104.

[105] Cf. *Princípios fundamentais norteadores para o direito de família*, p. 100-101.

Direito de Família está intrinsecamente ligado aos 'Direitos Humanos' e à dignidade. A compreensão dessas noções, que nos remetem ao conceito contemporâneo de cidadania, é que tem impulsionado a evolução do Direito de Família. [...]. O princípio da dignidade, como todos os princípios, contém valores e, portanto, traz consigo, além de seu conteúdo normativo, um conteúdo axiológico. *In casu*, o valor é a dignidade que se dá ao bem, isto é, ao homem".[106]

Todo o universo jurídico que envolve o ser humano atualmente não pode ser interpretado como independente da influência e primazia que exerce o princípio da dignidade humana, principalmente no que tange ao Direito de Família. Isso porque houve um necessário enaltecimento da pessoa humana em face das coisas, abrindo-se, desta feita, espaço para uma vinculação dos institutos jurídicos ao seu léxico claramente jusnaturalista.

De acordo com Marco Túlio de Carvalho Rocha:[107] "[...] a Constituição caracterizar a dignidade como atributo essencial da pessoa humana significa que dela nenhum ser humano pode ser despido na ordem jurídica brasileira. Assim, a dignidade da pessoa humana é um princípio inerente à própria ordem jurídica brasileira, que somente poderia ser negado com a inteira subversão do sistema jurídico vigente. É um elemento jurídico incondicional e apriorístico, não suscetível de prova ou dependente de demonstração de qualquer requisito".

Na realidade, ao conceito e noção de *dignidade humana* há não apenas a observância de um fundamento constitucional, mas, também, grande e forte significado jurídico e político em seu reconhecimento que, para Mijail Mendoza Escalante,[108] "[...] implica que o Estado e a própria ordem social se justificam ou legitimam sua razão de ser na consecução deste princípio".

Atribuindo à dignidade humana caráter e conteúdo de direito fundamental, a mencionada autora prossegue afirmando que "com uma perspectiva mais jurídico constitucional traz consigo duas con-

---

[106] Rosa Maria de Andrade Nery, cf. *Noções preliminares de direito civil*, p. 114, observa que "[...] a Vida e a liberdade são as expressões mais extraordinárias dessa dignidade, porque é na essência do ser que se encontram os elementos identificadores dela. Logo, a Vida Humana é que tem dignidade; a liberdade do homem é que tem dignidade; e tudo isso deve necessariamente refletir no anseio científico que justifica a tomada de decisão anterior à elaboração mesma da norma. Quando o espírito do legislador, ou o espírito do intérprete, ou do decididor, se olvida desse princípio, desaparecem todos os elementos que autorizam dizer tenha sido realizada verdadeira análise científica do Direito".

[107] Cf. *O conceito de família e suas implicações jurídicas: teoria sociojurídica do direito de família*, p. 118-119.

[108] Cf. *Los efectos horizontales de los derechos fundamentales en el ordenamiento constitucional peruano*, cit., p. 1379.

sequências: enquanto 'fim supremo' impõe a proteção e promoção da pessoa e, por outro lado, que essa projeção não se limite ao Estado, mas também à sociedade, pois o respeito à dignidade se impõe, [...] como 'fim supremo da sociedade e do Estado'. Todavia, proteção e promoção da dignidade à pessoa se manifesta na proteção e promoção dos direitos fundamentais. Por isso, o 'respeito à dignidade' a que alude a Constituição é, justamente, o que se deve aos direitos fundamentais. Este 'respeito' significa, juridicamente, sujeição, *vinculatoriedade*, àqueles. Por outra parte, se como assinalado antes, o princípio da dignidade da pessoa se projeta também ao Estado-sociedade, ademais do Estado-aparato, resulta que não apenas este é o destinatário dos direitos fundamentais, mas também a sociedade em geral, ou seja, os particulares".[109]

Não se pode olvidar do pensamento Kantiano, do qual sobrevém destacar seu categórico discurso, segundo o qual todo ser humano, por ser dotado de racionalidade, busca um fim que lhe é inerente, a saber, a felicidade. Este chega a afirmar que "se, pois, deve haver um princípio prático supremo e um imperativo categórico no que respeita à vontade humana, então de ser tal que, da representação daquilo que é necessariamente um fim para toda a gente, porque *é fim em si mesmo*, faça um princípio *objectivo* da vontade, que possa por conseguinte servir de lei prática universal. O fundamento deste princípio é: *a natureza racional existe como fim em si.* [...]. O imperativo prático será pois o seguinte: *age de tal maneira que uses a humanidade, tanto na tua pessoa como na pessoa de qualquer outro, sempre e simultaneamente como fim e nunca simplesmente como meio*".[110]

Obrigatório se torna concluir que, quando se toma à análise a temática dos direitos e princípios fundamentais, em especial a dignidade humana, esta não pode ser dissociada das previsões infraconstitucionais. Ora, se o mais fundamental dos direitos humanos é a vida, não há como imaginá-la senão quando gozada em qualquer uma das formas de família admitidas pelo ordenamento jurídico brasileiro, ou seja, está-se a afirmar que o mais humano dos direitos e mais fundamental dos princípios que consubstanciam a estrutura jurídica contemporânea é, sem dúvidas, o direito à família.

Por este motivo, lembra Maria Celina Bodin de Moraes[111] que "[...] o valor da dignidade humana alcança todos os setores da ordem ju-

---

[109] Mijail Mendoza Escalante, cf. *los efectos horizontales de los derechos fundamentales en el ordenamiento constitucional peruano*, cit., p. 1379.

[110] Immanuel Kant, cf. *Fundamentação da metafísica dos costumes*, cit., p. 73.

[111] Cf. *O conceito de dignidade humana: substrato axiológico e conteúdo normativo*, p. 120.

rídica. Eis a principal dificuldade que se enfrenta ao buscar delinear, do ponto de vista hermenêutico, os contornos e os limites do princípio constitucional da dignidade da pessoa humana. Uma vez que a noção é ampliada pelas infinitas conotações que enseja, corre-se o risco da generalização absoluta, indicando-a como *ratio* jurídica de todo e qualquer direito fundamental. Levada ao extremo, essa postura hermenêutica acaba por atribuir ao princípio um grau de abstração tão completo que torna impossível qualquer aplicação sua".

Nesta enormidade de situações que decorrem da preservação e manutenção da dignidade humana, incidem as relações patrimoniais da família, uma vez que este princípio configura-se acertadamente respeitado quando da possibilidade do exercício da autonomia privada nesta seara de fatos jurídicos.

A autonomia privada, no que diz respeito às relações jurídicas entre particulares, amolda-se como verdadeiro instrumento garantidor dos direitos inerentes ao ser humano, agindo como consectário lógico dos princípios constitucionais, possibilitando ao intérprete e ao aplicador das previsões legais, o exercício dos direitos garantidos às pessoas, hipótese que efetivamente se consagrará o pleno respeito do legislador à condição humana de cada pessoa.

Em suma, a correlação existente entre *autonomia privada – dignidade humana – família*, está em plena sintonia com as relações patrimoniais da família contemporânea, haja vista que a própria codificação civil brasileira divide a disciplina deste Livro do *Codex* em direitos pessoais e patrimoniais, o que possibilita afirmar, segundo Enzo Roppo,[112] que "[...] as relações familiares já não incidem negativamente sobre a liberdade e a capacidade contratuais".

2.2. Solidariedade familiar

Tratada como objetivo fundamental da República brasileira, a solidariedade está insculpida no artigo 3º, I, da Constituição Federal de 1988, de onde se extrai o entendimento segundo o qual a construção de uma sociedade livre, justa e solidária será o fator norteador das relações entre os cidadãos, em especial no que diz respeito ao Direito de Família.

O postulado constitucional em voga tem sua incidência e influência em todos os ramos do Direito. Este comando constitucional, para

---
[112] Cf. *O contrato*, p. 70.

Guilherme Calmon Nogueira da Gama,[113] "[...] se vincula necessariamente aos valores éticos do ordenamento jurídico. A solidariedade surgiu como categoria ética e moral, mas que se projetou para o universo jurídico na representação de um vínculo que compele à oferta de ajuda ao outro e a todos".

No âmbito do Direito de Família a incidência da solidariedade também está presente, conforme estabelece Rolf Madaleno[114] ao afirmar ser possível encontrá-la "[...] na dicção do artigo 1.511 do Código Civil quando afirma importar o casamento na *comunhão plena de vida*, porque evidente que na ausência da comunhão plena de vida desaparece a *ratio* do matrimônio e não tão somente nessa modelagem de entidade familiar, como fundamento da união estável, ou de qualquer associação familiar ou afetiva. A solidariedade é princípio e oxigênio de todas as relações familiares e afetivas, porque esses vínculos só podem se sustentar e se desenvolver em ambiente recíproco de compreensão e cooperação, ajudando-se mutuamente sempre que se fizer necessário".

No mesmo sentido é a posição de Nelson Rosenvald,[115] para quem "a Constituição Federal de 1988 consagrou um Estado Democrático de Direito funcionalizado à efetivação de direitos fundamentais e, entre os objetivos da República, priorizou a construção de uma sociedade livre, justa e solidária (art. 3º, I)".

A finalidade pela qual se estabeleceu especificamente, pela primeira vez, o rol de objetivos do Estado brasileiro é única e exclusivamente dar concretude e eficácia à dignidade humana, e não apenas com consolidação da solidariedade familiar para a propagação de um núcleo familiar fundado em afeto, compreensão, respeito e sem preconceito.

Por certo, não apenas este objetivo constitucional está presente nas hodiernas relações familiares, mas também todos os demais descritos no artigo 3º e seus respectivos incisos da Constituição Federal de 1988. As regras constitucionais ali insculpidas refletem comandos que não se destinam apenas a determinado momento, mas para toda a vida social da República.

A jurisprudência, inclusive, caminha nesse sentido, assegurada a concretização da solidariedade no âmbito familiar, tanto no aspecto assistencial quanto no aspecto patrimonial. Nota-se, a título ilustrativo, a posição do Superior Tribunal de Justiça:

---

[113] Cf. *Princípios constitucionais de direito de família*, cit., p. 74.

[114] Cf. *Curso de direito de família*, cit., p. 90.

[115] Cf. *Dignidade humana e boa-fé no código civil*, cit., p. 173.

Os alimentos decorrem da solidariedade que deve haver entre os membros da família ou parentes, visando garantir a subsistência do alimentando, observadas sua necessidade e a possibilidade do alimentante. Desse modo, a obrigação alimentar tem a finalidade de preservar a vida humana, provendo-a dos meios materiais necessários à sua digna manutenção, ressaindo nítido o evidente interesse público no seu regular adimplemento.[116]

Deve-se reconhecer a contribuição indireta do companheiro, que consiste no apoio, conforto moral e solidariedade para a formação de uma família. Se a participação de um dos companheiros se resume a isto, ao auxílio imaterial, tal fato não pode ser ignorado pelo direito.[117]

É neste contexto, que o artigo 3º da Constituição enuncia quais são as metas do Estado brasileiro, ou seja, quais são as razões de sua existência. Assim sendo, como suas finalidades, a República Federativa do Brasil visa a: I – construir uma sociedade livre, justa e solidária; II – garantir o desenvolvimento nacional; III – erradicar a pobreza e a marginalização e reduzir as desigualdades sociais e regionais; IV – promover o bem de todos, sem preconceitos de origem, raça, sexo, cor, idade e quaisquer outras formas de discriminação.

Inegável que estes valores estão em toda a estruturação jurídica brasileira, exercendo papel de fundamental importância para a concepção e nascimento da atual codificação civil, como reporta Miguel Reale,[118] quando afirma que "[...] a iniciativa da reforma não nasceu *ex abrupto*, fruto da vaidade ou de desejo de mudar, mas reflete uma aspiração que a todo tempo se renova, dadas as características do Código vigente, que, não obstante os seus méritos, foi elaborado para um país ainda patriarcal e de estrutura prevalecentemente agrária, anterior à fase industrial, que hoje nos caracteriza. De outro lado, breve confronto entre o Código Civil brasileiro e o Código alemão, concebido na mesma época, revela como este já superava uma série de pressupostos individualistas e rotineiros, abrindo campo a inevitáveis progressos na sociedade civil, enquanto se mantém ancorado a institutos jurídicos superados, tanto no plano técnico como na prática".

Portanto, a construção de uma sociedade pautada na liberdade, justiça e promoção social só será possível com a completa ausência de discriminação de qualquer tipo de natureza. E o maior e mais eficaz instrumento de propagação destes objetivos é, indubitavelmente, a família, o verdadeiro ambiente de bem-estar, dignidade humana e soli-

---

[116] REsp 997.515/RJ; Quarta Turma; Rel. Min. Luis Felipe Salomão; Julg. 18/10/2011; DJE 26/10/2011.

[117] REsp 915.297/MG; Terceira Turma; Rel. Min. Fátima Nancy Andrighi; Julg. 13/11/2008; DJE 03/03/2009.

[118] Cf. *O projeto de código civil: situação atual e seus problemas fundamentais*, p. 23.

dariedade, na qual toda e qualquer pessoa que a integra recebe seus primeiros contatos com valores que são imprescindíveis para a afirmação humana.

2.3. Igualdade

Poucos foram os princípios trazidos pela Carta Federal de 1988 que provocaram – e provocam – inúmeras transformações no Direito de Família como o da igualdade. É ele o responsável pela paridade de direitos e deveres entre as pessoas que integram a relação matrimonial ou estável, bem como a prole que, eventualmente, este núcleo possa ter, tendo seu substrato jurídico enraizado no mais importante dos fundamentos republicanos: a dignidade humana.

A regra constitucional da igualdade está prevista no artigo 5º, *caput*, do Texto Maior, de onde se denota não haver possibilidades para a prática de qualquer tipo de ato discriminatório em nossa pátria, haja vista que tal comando é elevado à condição de cláusula pétrea. É, pois, um dos mais importantes pilares do denominado Estado Democrático de Direito.

O princípio em voga traduz o que a sociedade espera de nosso sistema jurídico: tratamento justo e igualitário dispensado a todos. A ideia de justiça liga-se intimamente com o que se entende por igualdade formal, expoente da distribuição idêntica de tratamento num plano abstrato. Noutro plano, fala-se ainda em igualdade material, sendo esta a aplicação em um caso concreto da igualdade abstratamente prevista.

Para José Afonso da Silva[119] "a Constituição procura aproximar os dois tipos de isonomia, na medida em que não se limitara aos simples enunciado da igualdade perante a lei; menciona também igualdade entre homens e mulheres e acrescenta vedações a distinção de qualquer natureza e qualquer forma de discriminação".

Tomando-se como fomento maior da igualdade constitucional o brocado *tratar os iguais igualmente e os desiguais desigualmente, na medida de suas desigualdades*, é compreensível a adoção, pelo legislador infraconstitucional, de mecanismos legislativos que visem a concretizar a igualdade entre as pessoas, a fim de se estabelecer a promoção de uma sociedade livre, justa e solidária.

A necessidade de se estabelecer a busca pela igualdade não é um simples ato impensado do constituinte. Ao contrário: reflete-se em ver-

---

[119] Cf. *Curso de direito constitucional positivo*, p. 215.

dadeira luta para que um passado – nada saudoso – de desigualdades e humilhações retorne ao seio da sociedade e da família brasileira.

O real sentido da igualdade que se estabeleceu em nossa pátria, a partir da Constituição Cidadã de 1988, é aquele umbilicalmente ligado à dignidade das pessoas, e a condição de iguais entre as pessoas é medida ante as mais diversificadas situações analisadas pelos diversos elementos que integram o contexto histórico e social que permeiam homens e mulheres.

Daí, acertadamente, o legislador busca a plenitude da cidadania ao instituir tratamentos jurídicos diferenciados, no âmbito penal, que diminuam drasticamente a diferença existente entre gêneros, dentre os quais se sobressalta a Lei de Prevenção e Combate a Violência Doméstica Contra Mulheres – popularmente conhecida como Lei Maria da Penha.[120]

A justificativa para este tratamento diferenciado reside na existência, conforme preconiza Pinto Ferreira,[121] do princípio da igualdade diante da lei – igualdade material –, o qual procurou tornar inexistentes os eventuais privilégios entre as pessoas por motivos de crença, nascimento ou educação.

Neste sentido, a necessidade de introduzir no corpo legislativo nacional instrumentos que erradiquem as desigualdades não diz respeito ao fato de se buscar uma proteção jurídica idêntica perante a lei, mas sim a de tratar todos, *na lei*, de maneira isonômica – igualdade substancial, a qual, no que diz respeito a sua concretização, amolda-se de difícil realização, pois, tradicionalmente, a estrutura social e pessoal é demasiadamente díspar.

A finalidade de se trabalhar o princípio da igualdade como cláusula pétrea está, segundo leciona Carlos Dias Motta,[122] na possibilidade de se "[...] afirmar que princípios jurídicos, ou pelo menos parte deles, são regras de calibração para garantir a efetividade, a coesão e o equilíbrio dinâmico do sistema jurídico. Permitem a mudança de padrões e paradigmas, flexibilizando a natural rigidez do direito positivo. O princípio da igualdade tem essa natureza. No campo do direito de família, vem merecendo especial atenção, pois com base nele foi possível compatibilizar o direito positivo à ordem constitucional instaurada em 1988, não obstante o retardo na adaptação do ordenamento jurídico".

---

[120] Lei nº 11.340, de 07 de agosto de 2006.
[121] Cf. *Curso de direito constitucional*, p. 127.
[122] Cf. *Direito matrimonial e seus princípios jurídicos*, cit., p. 215.

Segundo lição de Rodrigo da Cunha Pereira,[123] "o discurso da igualdade está intrinsecamente vinculado à cidadania, uma outra categoria da contemporaneidade, que pressupõe também o respeito às diferenças. Se todos são iguais perante a lei, todos estão incluídos no laço social. [...]. A construção da verdadeira cidadania só é possível na diversidade. Em outras palavras, a formação e construção da identidade se fazem a partir da existência de *um outro*, de *um diferente*. Se fôssemos todos iguais, não seria necessário falar de igualdade".

A Constituição Federal, a fim de não deixar dúvidas acerca da extensão do princípio da igualdade ao Direito de Família, registrou no artigo 226, § 5º, o entendimento de que "a família, base da sociedade, tem especial proteção do Estado", sendo que "os direitos e deveres referentes à sociedade conjugal são exercidos igualmente pelo homem e pela mulher".

Por este motivo, é possível encontrar em sede jurisprudencial posicionamento no sentido de se considerar a norma contida no artigo 100, I, do Código de Processo Civil, que estabelece o foro privilegiado da mulher em ações de separação, divórcio e anulação do casamento, como inconstitucional, uma vez que o princípio da igualdade não admite fragmentação, garantindo-se à mulher o manejo de exceção de incompetência para invocar a norma supramencionada, consoante previsão da Súmula 33 do Superior Tribunal de Justiça.[124] Todavia, esta posição não foi recepcionada pelo Supremo Tribunal Federal,[125] que entendeu pela constitucionalidade da norma processual civil.

Em que pese a orientação da jurisprudência do Supremo Tribunal Federal, temos que a posição mais acertada encontra precedente da Corte Superior de Justiça, tendo esta decidido que "[...] a norma do art. 100, I, CPC, não é absoluta. Se a mulher não oferecer exceção de incompetência do juízo, em tempo hábil, a competência territorial estará prorrogada por vontade das partes. II – Consoante a doutrina e jurisprudência 'em se tratando de cônjuges estrangeiros, com um deles domiciliado no exterior, não tem prevalência o foro privilegiado da regra processual, eis que preponderam para serem observadas as normas de sobredireito em seu caráter geral'. Tal privilégio assim estabelecido a beneficio da mulher casada, já não mais prevalece, porquanto conflita com o principio da igualdade entre cônjuges, proclamado no

---

[123] Cf. *Princípios fundamentais norteadores para o direito de família*, cit., p. 140-141.

[124] "A incompetência relativa não pode ser declarada de ofício".

[125] RE 227.114/SP; Segunda Turma; Rel. Min. Joaquim Barbosa; Julg em 22/11/2011; Acórdão Eletrônico DJe-034; Divulg 15-02-2012; Public 16-02-2012; RT v. 101, n. 919, 2012, p. 694-699.

art. 226, § 5º, da CF/1988. Incidência da norma inscrita no art. 94, do CPC. [...]".[126]

Ainda sobre o princípio em comento, o Direito de Família também é tocado pela igualdade constitucional entre pessoas no artigo 226, § 7º, quando o Texto Maior assegura ao casal o livre planejamento familiar, pautado nos princípios da dignidade humana e da paternidade responsável. Neste sentido, já afirmou o Supremo Tribunal Federal:[127]

> [...]. E quando se reporta a "direitos da pessoa humana" e até dos "direitos e garantias individuais" como cláusula pétrea está falando de direitos e garantias do indivíduo-pessoa, que se faz destinatário dos direitos fundamentais "à vida, à liberdade, à igualdade, à segurança e à propriedade", entre outros direitos e garantias igualmente distinguidos com o timbre da fundamentalidade (como direito à saúde e ao planejamento familiar). Mutismo constitucional hermeneuticamente significativo de transpasse de poder normativo para a legislação ordinária. [...]. Os direitos fundamentais à autonomia da vontade, ao planejamento familiar e à maternidade. A decisão por uma descendência ou filiação exprime um tipo de autonomia de vontade individual que a própria constituição rotula como "direito ao planejamento familiar", fundamentado este nos princípios igualmente constitucionais da "dignidade da pessoa humana" e da "paternidade responsável". A conjugação constitucional da laicidade do estado e do primado da autonomia da vontade privada, nas palavras do ministro Joaquim Barbosa. [...]. De uma parte, para aquinhoar o casal com o direito público subjetivo à "liberdade" (preâmbulo da constituição e seu art. 5º), aqui entendida como autonomia de vontade. De outra banda, para contemplar os porvindouros componentes da unidade familiar, se por eles optar o casal, com planejadas condições de bem-estar e assistência físico-afetiva (art. 226 da CF). Mais exatamente, planejamento familiar que, "fruto da livre decisão do casal", é 'fundado nos princípios da dignidade da pessoa humana e da paternidade responsável' (§ 7º desse emblemático artigo constitucional de nº 226). O recurso a processos de fertilização artificial não implica o dever da tentativa de nidação no corpo da mulher de todos os óvulos afinal fecundados. Não existe tal dever (inciso II do art. 5º da CF), porque incompatível com o próprio instituto do "planejamento familiar" na citada perspectiva da "paternidade responsável". [...].

Vê-se que, como afirma Maria Berenice Dias,[128] "atendendo à ordem constitucional, o Código Civil consagra o princípio da igualdade no âmbito do direito das famílias, que não deve ser pautada pela pura e simples igualdade entre iguais, mas pela solidariedade entre seus membros. A organização e a própria direção da família repousam no princípio da igualdade de direitos e deveres dos cônjuges (CC 1.511), tanto que compete a ambos a direção da sociedade conjugal em mútua colaboração (CC 1.567)".

---

[126] REsp 27.483/SP; Terceira Turma; Rel. Min. Waldemar Zveiter; Julg. 04/03/1997; DJU 07/04/1997; p. 11112.

[127] ADI 3.510; DF; Rel. Min. Ayres Britto; DJE 16/08/2010; P. 24.

[128] Cf. *Manual de direito das famílias*, cit., p. 68.

Assim, corroborando o que preconizam os artigos 5º, I, e 226, §§ 3º e 5º, ambos da Constituição Federal, o artigo 1.511 do Código Civil nada mais fez do que obedecer aos comandos constitucionais e, de forma a assegurar expressamente que homens e mulheres possuam igualdade de tratamento, sendo titulares dos mesmos direitos e deveres.

Nos idos do Código Civil de 1916, o homem detinha uma série de privilégios que o colocava em posição de superioridade em relação à mulher, sendo este um reflexo do pensamento da sociedade àquela época. Entretanto, nos tempos atuais, os mesmos são inimagináveis diante do extenso e gradativo processo de transformação que as famílias sofreram e, via de consequência, o Direito de Família.

Portanto, com base nos princípios constitucionais aplicáveis ao Direito de Família, bem como àqueles tidos por norteadores do atual Código Civil, não há como manter o pensamento e a aplicação das regras codificadas de maneira idêntica à do Código Civil de 1916.

Não obstante, há, ainda, a incidência do mencionado princípio no texto do artigo 1.565, § 1º, do Código Civil, o qual estabelece que homem e mulher assumem mutuamente a condição de consortes, conviventes e responsáveis pelos encargos da família, bem como ao fato de qualquer dos nubentes, querendo, poderá acrescer ao seu o sobrenome do outro, numa clara conjugação com um dos denominados direitos de personalidade.

Tal igualdade insere-se, ainda, no que diz respeito ao comando do núcleo familiar, conforme determinam os artigos 226, § 5º, e 227, § 7º, ambos da Constituição Federal de 1988, bem como os artigos 1.566, III e IV, 1.631 e 1.634, todos do Código Civil.

A igualdade, pois, é pura consequência lógica, uma vez que a família hodierna se funda em princípios como dignidade humana e solidariedade, sendo impossível atribuir apenas ao homem o comando do núcleo familiar, o que seria, de *per se*, uma grave violação a este princípio.

O Código Civil, ao elencar os deveres oriundos do casamento (estendidos à união estável) no artigo 1.566, incisos III e IV, deixa expresso que são deveres de ambos os cônjuges a mútua assistência e o sustento, guarda e educação dos filhos, ficando claro estarem ambos, em igualdade de condições, legitimados a tomarem conjuntamente as decisões que entendam ser melhores para a vida da família.

No mesmo sentido, há de se ponderar o preconizado nos artigos 227, § 6º, da Constituição Federal e 1.596 do Código Civil: a igualdade na filiação, mantendo-se a mesma linha de raciocínio que anteriormente foi tratada, expondo, com idêntica redação que os filhos, havidos ou não da relação de casamento, ou por adoção, terão os mesmos direitos e qualificações, proibidas quaisquer designações discriminatórias relativas à filiação.

Assim como o homem contava com maior proteção e reconhecimento de seus direitos, em preponderância sobre a mulher, no período de vigência do Código Civil anterior (até a promulgação do texto constitucional de 1988), os outrora denominados *filhos legítimos* também exerciam prevalência sobre os *filhos adulterinos* e os *filhos incestuosos*.

Denominar os filhos como *legítimos, adulterinos, incestuosos, adotivos*, ou *decorrentes de inseminação heteróloga* é agir com extrema violação ao que preconiza, não apenas as regras específicas do Direito de Família previstas na Constituição Federal, mas também no que estabelece a cláusula pétrea do direito de igualdade de tratamento, estabelecida no artigo 5º, *caput,* da Lei Maior.

As relações paterno-filiais não se limitam apenas àquelas estabelecidas dentro dos núcleos familiares, ao contrário, estendem-se a atos de afeto, respeito e solidariedade, os quais representam pilares de uma sólida e consistente relação entre pais e filhos.

Pelas palavras de Maricruz Gómez de la Torre Vargas,[129] "a igualdade se expressa em duas dimensões: de uma parte, deve corrigir as desigualdades de fato, produto de situações que derivam de causas naturais ou da realidade social, e, de outro, deve eliminar toda diferença arbitrária ou discriminação. [...]. Portanto, as diferenças estabelecidas entre pessoas em razão do nascimento são discriminações arbitrárias, porque não são justificáveis e atentam contra o princípio da igualdade".

A filiação foi uma das partes do Direito de Família que mais alterações sofreu após o texto da Constituição Federal de 1988, em que ficou expressamente proibida qualquer conotação discriminatória quanto a origem do filho.[130]

Para José Sebastião de Oliveira[131] "a igualização da filiação trará mais responsabilidade social. Cônjuges, que eram acostumados a ter

---

[129] Cf. *El sistema filiativo chileno*, p. 36.

[130] O Supremo Tribunal Federal já asseverou: "[...]. Não devem ser impostos óbices de natureza processual ao exercício do direito fundamental à busca da identidade genética, como natural emanação do direito de personalidade de um ser, de forma a tornar-se igualmente efetivo o direito à igualdade entre os filhos, inclusive de qualificações, bem assim o princípio da paternidade responsável. 4. Hipótese em que não há disputa de paternidade de cunho biológico, em confronto com outra, de cunho afetivo. Busca-se o reconhecimento de paternidade com relação a pessoa identificada". (RE 363.889/DF; Tribunal Pleno; Rel. Min. Dias Toffoli; Julg. 02/06/2011; DJE 16/12/2011; p. 40).

[131] Cf. *Fundamentos constitucionais do direito de família*, p. 254.

aventuras extraconjugais e se utilizavam das disposições normativas discriminatórias do Código Civil e legislações esparsas para relegar ao abandono seus filhos (numa amostra de irresponsabilidade sem limites), refletirão melhor antes de tomarem qualquer atitude nesse sentido, porque a Constituição Federal repugna esta espécie de procedimento ao reputar, de igual natureza, os filhos havidos ou não das relações matrimoniais".

Impõe-se dizer: aos pais incumbe-se, em igualdade de direitos e obrigações, tratar seus filhos de maneira isonômica, pouco importando a origem destes, seguindo aquilo que Gilberto Gil[132] musicou como *mães zelosas* e *pais corujas*!

À guisa de conclusão, vale citar as lições de Rolf Madaleno,[133] para quem "embora ainda não tenha sido atingido o modelo ideal de igualdade absoluta de filiação, porque esquece a lei a filiação socioafetiva, ao menos a verdade biológica e a adotiva não mais encontram resquício algum de diferenciação e tratamento. A supremacia dos interesses dos filhos, sua cidadania e dignidade humana foram elevadas a fundamento da República Federativa do Brasil e do Estado Democrático de Direito, não mais admitindo discutir e diferenciar pela origem".

2.4. Pluralidade das entidades familiares

A família é o ponto de contato mais íntimo e pleno do ser humano para com a sociedade. É, pois, o sustentáculo das relações pessoais em sentido *macro* – com toda a comunidade em que as pessoas estão inseridas – e *micro* – com os demais seres que integram o núcleo familiar.

Por esta razão, e aplicando a diretriz constitucional que se impõe às relações familiares, dúvidas não pairam sobre a possibilidade de se constituírem novas formas de entidades familiares não previstas expressamente no texto do artigo 226 da Constituição Federal, aplicando-se, assim, clara interpretação extensiva dos princípios fundamentais republicanos, uma vez que o rol constante no referido dispositivo constitucional é meramente exemplificativo – *numerus apertus* – pela ausência de imperativo legal que limite a composição familiar apenas a partir das formas estabelecidas pelo legislador constituinte, bem como

---

[132] Na linda Tempo Rei, do magistral álbum Raça Humana (1984).
[133] Cf. *Curso de direito de família*, cit., p. 96.

por critério interpretativo da norma constitucional, de acordo com entendimento do Supremo Tribunal Federal.[134]

Mesmo porque o Estado Democrático brasileiro destina-se a assegurar e garantir, conforme dispõe o preâmbulo da Constituição Federal de 1988, o pleno exercício dos direitos sociais e individuais, a liberdade e o bem-estar, bem como a igualdade e a justiça como valores supremos de uma sociedade fraterna, *pluralista* e isenta de preconceitos, não se afastando, em qualquer hipótese, do vetor de inclusão geral da dignidade humana.

Não obstante, é imperioso ressaltar que a exclusão não faz parte da previsão legislativa, mas da interpretação a que se faz do texto legal. Ora, se a Constituição Federal de 1988 é designada de cidadã, como se falar em exclusão de pessoas ao direito à família? Nada mais impensado e desarrazoado.

Rodrigo da Cunha Pereira[135] anota que "diante da hermenêutica constitucional, e sobretudo, da aplicação do princípio da pluralidade das formas de família, sem o qual se estaria dando um lugar de indignidade aos sujeitos da relação que se pretende seja família, tornou-se imperioso o tratamento tutelar a todo agrupamento que, pelo elo do afeto, apresente-se como família, já que ela não é um fato da natureza, mas da cultura [...]".

Com isso, afirma-se com segurança que as entidades familiares previstas na norma constitucional do artigo 226 e seus respectivos parágrafos constituem um número exemplificativo de formas para a constituição de uma família, sendo possível, através dos mecanismos de aplicação e integração da norma jurídica,[136] abarcar relações familiares implícitas a partir de um processo de evolução sociojurídica de

---

[134] ADI 4.277/DF; Tribunal Pleno; Rel. Min. Ayres Britto; Julg. 05/05/2011; DJE 14/10/2011: "o caput do art. 226 confere à família, base da sociedade, especial proteção do Estado. Ênfase constitucional à instituição da família. Família em seu coloquial ou proverbial significado de núcleo doméstico, pouco importando se formal ou informalmente constituída, ou se integrada por casais heteroafetivos ou por pares homoafetivos. A Constituição de 1988, ao utilizar-se da expressão 'família', não limita sua formação a casais heteroafetivos nem a formalidade cartorária, celebração civil ou liturgia religiosa. Família como instituição privada que, voluntariamente constituída entre pessoas adultas, mantém com o Estado e a sociedade civil uma necessária relação tricotômica. Núcleo familiar que é o principal lócus institucional de concreção dos direitos fundamentais que a própria Constituição designa por 'intimidade e vida privada' (inciso X do art. 5º). [...]. Família como figura central ou continente, de que tudo o mais é conteúdo. Imperiosidade da interpretação não reducionista do conceito de família como instituição que também se forma por vias distintas do casamento civil. Avanço da CF de 1988 no plano dos costumes. Caminhada na direção do pluralismo como categoria sócio-político-cultural. [...]".

[135] Cf. *Princípios fundamentais norteadores para o direito de família*, cit., p. 167.

[136] Artigos 4º e 5º da Lei de Introdução às Normas do Direito Brasileiro – LINDB (Lei nº 12.376/2010).

outras formas de relações humanas que visem à fixação de um projeto de vida afetivo.

2.5. Liberdade ou não intervenção do estado

Inegável é o fato de que foi a noção de liberdade que fomentou toda a reformulação sociojurídica do século XIX, retratada na codificação francesa de 1804 como o marco da impossibilidade da intervenção do Estado nas relações puramente privadas, momento este em que se fixaram dois grandes blocos de atuação jurídica: o privado e o público. O exercício da liberdade teve, na *autonomia da vontade*, o seu permissivo para as mais diversas composições negociais entre os cidadãos.

O pensamento sociojurídico, à época do Estado Liberal, preconizava o mais amplo exercício da autonomia da vontade como instrumento de promoção e afirmação humana, constituída na possibilidade de livre contratação sem qualquer intromissão do Poder Público nas relações privadas.

Com a necessidade de se adequar, não apenas a ordem política e jurídica, mas também a social dos mais diversos Estados, ante a clara preponderância de valores que transcendiam o individualismo humano, ora por pura falência daquele sistema, ora pela imperiosa valorização da pessoa humana em detrimento ao patrimônio à que se visava, surge a *autonomia privada* como elemento substituto da *autonomia da vontade*.

Não se está a afirmar que a inserção do Estado Democrático de Direito e o fim do Estado Liberal pôs fim à liberdade no âmbito do Direito Privado. Ocorre que todo o conteúdo jurídico das relações entre particulares, originadas nas mais diversas situações previstas pelo direito privado e seu expoente maior – o Código Civil –, passaram a ser interpretadas pelos novos vetores constitucionais. Outro não poderia ser o destino das regras tocantes ao Direito de Família.

Entretanto, não se olvide que nas relações civis se garante o exercício da autonomia privada como instrumento essencial de promoção da liberdade individual, possibilitando-se, desde que respeitados os limites legais, pactuar aquilo que melhor atender seus interesses.

Assim sendo, o princípio em voga está insculpido no artigo 226, §§ 7º e 8º, da Constituição Federal, bem como nos artigos 1.513 e 1.565, § 2º, do Código Civil. Claro que a noção de autonomia existente em matéria de família é limitada por uma série de outros princípios e regras, não podendo compreender tal liberdade desenfreadamente como antes da Carta Federal de 1988.

Válidas são as palavras de Rolf Madaleno[137] para quem "o princípio da liberdade se faz muito presente no âmbito familiar, pela liberdade de escolha na constituição de uma unidade familiar, entre o casamento e a união estável, vetada a intervenção de pessoa pública ou privada (art. 1.513, CC); na livre decisão acerca do planejamento familiar (art. 1.565, CC), só intervindo o Estado para propiciar recursos educacionais e informações científicas; na opção pelo regime matrimonial (art. 1.639, CC), e sua alteração no curso do casamento (art. 1.639, § 2º, CC), sendo um descalabro cercear essa mesma escolha do regime de bens aos que completam 70 anos de idade (art. 1.641, II, CC); na liberdade de escolha entre a separação ou o divórcio judiciais ou extrajudiciais, presentes os pressupostos de lei (Lei nº 11.441/2007)".

O conceito de *liberdade* que aqui se aplica liga-se com a impossibilidade de intervenção estatal na relação privada da família, ou seja: tanto o poder público quanto os entes privados devem se abster de interferir na comunhão de vida instituída através da família, pouco importando se o projeto de vida comum se dá pelo casamento ou pela união estável, como dispõe o texto do Enunciado nº 99, da I Jornada de Direito Civil, promovida pelo Conselho da Justiça Federal, estabelecendo que "o art. 1.565, § 2º, do Código Civil, não é norma destinada apenas às pessoas casadas, mas também aos casais que vivem em companheirismo, nos termos do art. 226, *caput*, §§ 3º e 7º, da Constituição Federal de 1988, e não revogou o disposto na Lei n. 9.263/96".

Tal instituição de vida comum inicia-se pela liberdade conferida e garantida a todas as pessoas, bem como pela possibilidade de se exercitar a autonomia privada não apenas no que diz respeito à relação patrimonial da família, mas também sobre as relações pessoais que normalmente decorrem da vida familiar, configurando verdadeira norma de natureza personalíssima.

No plano jurisprudencial, vale citar a orientação do Tribunal de Justiça do Rio Grande do Sul:[138]

> Não é demais dizer que também é personalíssima a definição do status familiar de cada um. Tanto é assim que o art. 1.513 do Código Civil expressamente veda a qualquer pessoa, de direito público ou privado, interferir na comunhão de vida instituída pela família. Isso significa, precisamente, a impossibilidade de interferência de terceiros na esfera inviolável de privacidade da entidade familiar. Deram provimento aos recursos. Unânime.

---

[137] Cf. *Curso de direito de família*, cit., p. 90.

[138] AC 508108-05.2010.8.21.7000; Porto Alegre; Oitava Câmara Cível; Rel. Des. Luiz Felipe Brasil Santos; Julg. 29/03/2012; DJERS 23/04/2012.

Na esfera patrimonial, afirma M. Rita Aranha da Gama Lobo Xavier:[139] "a autonomia privada dos cônjuges no campo da disciplina das suas relações patrimoniais decorre ainda do reconhecimento da liberdade pessoal de cada um deles e da necessidade de tutelar a sua personalidade jurídica individual dentro da própria comunhão de vida conjugal e, nesse sentido, significa o reconhecimento da sua legitimidade para determinar e regular o respectivo estatuto patrimonial".

Quanto ao campo pessoal da família, há de se fazer algumas ponderações a fim de que não se cometam equívocos. Bem porque, como já afirmado no capítulo anterior, de que a autonomia privada é o grande vetor de fomento das relações civis não pairam dúvidas, uma vez que esta reflete o poder conferido pelo ordenamento, para que todos os particulares, dentro dos limites legais, pratiquem atos jurídicos que melhor reproduzam seus interesses jurídicos.

É inegável que o Estado assumiu importante papel no processo legiferante do Direito de Família, impondo uma mitigação na inserção da família como um organismo privado ou público, sendo hoje considerada uma célula basilar da sociedade brasileira, fazendo com que o Poder Público tutele os direitos das famílias como mecanismo de propagação da personalidade humana.

Todavia, como observa Rodrigo da Cunha Pereira,[140] "não se deve confundir, pois, esta tutela com poder de fiscalização e controle, de forma a restringir a autonomia privada, limitando a vontade e a liberdade dos indivíduos. Muito menos se pode admitir que esta proteção alce o Direito de Família à categoria de Direito Público, apto a ser regulado por seus critérios técnico-jurídicos".

Com essa perspectiva, ao Estado não se impõe apenas o dever de abstenção no projeto de vida afetivo, mas também o de tutelar a família e propiciar-lhe instrumentos jurídicos para que a comunhão plena de vida das pessoas ali envolvidas seja atingida. Nesse sentido, caminha o entendimento de José Sebastião de Oliveira,[141] ao enfatizar que "o Estado atual, nos moldes traçados pela Constituição Federal, está estruturado para garantir liberdade e felicidade e jamais poderia atingir este desiderato através de ingerências na família".

A incidência do princípio da liberdade ou da não intervenção do Estado nas relações pessoais da família é o marco divisório entre o Direito Privado e o Direito Público, haja vista que, desde a promulgação

---

[139] Cf. Limites à autonomia privada na disciplina das relações patrimoniais entre os cônjuges, p. 496.
[140] Cf. Princípios fundamentais norteadores para o direito de família, cit., p. 153.
[141] Cf. Fundamentos constitucionais do direito de família, p. 281.

da Constituição Federal de 1988, o direito à intimidade e à vida privada são verdadeiras cláusulas pétreas. E não existe outro ambiente para consagração e preservação da intimidade e da vida privada que não o seio de uma família.

3. As formas de constituição familiar à luz da Constituição Federal

A condição de supremacia legal da Constituição é fato inegável. É a partir de seus preceitos que a sociedade se organiza e traça suas estruturas mais elementares para a vida humana.

Mantendo o raciocínio segundo o qual é da Carta Federal que emanam os valores mais essenciais da sociedade brasileira, incumbiu-se, o legislador constituinte de 1988, de dedicar à família capítulo próprio em seu texto, estabelecendo seus ditames para a composição do núcleo tido por base da social e merecedor de especial proteção estatal.

Desta feita, e conforme exposto linhas acima, não esgotou, o legislador, os tipos de entidades familiares no texto constitucional, uma vez que a República brasileira se funda em princípios como a dignidade humana e cidadania que afastam toda e qualquer limitação do direito à família. Portanto, tem-se que o rol trazido pelo artigo 226 da Constituição Federal de 1988 é meramente exemplificativo.

Ora, outro não poderia ser o entendimento, tendo em vista ser a família um fenômeno mais sociocultural que jurídico. Tal afirmação implica dizer que não foi a lei que criou a família e suas formas de composição, mas sim a família que impulsionou a elaboração de leis para sua devida regulamentação, passando este processo a prever suas formas de constituição e efeitos decorrentes. Daí impossível limitar a existência de um tipo fechado (*numerus clausus*) de entidades familiares.

Acertou o constituinte, pois nada mais mutante que a família, sendo impossível à legislação passar por tantas reformas para acompanhar o aspecto evolutivo deste fenômeno social. Assim sendo, Sergio Alagna[142] pontifica que "o rápido progresso da contemporaneidade tem acentuado o aspecto evolutivo de todos os fenômenos sociais, em especial os familiares, que é coligado à sociedade em cuja vive e de cuja é expressão".

---

[142] Cf. *Famiglia e rapport tra coniugi nel nuovo diritto*, p. 15.

René Savatier[143] esclarece que "[...] o fundamento dos direito que a família exerce pelos seus membros, são verdadeiramente humanistas, além de possuírem um interesse nacional".

Por este motivo, afirma-se a existência de verdadeira *cláusula geral de inclusão* exercida pelo princípio fundamental da dignidade humana, quando aplicado ao direito fundamental à formação da família, haja vista ser inegável o fato de que as relações familiares hoje estão pautadas, acima de tudo, na presença e preservação do afeto, sendo este o elemento primordial para a constituição familiar, pouco importando a forma com este grupo se constituirá, bastando-se, tão somente, em sentimento suficiente para que haja reciprocidade entre os membros que a integram.

3.1. Casamento

Tão antigo quanto o surgimento das mais longínquas e arcaicas formas de agrupamento de pessoas com o propósito de estabelecer os descendentes, o casamento sempre foi considerado, em sua essência, o mecanismo mais fundamental das relações humanas. Era a partir de sua configuração que se formavam as famílias legítimas e, consequentemente, produziam-se os efeitos jurídicos consectários.

No período do Direito Romano, Modestino conceituou o casamento como *nuptiae sunt conjunctio maris et foeminae, consortium omnis vitae, divini et humani iuris communicatio*, que, de acordo com Giselda Maria Fernandes Novaes Hironaka,[144] refletia o pensamento romano segundo o qual "as núpcias são a união do homem e da mulher, consórcio de toda a vida: a comunicação do direito humano e divino".

Naquele momento da história da humanidade, o casamento foi fator de integração da mulher em relação ao grupo familiar em que estava inserida, sendo pautado pelo acordo de vontade das partes contratantes, ficando esta condicionada à existência do *affectio maritalis* (quer dizer, o afeto entre esposo e esposa) e do *honor matrimonii* (ou seja, a honra e respeito que permeiam a relação).

Em que pese se tratar de relação eminentemente pessoal, quando da Roma antiga e suas deliberações matrimoniais, concebeu-se a figura do casamento *cum manu*, o qual simbolizava a passagem da *manus* feminina para seu então esposo, após prévio consenso entre os patriarcas da família do homem e da mulher. Apenas anos mais tarde é que outra

---

[143] Cf. *Le droit, l'amour et la liberté*, p. 33.
[144] Cf. *Casamento*, p. 316.

forma de casamento foi introduzida no seio da sociedade romana: o casamento *sine manu*, relação esta em que o homem não recebia a *manus* feminina, isto é, não havia transmissão dos bens e do *status familiae* prévio, cabendo à mulher conservar tais bens.

Com o passar dos tempos, e ante a participação da Igreja na vida das pessoas, o casamento foi fortemente influenciado por um viés ético-moral, além, é claro, religioso, que atingiu *status* de ápice da relação entre homem e mulher, sendo interpretado como união sacra e indissolúvel. Tal fato é amplamente compreensível. Não se justificava que *a base da sociedade* fosse constituída de outra forma, senão por aquela oriunda da vontade divina.

Após o advento do Concílio de Trento e a consequente assunção, pela Igreja Católica, dos poderes em matéria de casamento, vivenciou-se o período da história em que só havia casamento, ou seja, só havia constituição legítima de família quando esta fosse reconhecida e chancelada pela Igreja, uma vez que ao Estado não competia legislar sobre as uniões divinas.[145]

Martinho Garcez Filho[146] já relatava que o casamento "[...] devia ser a fonte da multiplicação e ao mesmo tempo do ajuntamento do gênero humano, e para dar a essa união fundamentos proporcionados aos caracteres do que devia ser o seu vínculo, Deus não formou primeiramente senão o homem só; depois tirou dele um segundo sexo, e formou a mulher de uma das costelas do homem, para assinalar, pela unidade de sua origem, que eles fazem um só todo, onde a mulher é tirada do homem, e lhe é dada pela mão de Deus como uma companheira, e um auxilio semelhante a ele e formado dele".

Neste contexto, a família fundada no casamento portava-se como verdadeira instituição, na qual preponderavam os ideais canônicos e o apego às formalidades consideradas essenciais, a saber: necessidade de diversidade de sexos e que sua celebração fosse realizada pela autoridade eclesiástica católica. Tinha-se, desta feita, que o casamento era

---

[145] De grande valia são as palavras de Juan Carlos Rébora, cf. *Instituciones de la familia – tomo I*, p. 66-67, ao afirmar que "o grupo assim organizado sofreu considerável pressão por causa da crise conhecida como a Reforma religiosa, isto é, um movimento que começou neste campo, para julgar a doutrina da indissolubilidade do casamento e, ao mesmo tempo, de direitos parentais, trazendo dissidentes soluções em relação ao direito canônico. Modificar o conceito do vínculo entre os cônjuges e, em qualquer sentido, os efeitos da relação paterno-filial era, sem dúvidas, promover uma revolução no direito de família. Isto permaneceria tamanha a pressão, nos países que se apegaram aos cultos reformados, os quais se estabeleceram para adotar soluções sobre o divórcio com efeitos resolutivos do vínculo matrimonial e, por eles influenciados, alargaram o campo das ações experimentais que permitiram a separação de bens e a emancipação das mulheres".

[146] Cf. *Direito de família: exposição critico-juridica, systematica e philosophica do código civil brasileiro*, p. 31-32.

verdadeira instituição, voltada muito mais ao atendimento das formalidades legais do que à plena realização das pessoas ali envolvidas.

Com a proclamação da República, e a consequente laicização do Estado brasileiro, este ficou responsável por legislar e declarar a existência, validade e eficácia do matrimônio após a edição do Decreto 181 de 1890, momento em que foi instituído o casamento civil entre nós. Entretanto, a codificação civil de 1916 caminhou no sentido de eivar o casamento como uma relação indissolúvel pela vontade das partes.

O casamento fundava-se, assim, na relação formal entre homem e mulher com vistas a constituir família, legitimando-os à prática sexual, com o escopo de aquisição de patrimônio e perpetuação da espécie. Pautava-se na concentração diretiva por parte do homem, com marcante submissão da mulher às decisões por aquele tomadas.

Pelas palavras de Aubry et Rau[147] evidencia-se que "o casamento é, de acordo com o direito filosófico, a sociedade perpétua que contraem duas pessoas de sexos diferentes, com o intuito de imprimir um caráter de moralidade às suas relações sexuais e às relações que naturalmente advierem".

Consoante afirmação de Cristiano Chaves de Farias e Nelson Rosenvald[148] "[...] até o advento constitucional, o casamento sempre havia sido enxergado pela ótica *institucionalista*, servindo como uma instituição jurídica e social, através da qual era constituída a família, plena em regulamentações. Mais interessava o atendimento das formalidades e prescrições legais do que a proteção e a felicidade das pessoas envolvidas".

A família brasileira constituída pelo casamento, regulado no Código Civil de 1916, passou por inúmeras transformações sociais, jurídicas, legislativas e políticas ao longo das décadas subsequentes ao seu advento, vindo a ser imprescindível a releitura de seus elementos e finalidades com a Constituição Federal de 1988, a qual proclamava a preponderância da dignidade humana, solidariedade e igualdade no seio familiar.

Por este motivo – e profundamente influenciado pelos ideais maiores da Constituição Cidadã – o atual Código Civil, em seu Livro IV (Direito de Família), assevera que "o casamento estabelece comunhão plena de vida, com base na igualdade de direito e deveres dos cônjuges". E mais: não apenas caminhar em sentido diverso de seu antecessor, o atual Código traz verdadeira cláusula geral ao determinar

---

[147] Cf. *Droit civil français – tome vii*, p. 9.
[148] Cf. *Curso de direito civil: famílias*, cit., p. 182-183.

o surgimento de uma relação pautada na *comunhão plena de vida*, sem defini-la.[149]

Apesar de o legislador brasileiro ter tratado o casamento como o ato pelo qual se constitui uma família, visando ao estabelecimento de comunhão de vida, esquivou-se em delimitar sua natureza jurídica. Mas tal omissão não é exclusividade da atual codificação civil.

A temática envolvendo a natureza jurídica do casamento e seus incessantes debates trouxeram três grandes teorias que buscam justificar este ato da vida civil, a saber: *a) contratual* – o casamento é um contrato; *b) institucional* – o casamento é uma instituição social da qual emanam situações jurídicas; e *c) eclética* ou *mista* – o casamento origina-se de um ato contratual para gerar uma instituição.

De acordo com a teoria contratual, o ato jurídico casamento possui tal natureza por se tratar de um ajuste de vontades dos interessados, os quais externalizam suas intenções em formalizar uma família.

Eduardo A. Zannoni[150] expõe que "a ideia de contrato, como gênese das relações de direito privado, cristalizou-se nas ideias dos filósofos do século XVIII, como Rousseau, Montesquieu e Voltaire, e provocou nas ideias jurídicas do Iluminismo a difusão do último fundamento das instituições civis. É aí que o contrato vem à explicar, também, a natureza do matrimonio e, em regra, das relações domesticas".

Neste sentido, a concepção empregada ao casamento retirava toda e qualquer característica religiosa, tornando-o um ato eminentemente civil. Tanto é que, conforme relata Maria Alice Zaratin Lotufo,[151] "[...] foi acolhida pelo pensamento jusnaturalista do século xviii, refletindo na Constituição Francesa de 1791 e no Código Napoleônico de 1804, [...]".

Já a teoria institucional eleva o casamento a um grande feito social, ao qual as pessoas casadas, após manifestarem vontade para tanto, recebem um conjunto de normas e efeitos prefixados pelo legislador brasileiro. Ou seja: respeita-se a autonomia dos particulares em escolher com quem constituirão suas famílias, mas suas regras e consequências já estão tratadas na lei.

---

[149] Identicamente é o que acontece no Código Civil espanhol, conforme estabelece Bernardo Moreno Quesada, cf. *Curso de derecho civil – vol. iv: derechos de familia y sucesiones*, p. 57, ao reportar que "nosso Código civil não define o matrimonio, ainda que, como não poderia deixar de ser, o regula muito pormenorizadamente por se tratar de uma instituição de Direito Civil de grande importância, básica no estudo do Direito de família".

[150] Cf. *Derecho civil: derecho de familia – vol. 1*, p. 191.

[151] Cf. *Curso avançado de direito civil – vol. 5: direito de família*, p. 33.

Neste sentido, caminha a doutrina de Maria Helena Diniz,[152] quando afirma que "as partes são livres, podendo cada uma escolher o seu cônjuge e decidir se vai casar ou não; uma vez acertada a realização do matrimônio, não lhes é permitido discutir o conteúdo de seus direitos e deveres, o modo pelo qual se dará a resolubilidade da sociedade ou do vínculo conjugal ou as condições de matrimonialidade da prole, porque não lhes é possível modificar a disciplina legal de suas relações; tendo uma vez aderido ao estado matrimonial, a vontade dos nubentes é impotente, sendo automáticos os efeitos da instituição por serem de ordem pública ou cogente às normas que a regem, portanto iniludíveis por simples acordo dos cônjuges".

Esta posição teórica, conforme leciona René Ramos Pazos,[153] "[...] é originária de Carlos Lefévre (*Le mariage civil n'est-il qu'un contrat?*), e posteriormente desenvolvida por eminentes autores como Emmanuel Lévy e Bonneccase. Os partidários desta teoria fundam-se na ideia da indissoludibilidade do matrimônio. O matrimônio como instituição repele a existência do divórcio".

Para concluir este sucinto apontamento acerca da natureza institucional do casamento, trazem-se à baila as palavras de Guillermo A. Borda,[154] para quem "[...] é indubitavelmente falso conceber o matrimônio como nada mais que um vínculo jurídico: obedece a profundos instintos humanos, está impregnado de ideias morais e religiosas; possui, diz Carbonnier, uma imanência e uma transcendência, aspectos humanos e outros que a humanidade não explica, é uma *mélange*, um encontro da terra com o céu. O matrimônio se propõe a fundar uma família, criar uma comunhão plena de vida, conceber filhos e educá-los; é um elemento vital da sociedade; é, enfim, uma *instituição*".

Buscando criar um ponto de equilíbrio e encontro entre as duas correntes tradicionais sobre a natureza jurídica do casamento, surge a teoria denominada de *eclética* ou *mista*, mesclando a autonomia privada dos nubentes (uma vez que estes possuem liberdade dentro das limitações da lei) com as regras cogentes pré-concebidas pelo Estado, que se fazem presentes desde o processo de habilitação.

Poder-se-ia afirmar que esta foi a opção implicitamente adotada pelo legislador brasileiro, haja vista que o artigo 1.514 do atual Código Civil brasileiro dispõe que "o casamento se realiza no momento em que o homem e a mulher manifestam, perante o juiz, a sua vontade de

---

[152] Cf. *Curso de direito civil brasileiro – vol. 5: direito de família*, p. 41.
[153] Cf. *Derecho de familia – tomo i*, p. 29-30.
[154] Cf. *Manual de derecho de familia*, p. 36-37.

estabelecer vínculo conjugal, e o juiz os declara casados", impondo-nos uma imediata noção de que o casamento é um ato complexo.

Eduardo Espínola[155] justifica sua opção por esta teoria aduzindo ser "[...] o casamento é um contrato que se constitui pelo consentimento livre dos esposos, os quais, por efeito de sua vontade, estabelecem uma sociedade conjugal que, além de determinar o estado civil das pessoas, dá origem às relações de família, reguladas nos pontos essenciais, por normas de ordem pública".

Em que pesem os argumentos expostos pelos institucionalistas e ecléticos, somos pela teoria contratual do casamento, alçando-o à condição de um contrato *sui generis*, uma vez que o atual Código Civil brasileiro, com todo o seu sistema de cláusulas gerais e previsão de uma ordem civil pautada à luz da Constituição Federal de 1988, assegura o exercício da autonomia privada como mecanismo essencial para a composição de interesses comuns dos particulares.

Não obstante, ainda que a família tenha recebido tratamento especial por parte do legislador constituinte de 1988, sua forma de constituição mais tradicional recebeu natureza civil, conforme dispõe o artigo 226, § 1º, da Carta Maior; ou seja: o casamento é um contrato civil que obedece a requisitos formais para sua validade, assim como a lei exige para tantos outros.

No mesmo sentido, os traços característicos da impossibilidade de mudança das regras impostas pelo Estado e, acima de tudo, da indissolubilidade também não justificam a adoção de outro entendimento que não o contratual. Explica-se: o próprio legislador cunhou no texto do atual artigo 1.513 da codificação civil, o princípio da liberdade ou não intervenção, vedando a qualquer pessoa de direito público ou privado interferir na comunhão e planejamento familiar, o que garante a livre estipulação da vida privada da família em todos os seus aspectos, pautando-se nos limites legais.

Igualmente, com a edição da Lei nº 11.441/07 e a posterior promulgação da Emenda Constitucional nº 66/2010, a autonomia das pessoas foi garantida e prestigiada no sentido de que se praticar um verdadeiro ato de *distrato* do casamento, vez que o próprio Estado brasileiro facilitou a obtenção do divórcio.

Superada a natureza jurídica do casamento e seguindo a escada traçada por Pontes de Miranda, no que diz respeito aos planos dos negócios jurídicos, para que exista o casamento civil, a legislação brasileira é enfática ao exigir: *a) diversidade de sexos* (artigo 226, § 5º, da

---

[155] Cf. *A família no direito civil brasileiro*, p. 51-52.

Constituição Federal e artigos 1.514, 1.517 e 1.565 do Código Civil); *b) celebração do ato* (artigos 1.533, 1.534 e 1.535, do Código Civil); e *c) manifestação de vontade* (artigo 1.514 do Código Civil).

Com isso, tem-se que o casamento é clara relação de afeto em que duas pessoas estabelecem a soma de seus interesses em proceder com o registro formal de uma família. Entretanto, para que esta configuração formal de família venha a existir no mundo jurídico nacional, necessário se faz observar o preenchimento dos requisitos impostos pela lei, o que nos impõe fixar que este deverá ser contraído com respeito à diversidade de sexos, ou seja, entre homem e mulher.

Entretanto, de acordo com a 4ª Turma do Superior Tribunal de Justiça, quando do julgamento do REsp nº 1.183.378/RS,[156] foi determinada a celebração civil do casamento entre pessoas do mesmo sexo, vindo esta decisão se tornar verdadeiro *leading case* sobre o tema, o que levou, inclusive, o Conselho Nacional de Justiça a editar a Resolução nº 175, que proíbe as autoridades competentes a se recusarem a habilitar, celebrar casamento civil ou converter união familiar estável em casamento entre homossexuais.[157]

Postas tais considerações, conceitua-se o casamento como a modalidade formal e solene em que se inicia a comunhão plena de vida,

---

[156] "[...]. 3. Inaugura-se com a Constituição Federal de 1988 uma nova fase do direito de família e, consequentemente, do casamento, baseada na adoção de um explícito poliformismo familiar em que arranjos multifacetados são igualmente aptos a constituir esse núcleo doméstico chamado 'família', recebendo todos eles a 'especial proteção do Estado'. Assim, é bem de ver que, em 1988, não houve uma recepção constitucional do conceito histórico de casamento, sempre considerado como via única para a constituição de família e, por vezes, um ambiente de subversão dos ora consagrados princípios da igualdade e da dignidade da pessoa humana. Agora, a concepção constitucional do casamento – diferentemente do que ocorria com os diplomas superados – deve ser necessariamente plural, porque plurais também são as famílias e, ademais, não é ele, o casamento, o destinatário final da proteção do Estado, mas apenas o intermediário de um propósito maior, que é a proteção da pessoa humana em sua inalienável dignidade. 4. O pluralismo familiar engendrado pela Constituição – explicitamente reconhecido em precedentes tanto desta Corte quanto do STF – impede se pretenda afirmar que as famílias formadas por pares homoafetivos sejam menos dignas de proteção do Estado, se comparadas com aquelas apoiadas na tradição e formadas por casais heteroafetivos. [...]. 6. Com efeito, se é verdade que o casamento civil é a forma pela qual o Estado melhor protege a família, e sendo múltiplos os "arranjos" familiares reconhecidos pela Carta Magna, não há de ser negada essa via a nenhuma família que por ela optar, independentemente de orientação sexual dos partícipes, uma vez que as famílias constituídas por pares homoafetivos possuem os mesmos núcleos axiológicos daquelas constituídas por casais heteroafetivos, quais sejam, a dignidade das pessoas de seus membros e o afeto. [...]. 8. Os arts. 1.514, 1.521, 1.523, 1.535 e 1.565, todos do Código Civil de 2002, não vedam expressamente o casamento entre pessoas do mesmo sexo, e não há como se enxergar uma vedação implícita ao casamento homoafetivo sem afronta a caros princípios constitucionais, como o da igualdade, o da não discriminação, o da dignidade da pessoa humana e os do pluralismo e livre planejamento familiar. [...]".

[157] Diz o artigo 1º da resolução: "é vedada às autoridades competentes a recusa de habilitação, celebração de casamento civil ou de conversão de união estável em casamento entre pessoas de mesmo sexo".

com base na igualdade de direitos e deveres previstos na ordem civil, sendo-lhes assegurado o pleno exercício da autonomia privada no que diz respeito ao aspecto patrimonial da vida do casal.

3.2. União familiar estável

O surgimento da *União Familiar Estável* remonta tempos longínquos da história da humanidade e de suas formas mais primitivas que se possa conhecer. Isso porque o fenômeno da união informal entre homens e mulheres sempre esteve presente nos povos da antiguidade, sem que isso fosse reputado como uma situação que merecesse reprovação ou marginalidade social.

Muitos dos grandes ordenamentos sociojurídicos admitiam, sem maiores problemas, as uniões livres entre homens e mulheres, dentre as quais cita-se como exemplo a Grécia antiga e o início do grandioso império romano, em que homens de reputada conduta e moralidade se valiam destas uniões como forma de estabelecer uma estável vida familiar.

Com a crescente posição da Igreja e suas influências diretas na organização sociopolítica das civilizações posteriores, há de se destacar um evento em especial, o qual marcaria, por longos anos, a diáspora jurídica da família, a saber: o Concílio de Trento, datado de 1563, quando a Igreja Católica assumiu para si as funções legislativas e registrais do casamento, considerando este como a única forma de se constituir uma família e, por conseguinte, condenando todo e qualquer relacionamento extramatrimonial.

Entretanto, isso não foi suficiente para brecar novas relações informais ao longo dos tempos, bem como no contexto social brasileiro, isso porque a existência destes relacionamento sempre esteve presente entre nós, mas que, por ter a estrutura jurídica da família nacional, sua caracterização plena no casamento, foi tratada como relações meramente civis.

Com isso, optou-se por alijar estas relações do Direito de Família, uma vez que entendiam ser estas meras sociedades de fato, submetidas, portanto, aos comandos do Direito das Obrigações, sem que houvesse reconhecimento de efeitos e consequências familiares.

Numa visão retrospectiva, o Código Civil de 1916 ignorou a família de fato, protegendo largamente a família formada pelo casamento.[158]

---

[158] Carlos Alberto Dabus Maluf e Adriana Caldas do Rego Freitas Dabus Maluf, cf. *Curso de direito de família*, p. 363.

Tinha-se, portanto, aos olhos do Código Beviláqua, que toda relação entre homens e mulheres não pautada no casamento, não obstante ser tratada como ilegítima, receberia a alcunha de *concubinato*, que etimologicamente era traduzido como pura *pareceria de cama*, fosse pela simples falta do casamento (*concubinato puro*),[159] fosse pela impossibilidade de sua celebração (*concubinato impuro*).

O reconhecimento de efeitos jurídicos destas relações não foi estabelecido pelo Código Civil de 1916 ou por qualquer outra lei infraconstitucional, mas sim pelas cortes de justiça de nosso país.

Chegava-se ao ponto de conspurcar a imagem, principalmente das mulheres que se relacionavam informalmente, como meras prestadoras de serviços domésticos, consoante vasta manifestação jurisprudencial durante este período nada saudoso em que a supremacia do homem se fazia valer, aliada ao viés patrimonial que revestia todas as relações entre as pessoas. Ademais, não havia que se falar em presunção de esforços para a aquisição de bens ou direitos.

Nesse sentido caminhava a jurisprudência do Superior Tribunal de Justiça:

> [...]. Para a formação de tal sociedade, contudo, não se exige que a concubina contribua com os rendimentos decorrentes do exercício de atividade economicamente rentável, bastando a sua colaboração nos labores domésticos, tais como a administração do lar e a criação e educação dos filhos, hipótese em que a sua parte deve ser fixada em percentual correspondente a sua contribuição. [...].[160]

> [...]. A sociedade de fato mantida com a concubina rege-se pelo direito das obrigações e não pelo de família. Inexiste impedimento a que o homem casado, além da sociedade conjugal, mantenha outra, de fato ou de direito, com terceiro. Não ha cogitar de pretensa dupla meação. A censurabilidade do adultério não haverá de conduzir a que se locuplete, com o esforço alheio, exatamente aquele que o pratica.[161]

> [...] nos casos em que não haja a comprovação da sociedade de fato entre os concubinos, que garantiria a meação do patrimônio, é possível ser deferida à mulher a indenização por serviços domésticos efetivamente prestados durante a vida em comum.[162]

---

[159] De acordo com Maria Alice Zaratin Lotufo, cf. *Curso avançado de direito civil – vol.5: direito de família*, p. 168, "o vínculo no concubinato puro deve ser semelhante ao do casamento: os conviventes se tratam como se fossem marido e mulher, frequentam a sociedade, vivem um relacionamento transparente, pois não estão comprometidos com outra pessoa".

[160] REsp 45.886/SP; Quarta Turma; Rel. Min. Antônio Torreão Braz; Julg. 25/04/1994; DJU 23/05/1994; p. 12618.

[161] REsp 47.103/SP; Terceira Turma; Rel. Min. Eduardo Andrade Ribeiro de Oliveira; Julg. 29/11/1994; DJU 13/02/1995; p. 02237.

[162] REsp 151238; PB; Quarta Turma; Rel. Min. Sálvio de Figueiredo Teixeira; Julg. 25/03/1999; DJU 10/05/1999; p. 00180.

Com acanhada evolução jurisprudencial, chegou o Supremo Tribunal Federal a dispensar a convivência sob o mesmo teto como se casados fossem os concubinos, à luz do que determina a Súmula 382.[163]

Neste momento, ainda havia forte recusa em aceitar que as uniões informais eram, nada mais, que um simples fenômeno social, limitando-se o exercício da autonomia privada, com vistas à constituição de família, apenas ao ato de escolher o futuro cônjuge, ficando tolhida toda e qualquer forma de respeito e preservação da autonomia dos particulares neste campo de relações familiares.

A Constituição Federal de 1988 provocou profundas transformações nas relações sociojurídicas desde o seu advento, o qual trouxe novos vetores de interpretação e readequação das disposições infraconstitucionais aos seus comandos. Neste sentido, não houve outra seara jurídica que mais sentiu estas mudanças que o Direito de Família.

Com a inserção de um sistema que protege outras formas de núcleos familiares, que não sejam fundados no casamento, o legislador constituinte trouxe para o ordenamento jurídico brasileiro a previsão de relações estáveis pautadas em afeto e com ânimo de constituição familiar, mas não submetidas às formalidades do matrimônio.

Nessa esteira, pertinente é a afirmação de que a Carta Constitucional veio a retirar a pecha de ilegitimidade e clandestinidade que por longos anos permeou as relações familiares de fato, ou seja, aquelas em que inexiste outra forma de configuração que não seja por um ato de exercício pleno da autonomia privada. E mais: concretizou, no plano legislativo, o reconhecimento de uniões de afeto que sempre existiram na história da humanidade.

Carlos Alberto Menezes Direito[164] aponta que "a Constituição Federal de 1988 foi inovadora em matéria de direito de família. Na verdade, criou mesmo um novo direito de família no Brasil, que passou a ter um direito constitucional de família a começar do novo conceito de entidade familiar, reconhecendo a união estável entre um homem e uma mulher, com direitos e deveres iguais para ambos os cônjuges, com o planejamento familiar, para coibir a violência no âmbito das relações familiares, vedando quaisquer tipos de discriminação dos filhos, nascidos ou não da relação de casamento, acabando, portanto, com o estigma da filiação ilegítima".

---

[163] A vida em comum sob o mesmo teto *more uxório*, não é indispensável à caracterização do concubinato.
[164] Cf. *Da união estável no novo código civil*, p. 1311.

Com o artigo 226, § 3º, da CF/88, alterou-se a nomenclatura jurídica das famílias informais, passando de *concubinato* (anteriormente tido como *puro*) para *união estável*, a qual recebeu tratamento infraconstitucional através das Leis nos 8.971/94 e 9.278/96. Há de se registrar: no atual contexto do Direito de Família, não há como se confundir *união familiar estável* com *concubinato*, uma vez que a primeira é constitucionalmente considerada como família legítima, ao passo que a segunda não recebe tratamento legal como relação apta ao reconhecimento como família.[165]

Com a chegada do atual texto civil codificado, a família constituída por uma união familiar estável ganhou capítulo próprio e, destarte, teve consolidada sua legitimidade como entidade familiar apta a produzir todos os efeitos jurídicos que são previstos no ordenamento jurídico brasileiro.

O tratamento da união familiar estável como núcleo familiar não foi apenas uma mudança do paradigma social brasileiro, mas o reconhecimento legislativo de que a autonomia privada existe e incide sobre as relações pessoais da família, bem como naquelas de cunho eminentemente patrimonial, como já diferenciava Couto e Silva quando da sua justificativa no anteprojeto do hodierno *Codex*.

Não se está a afirmar que toda união informal se caracteriza como união estável. Para que esta seja configurada, diz Maria Helena Diniz[166] que "a Constituição Federal (art. 226, § 3º), ao conservar a *família*, fundada no casamento, reconhece como *entidade familiar* a união estável, a convivência pública, contínua e duradoura de um homem com uma mulher, vivendo ou não sob o mesmo teto, sem vínculo matrimonial, estabelecida com o objetivo de constituir família, desde que tenha condições de ser convertida em casamento, por não haver impedimento legal para sua convolação (CC, art. 1.723, §§ 1º e 2º). Apesar disso, há decisão do STF (ADI 4.277 e ADPF 132) reconhecendo união estável homoafetiva".[167] [168]

---

[165] Já disse o Supremo Tribunal Federal: "Companheira e concubina. Distinção. Sendo o Direito uma verdadeira ciência, impossível é confundir institutos, expressões e vocábulos, sob pena de prevalecer a babel. União estável. Proteção do Estado à união estável alcança apenas as situações legítimas e nestas não está incluído o concubinato. Pensão. Servidor público. Mulher. Concubina. Direito. A titularidade da pensão decorrente do falecimento de servidor público pressupõe vínculo agasalhado pelo ordenamento jurídico, mostrando-se impróprio o implemento de divisão a beneficiar, em detrimento da família, a concubina". (RE 590.779-1/ES; Primeira Turma; Rel. Min. Marco Aurélio; Julg. 10/02/2009; DJE 27/03/2009; P. 111).

[166] Cf. *Curso de direito civil brasileiro – vol. 5: direito de família*, p. 403-404.

[167] Sobre os requisitos caracterizadores da união familiar estável, o Tribunal de Justiça do Espírito Santo já entendeu: "[...]. 2. O art. 1.723 do Código Civil lista os requisitos essenciais para a configuração da união estável: Convivência pública, contínua, duradoura e com o objetivo de constituir família. 3. No período em que o apelado foi casado, sem ser separado de fato, não

De acordo com a orientação jurisprudencial do Superior Tribunal de Justiça,[169] "para a caracterização da união estável devem-se considerar diversos elementos, tais como o ânimo de constituir família, o respeito mútuo, a comunhão de interesses, a fidelidade, a comunhão de interesses e a estabilidade da relação, não esgotando os pressupostos somente na coabitação".

Assim sendo, uma vez preenchidos os requisitos previstos no artigo 1.723 do Código Civil (diversidade de sexos,[170] convivência pública, contínua e duradoura, bem como o *intuito familiae* – ou *affectio societatis* – traduzido no objetivo de constituição de família) haverá a caracterização deste tipo de entidade familiar, evidenciando-se, com isso, o respeito ao pleno exercício da autonomia privada no Direito de Família.

Estando preenchidos os requisitos essenciais exigidos pela codificação civil brasileira (artigo 1.723), configura-se a existência de uma *união familiar estável*, não podendo esta ser confundida com outras uniões afetivas que se perduram ao longo dos anos, mas que não possuem a intenção de constituir um ambiente familiar, tais como namoros e outras relações afins.

Disso não destoa a contemporânea jurisprudência do Superior Tribunal de Justiça, senão vejamos:

---

poderia constituir união estável com a apelante, consistindo tal relacionamento mero concubinato. 4. À união estável aplicam-se as regras do regime de comunhão parcial de bens, excluindo-se da partilha entre os conviventes aqueles bens adquiridos antes do seu reconhecimento. 5. Recurso improvido. Sentença mantida". (APL 0023873-85.2005.8.08.0024; Segunda Câmara Cível; Rel. Des. Carlos Simões Fonseca; Julg. 29/01/2013; DJES 07/02/2013).

[168] Vale citar acórdão de relatoria do desembargador gaúcho José Carlos Teixeira Giorgis, que assim observou: "[...]. Constitui união estável a relação fática entre duas mulheres, configurada na convivência pública, contínua, duradoura e estabelecida com o objetivo de constituir verdadeira família, observados os deveres de lealdade, respeito e mútua assistência. Superados os preconceitos que afetam ditas realidades, aplicam-se os princípios constitucionais da dignidade da pessoa, da igualdade, além da analogia e dos princípios gerais do direito, além da contemporânea modelagem das entidades familiares em sistema aberto argamassado em regras de inclusão. [...]". (TJRS, APC nº 70005488812, sétima câmara cível, julg. em 25/06/2003)

[169] AgRg-AREsp 223.319/RS; Terceira Turma; Rel. Min. Sidnei Beneti; Julg. 18/12/2012; DJE 04/02/2013.

[170] Maria Helena Diniz, cf. *Curso de direito civil – vol. 5: direito de família*, cit., p. 405 anota que "para que se configure a união estável, é mister a presença dos seguintes elementos essenciais: 1) diversidade de sexo, pois entre pessoas do mesmo sexo haverá tão somente uma sociedade de fato (RSTJ, 110:313) – mas o STF (ADI 4.277 e ADPF 132), em maio de 2011, passa a admitir que há união estável e entidade familiar em relações homoafetivas e o Conselho da Justiça Federal, na V Jornada de Direito Civil, entendeu, no Enunciado n. 523, que: 'as demandas envolvendo união estável entre pessoas do mesmo sexo constituem matéria de direito de família', [...]".

Para a caracterização da união estável, devem-se considerar diversos elementos, tais como o ânimo de constituir família, o respeito mútuo, a fidelidade, a coabitação, a comunhão de interesses e a estabilidade da relação.[171]

A união estável tratada na Constituição Federal, bem como na legislação infraconstitucional, não é qualquer união com certa duração existente entre duas pessoas, mas somente aquela com a finalidade de constituir família. Trata-se de união qualificada por estabilidade e propósito familiar, decorrente de mútua vontade dos conviventes, demonstrada por atitudes e comportamentos que se exteriorizam, com projeção no meio social.[172]

Não obstante, o artigo 1.723, § 1º, do Código Civil, também assegura o direito à constituição de família através da união familiar estável às pessoas casadas mas que estejam separadas de fato, como já corroborado pelo Supremo Tribunal Federal.[173]

Com isso, pode-se dizer que a *união familiar estável* foi constitucionalmente equiparada ao casamento para fins de especial proteção do Estado brasileiro, garantindo-lhe efeitos de ordem pessoal e patrimonial.

Nessa toada, e mantendo-se a paridade com o que expusemos anteriormente sobre a figura jurídica do casamento, comungamos do entendimento segundo o qual a *união familiar estável* tem natureza jurídica contratual, diferenciando-se do casamento apenas por não necessitar de solenidade, uma vez que a vontade das partes envolvidas é suficiente para a produção dos efeitos jurídicos esperados, ou seja, basta o início da vida em comum com intenção de formar uma família.

3.3. Monoparentalidade

É inegável que, com o surgimento de novos paradigmas sociojurídicos ventilados pela Carta Constitucional de 1988, suas imbricações

---

[171] AgRg-Ag 1.309.438/RS; Terceira Turma; Rel. Des. Conv. Vasco Della Giustina; Julg. 15/02/2011; DJE 22/02/2011.

[172] REsp 1.157.908/MS; Quarta Turma; Rel. Min. João Otávio de Noronha; Julg. 14/04/2011; DJE 01/09/2011.

[173] "Reconhecimento e dissolução de união estável post mortem. Presença dos elementos caracterizadores. Art. 1.723 do Código Civil. Simultaneidade da união com casamento. Separação de fato. Efetiva colaboração para formação do patrimônio comum e coabitação. Prescindibilidade. Ausência de bens. Convivência *more uxório* demonstrada. (...). V – Provado de que a convivência entre as partes foi pública, contínua, duradoura e com objetivo de constituir família, resulta caracterizada a união estável. VI – O casamento simultâneo de um dos conviventes não impede o reconhecimento da união estável, sobretudo se, durante a instrução probatória, resta demonstrada a separação de fato e o Decreto do divórcio direto. VII – A efetiva colaboração para a formação do patrimônio comum não se consubstancia em requisito para o reconhecimento da união estável, mormente quando não há bens comuns. VIII – A coabitação embora constitua elemento prescindível à configuração da união estável, é forte indício da convivência *more uxório*". (RE-AgR 665.333/DF; Primeira Turma; Rel. Min. Luiz Fux; Julg. 20/03/2012; DJE 17/04/2012; P. 44).

no Direito de Família foram – e são – sensivelmente percebidas pelo tratamento dispensado pelo constituinte às famílias.

Segundo relata Maria Berenice Dias,[174] "durante muitos anos a sociedade associou a monoparentalidade ao fracasso pessoal do projeto de vida a dois. As pessoas que resolvessem optar por essa forma de constituição familiar eram consideradas em situação marginal".

A partir da previsão constitucional (artigo 226, § 4º), as relações familiares oriundas da monoparentalidade, ou seja, aquelas integradas por apenas um dos pais e seus filhos menores, passaram a ser objeto de reconhecimento e proteção jurídica, o que se traduz em puro ato de reconhecimento legislativo às inúmeras situações sociais que sempre fizeram parte do cotidiano brasileiro.

Na percepção de Antonio J. Vela Sánchez,[175] "a monoparentalidade não é um fato social novo do nosso tempo, mas várias circunstâncias contribuíram para escondê-lo. em primeiro lugar, o *status* social da legitimidade exclusiva e do caráter 'natural' das famílias nucleares biparentais e matrimoniais, vez que apenas estas podiam, exitosamente, cumprir com sua essencial função reprodutiva; assim, as outras formas de família passaram a ser compreendidas e descritas pejorativamente como 'incompletas', 'quebradas' ou 'não estruturadas'. Em segundo lugar, outra causa que as encobriam era o alto percentual de famílias complexas ou múltiplas que incluíam, em seu seio, as relações monoparentais".

Identicamente às uniões familiares estáveis, a relação familiar monoparental sempre esteve imbricada no seio da sociedade brasileira. E não poderia ser diferente: desde o implemento da Lei nº 6.515/77 (Lei do Divórcio) e o consequente aumento no número de separações – fáticas ou judiciais –, divórcio, adoções unilaterais e outros fatores naturais ou técnicos (a viuvez e a inseminação artificial, para citar como exemplo), as famílias monoparentais ganharam espaço e não puderam mais ficar às margens do mundo jurídico.

Como escrevem Cristiano Chaves de Farias e Nelson Rosenvald,[176] "[...] muito bem andou o constituinte, reconhecendo um fato social de grande relevância prática, especialmente em grandes centros urbanos, ao abrigar como entidade familiar o núcleo formado por pessoas sozinhas (solteiros, descasados, viúvos...) que vivem com a sua prole, sem a presença de um parceiro afetivo. É o exemplo da mãe solteira que vive

---

[174] Cf. *Manual de direito das famílias*, cit., p. 219.
[175] Cf. *Las familias monoparentales: su regulación genérica actual y su tratamiento jurisprudencial – hacia su consideración jurídica unitaria y su protección integral*, p. 5.
[176] Cf. *Curso de direito civil: famílias*, cit., p. 102.

com a sua filha ou mesmo de um pai viúvo que se mantém com a sua prole".

Trata-se, na verdade, de mais uma forma de reconhecimento do Poder Público ao exercício da autonomia privada daqueles que buscam constituir um ambiente familiar que não seja pautado nos laços do casamento ou da união familiar estável.[177]

Em consonância com este entendimento, o Superior Tribunal de Justiça[178] assim se posicionou:

> [...]. As relações de família tal como reguladas pelo Direito, ao considerarem a possibilidade de reconhecimento amplo de parentesco na linha reta, ao outorgarem aos descendentes direitos sucessórios na qualidade de herdeiros necessários e resguardando-lhes a legítima e, por fim, ao reconhecerem como família monoparental a comunidade formada pelos pais e seus descendentes, inequivocamente movem-se no sentido de assegurar a possibilidade de que sejam declaradas relações de parentesco pelo Judiciário, para além das hipóteses de filiação. [...].

O exercício de tal autonomia é válido e legítimo, pois não há obrigatoriedade, quando da constituição de um núcleo familiar, da existência de ambos os adultos que pretendem instituí-la, independentemente da forma de estabelecimento da relação paterno-filial, em que esteja presente apenas uma das pessoas que cumprirá com os deveres impostos pela parentalidade.

Nessa esteira, Carlos Alberto Dabus Maluf e Adriana Caldas do Rego Freitas Dabus Maluf[179] asseveram que as famílias monoparentais, "na prática, vem formada predominantemente por mulheres, apontando para uma posição oposta ao ideal tradicional de biparentalidade".

Em consonância de ideias, é nessa nova arquitetura familiar, como aponta Eduardo de Oliveira Leite,[180] que nasce "[...] a noção de monoparentalidade, de uma só parentalidade já que a decisão provoca, inevitavelmente, a ausência da salutar convivência biparental".

Em verdade, não se pode adentrar ao tema da monoparentalidade sem antes compreender que são demasiadamente heterogêneas as

---

[177] Pelos dizeres de Maria Berenice Dias, cf. *Manual de direito das famílias*, cit., p. 220, "a monoparentalidade tem origem na viuvez, quando da morte de um dos genitores, na separação de fato ou de corpos ou no divórcio dos pais. A adoção por pessoa solteira também faz surgir um víncula monoparental entre adotante e adotado. A inseminação artificial levada a efeito por mulher solteira ou a fecundação homóloga a que se submete a viúva após a morte do marido são outros exemplos".

[178] REsp 807.849/RJ; Segunda Seção; Relª. Minª. Fátima Nancy Andrighi; Julg. 24/03/2010; DJE 06/08/2010.

[179] Cf. *Curso de direito de família*, cit., p. 412.

[180] Cf. *Famílias monoparentais: a situação jurídica de pais e mães separados e dos filhos na ruptura da vida conjugal*, p. 29.

realidades enfrentadas pelas camadas sociais na vida contemporânea, bem como múltiplos são os fatores que justificam sua configuração, haja vista que vários são os campos de estudo (antropologia, sociologia e psicologia) que buscam explicar a *crise* sofrida pela família do terceiro milênio.

No momento em que se busca estabelecer uma nova realidade acerca das relações familiares constituídas pelas mais diversas formas, é correta a postura do legislador que não se esquivou em dar isonômica proteção jurídica às famílias monoparentais, por não haver mais privilégios entre os diversos núcleos familiares previstos na ordem jurídica brasileira, atribuindo-se proteção jurídica à qualquer uma das formas de família previstas no Texto Constitucional.[181]

---

[181] Da orientação jurisprudencial do Tribunal de Justiça do Espírito Santo extrai-se: "A união estável é entidade familiar constitucionalmente protegida pela Lei Fundamental, permitindo que se efetive o ideal de proteção estatal à família, seja a oriunda do casamento, seja aquela que deriva de união estável e, até mesmo, a família monoparental. O que se visa proteger é a vida em comum, independentemente de sua origem". (AC 0000042-51.2010.8.08.0050; Primeira Câmara Cível; Rel Des. Subst. Lyrio Regis de Souza Lyrio; Julg. 16/10/2012; DJES 26/10/2012).

Capítulo 3

Os regimes de bens

1. A relação patrimonial das famílias

Com o fenômeno da *despatrimonialização* (ou *personalização*) do Direito Civil aliado à incidência dos comandos constitucionais às mais diversas relações privadas, bem como à prevalência da pessoa humana em relação ao patrimônio,[182] indiscutível é o fato de que todo agrupamento de pessoas acarreta, direta ou indiretamente, em aquisição de patrimônio.

O surgimento de patrimônio que integra a unidade da família não é mais uma das finalidades primordiais da constituição de uma família, senão a consequência do agrupamento de pessoas unidas por sentimentos recíprocos e pelo objetivo maior de estabelecer *comunhão plena de vida*, sendo garantido o exercício da autonomia privada no que diz respeito à eleição do tipo familiar a ser iniciado.

A fixação de vida comum, a partir da instituição de um ambiente familiar, irradia efeitos não apenas sobre as condutas humanas, mas também sobre aquelas de natureza patrimonial, uma vez que nem só de afeto, preservação e respeito à dignidade e à solidariedade compõe-se a família. A cláusula geral da *comunhão plena de vida* impõe caráter indivisível aos desdobramentos emocionais e materiais da família.

Rosa Maria de Andrade Nery[183] enfatiza que "a compreensão institucional da finalidade do regime patrimonial de bens na família é vital para proteção e segurança de seus membros. O regime patrimonial de bens e a administração desses bens podem contribuir vivamente para garantir segurança, tranquilidade e harmonia familiar, principalmente com relação às obrigações que a sociedade familiar assume e com relação às necessidades materiais de seus membros".

---

[182] Trata-se da prevalência do ser sobre o ter.

[183] Cf. *Tratado jurisprudencial e doutrinário de direito de família – vol. 2: relações de cuidado e economia da família*, p. 371.

Desta feita, o Código Civil não se descuidou de lhe destinar tratamento jurídico em seu Livro IV – destinado à família – estabelecendo, em título próprio (*Título II – Do Direito Patrimonial*), os aspectos patrimoniais típicos que são atinentes àqueles envolvidos pela família, independentemente de sua forma de instituição.

Por certo que a necessidade de se manter, em título prévio, as conotações pessoais da família impulsiona o entendimento segundo o qual, cada um dos ramos integrantes da dicotomia de relações jurídicas, que derivam deste agrupamento de pessoas, são amplamente superiores aos puramente patrimoniais e, sendo assim, cada qual deve ser tratado juridicamente de acordo com suas peculiaridades.

Ao revés do que ocorre com as relações pessoais da família, a faceta patrimonial da família tem suas normas predominantemente pautadas pelo critério da *disponibilidade*, de onde se extrai a possibilidade de um maior exercício da autonomia privada entre os cônjuges, conviventes e monoparentes.

Justifica-se a manutenção de tal desdobramento de relações familiares pelo reconhecimento constitucional da imperiosa necessidade de manutenção e promoção da dignidade humana, sendo o patrimônio o acervo necessário para se concretizar a existência das pessoas, representado na assunção solidária de encargos, visando o sustento do lar da família e, consequentemente, com as despesas decorrentes. Isso só é possível pela mudança do paradigma da *família-instituição* para a *família-instrumento*, onde prepondera a promoção das pessoas que a compõe.

Como já afirmado em linhas anteriores, a preponderância de ideais humanistas em nosso ordenamento jurídico impôs uma releitura dos institutos jurídicos mais basilares da codificação anterior, albergada na estrutura patrimonialista da sociedade brasileira daquela época. O fundamento republicano da dignidade humana (artigo 1º, III da Constituição Federal de 1988) é protagonista deste novo pensamento.

Quanto ao campo de relações patrimoniais, pode-se dizer que estas foram deslocadas para um plano inferior de importância. Não que isso implique afirmar que as relações patrimoniais sejam irrelevantes após o fenômeno da personalização das relações civis, mas tão somente foi deslocada para um cenário distante, no qual se reconhece sua importância jurídica e, por este motivo, enseja a tratamento legal dos regimes de bens da família.

Sintetizando o já exposto, pacificado está que após o estabelecimento da família, objetivando a comunhão plena de vida de seus membros, impõe-se que esta também abarque as situações patrimoniais e econômicas, motivo pelo qual o Código Civil prevê o denominado *estatuto patrimonial* da família, o qual passará a ser objeto de análise.

2. Os princípios informadores dos regimes de bens

Reza o artigo 1.565 do Código Civil brasileiro que, uma vez contraído o casamento, homem e mulher assumem mutuamente a condição de consortes, conviventes e responsáveis pelos encargos da família. Esta relação de solidariedade não se restringe ao casamento, sendo seguro afirma a extensão da proteção jurídica das regras patrimoniais da família às uniões estáveis.

Trata-se, pois, de um conjunto de situações jurídicas essenciais à sobrevivência do núcleo familiar, cuja incidência de seus regramentos se condiciona à existência de um relacionamento afetivo que visa à constituição de uma família.

Assim como o Estado confere a todos o direto de optar por uma das formas previstas pela lei para constituir uma família, igualmente é garantido, no campo das relações patrimoniais da família, liberdade aos particulares para, mediante instrumentos jurídicos previstos pelo ordenamento, escolherem o regime de bens que melhor lhes atenda. Isto é: nas relações patrimoniais da família, o exercício da autonomia privada é garantido e previsto pelo ordenamento, a fim de propiciar a melhor adequação das regras codificadas, observando-se os limites legais.

Com isso é possível afirmar que o livre e pleno exercício das atividades familiares correlacionam-se com os demais ramos da ciência jurídica, isto é, as deliberações patrimoniais não podem afetar a esfera jurídica de terceiros e, consequentemente, quebrar o bem estar social garantido pela Constituição Federal.

Este conjunto de regras e princípios que se estabelece por previsão da lei, ou pela autonomia privada através de negócios jurídicos reconhecidos pela legislação brasileira, está previsto no Livro IV da Parte Especial – Direito de Família – do Código Civil, em seu Título II – Direito Patrimonial – e respectivos capítulos.

Da tratativa legal atinente ao aspecto patrimonial da família a ela não se restringe, uma vez que os reflexos socioeconômicos do casamento e da união familiar estável são muito mais amplos e, portanto, não se limitam às pessoas dos cônjuges e dos conviventes, desdobrando-se, também, perante terceiros.

O legislador não apenas se limitou a apresentar aos interessados na constituição de uma família os regimes-tipo de bens, como também possibilitou a aplicação de princípios jurídicos considerados informadores das relações patrimoniais do casamento e da união familiar estável, os quais se tornam imprescindíveis para a mais escorreita e exata aplicação dos regramentos patrimoniais às mais diversas famílias.

Portanto, a fim de se contemporanizar a temática dos regimes de bens, torna-se necessário analisar seus princípios jurídicos fundamentais que nortearão a vida patrimonial da família para, assim, contextualizá-los ante a hodierna família brasileira. Isso, porque o Direito Privado tem a conotação de atribuir às pessoas o exercício de suas capacidades, estabelecendo um regramento jurídico que as proteja de ardis disposições ou, ainda, de situações que permitam o exercício de suas liberdades volitivas e de autorregulamentação, fixando, para tanto, uma dogmática sistematização de suas disciplinas.

Assim sendo, a codificação civil atual consagrou a existência de princípios tidos como fundamentais, que direcionam os regimes de bens, os quais se adequam à tipicidade dos padrões preestabelecidos pelo legislador, quando da elaboração do *Codex* vigente. Maria Helena Diniz[184] destaca que "três são os princípios fundamentais a que, hodiernamente, se subordina a organização do regime patrimonial de bens", sendo estes o *princípio da variedade*, o *princípio da mutabilidade condicionada* e o *princípio da liberdade*.

2.1. Variedade

Tendo em mente que a variedade de regime de bens existentes na codificação civil brasileira é facilmente vislumbrada com uma simples análise das disposições legais acerca do tema, é fácil afirmar se tratar, pois, de um variado conjunto de regras específicas já pré-fixadas pelo legislador, na tentativa de facilitar a aplicação destas a partir da escolha dos nubentes ou dos conviventes, sobre um dos padrões patrimoniais dispostos no texto civil.

A relevância deste princípio se justifica: o Direito Civil brasileiro manteve-se fiel ao processo de valorização da pessoa humana e, por manter a conotação de diploma legal, que prevê a relação entre pessoas como a mola propulsora da sociedade civil organizada, não impôs um único tipo de regime de bens para a vida familiar, assim como não

---

[184] Cf. *Curso de direito civil brasileiro – vol. 5: direito de família*, cit., p. 151.

estabeleceu um único meio para a configuração familiar , acompanhando o artigo 226 da Constituição Federal de 1988.

Maria Alice Zaratin Lotufo[185] esclarece que "pelo princípio da variedade, estão à disposição dos nubentes quatro regimes, quatro modelos entre os quais deverão escolher o que melhor corresponda aos seus anseios [...]", isto é, não se limitou o Código Civil a prever apenas um único tipo de regime de bens que poderão produzir efeitos às famílias, sendo estes os regimes da comunhão parcial, comunhão universal, separação de bens e participação final nos aquestos.

Nota-se, desta feita, que a simples disposição legal sobre quatro padrões de condutas patrimoniais para a família reflete, não apenas a dignidade das pessoas que estabelecerão a convivência familiar, mas também a consagração da autonomia privada como prerrogativa essencial do ser humano, no que concerne suas relações civis.

A variedade, como princípio fundamental informador dos regimes de bens, impulsiona a conclusão, segundo a qual é disponibilizada aos futuros cônjuges ou conviventes a escolha de um dos regramentos já previstos pelo legislador para a vida familiar a ser iniciada pelo casamento ou pela união familiar estável.

2.2. Mutabilidade condicionada

Com o princípio da mutabilidade condicionada, o Direito Civil brasileiro, acompanhando a moderna tendência de ordenamentos jurídicos mais avançados (cita-se: Alemanha, Espanha e Itália), passou a nortear as relações patrimoniais familiares, a partir da possibilidade de se alternar as disposições originariamente concebidas pelos nubentes e conviventes, para dar plena operabilidade à regra da comunhão plena de vida instituída pela família.

Trata-se de inovação trazida pelo atual Código Civil que, de acordo com o já exposto, foi concebido sob novos valores constitucionais em que se fizeram presentes a reinserção do ser humano como o ápice das relações jurídicas. O que caminhou em sentido diametralmente oposto da derrogada codificação civil brasileira de 1916, instituída sob a vertente da patrimonialização da convivência familiar e da obrigatoriedade do cumprimento das disposições estabelecidas pelas pessoas. Em apertadas linhas: assim como vigia o princípio da obrigatoriedade das convenções jurídicas, o mesmo se aplicava aos regimes de bens quando não se permitia a alteração das disposições originais.

---

[185] Cf. *Curso avançado de direito civil – vol.5: direito de família*, cit., p. 98.

Sob a vigência do Código Civil de 1916, a imutabilidade dos regimes de bens tinha guarida legislativa no que dispunha o então artigo 230, estabelecendo que o regime de bens entre cônjuges começa a vigorar desde a data do casamento e é irrevogável, de onde se verifica a hiperatividade do comando codificado que não admitia a alteração do regime de bens, alçando-a como norma cogente.

Isso porque, ante a influência exercida pelo *Code Civil* napoleônico, o Direito Civil brasileiro seguiu a tendência da imutabilidade como mecanismo de proteção de direitos de terceiros e pela necessidade de se manter os pactos familiares provenientes das famílias dos nubentes, os quais deveriam ser respeitados.

O comando da imutabilidade ganhou contornos ainda mais relevantes com o reconhecimento desta regra pelo Código Bustamante, influenciando o ordenamento jurídico nacional que, por intermédio do Decreto nº 18.871, datado de 13 de agosto de 1929, asseverava, em seu artigo 188, que não se pode celebrar ou modificar contratos nupciais na constância do matrimonio, ou alterar o regime de bens por mudanças de nacionalidade ou de domicílio posterior ao mesmo.

Entretanto, passadas inúmeras experiências socioeconômicas pelas mais diversas organizações sociais ao longo do mundo, fez-se necessário trabalhar a ideia de se possibilitar a mutabilidade dos regimes de bens, a fim de que os regramentos patrimoniais da família fossem adequados às novas realidades por ela experimentadas. Por este motivo, algumas nações (cita-se, *e.g.*, Alemanha, Bélgica, Espanha, França e Itália) abriram mão da imutabilidade para permitir que fossem alteradas as regras patrimoniais aplicadas às famílias, à luz da vontade manifestada dos interessados, atendidos preceitos legais que se fizessem necessários.

Entre nós, o texto codificado do então artigo 230 passou a ser objeto de profundas discussões doutrinárias e jurisprudenciais, enraizado na noção de família patriarcal e patrimonialista e, por este motivo, não acompanhou o desenvolvimento de novas exigências e finalidades do próprio grupo familiar, aliado ao perfil mais moderno dos cônjuges, com o reconhecimento da autonomia da mulher, até então extremamente dependente dos desígnios do homem.

Há de reconhecer que as relações humanas da pós-modernidade em muito se diferenciam daquelas que se estabeleceram a partir dos textos civis que empregavam maior relevância ao aspecto patrimonial, bem como pregavam a manutenção das pactuações particulares, sem que fosse possível alterá-las, o que também foi estendido aos regimes de bens da família.

A doutrina de países que ainda insistem em manter a regra do *pacta sunt servanda* como princípio norteador das condutas patrimoniais da família vem, gradativamente, apontando a total falta de razoabilidade da imposição da imutabilidade com a contemporaneidade das relações pessoais do Direito de Família, como bem observam Carlos Pamplona Corte-Real e José Silva Pereira[186] ao afirmarem que, sob a ótica do Direito Civil português, "[...] o legislador não sabe realmente mover-se com coerência no domínio conjugal".

Nota-se, assim, que a multiplicidade de condutas humanas que deságuam nas assertivas legais destinadas à família impulsionou a reinterpretação do texto civil codificado. Não apenas pela imperiosa necessidade após a promulgação da Constituição Federal de 1988, mas, também, pelo fato de que a estrutura familiar oitocentista já não mais condizia com a sociedade brasileira.

Por tal razão, falava-se na necessidade de se adotar um sistema jurídico aberto e funcional, voltado às necessidades dos cidadãos e da pacificação dos conflitos que possam surgir na sociedade civil, a fim de que sejam harmonizados os interesses eventualmente conflituosos, sem a constante alteração legislativa. Por este motivo, a codificação civil atual foi concebida como verdadeiro sistema jurídico aberto, pautado na adoção de cláusulas gerais que possibilitam, a todo processo de evolução social, aplicar os dispositivos codificados às eventuais lacunas jurídicas.

O desapego ao sistema jurídico fechado, que outrora se fez presente na legislação civil brasileira, demonstrou-se insustentável com todas as transformações sociojurídicas da sociedade brasileira. A previsibilidade das relações jurídicas, que não mais se fez condizente com a realidade nacional após a primeira metade do século passado, ganhou um tom ainda mais desafinado com os anseios sociais após o advento da *Lex Mater* de 1988, uma vez que as normas civis encontravam-se amplamente desatualizadas e descontextualizadas.

No Direito de Família, não existem dúvidas acerca desta desatualização e descontextualização, uma vez que o sistema fechado da família formalizada pelo casamento foi superado com o surgimento de outros tipos de constituição do núcleo familiar, seguindo a linha da dicotomia de relações jurídicas instituídas pela família preconizada por Clóvis do Couto e Silva, em que os regimes de bens não poderiam se sobrepor às relações pessoais, já que são considerados como desdobramentos destas.

---

[186] Cf. *Direito de família: tópicos para uma reflexão crítica*, p. 62.

Miguel Reale,[187] ao tecer sua exposição de motivos do então Anteprojeto de Código Civil, cunhou que "códigos definitivos e intocáveis não os há, nem haveria vantagem em tê-los, pois a sua imobilidade significaria a perda do que há de mais profundo no ser do homem, que é o seu desejo perene de perfectibilidade".

Portanto, foi inserida no novel texto civil codificado a previsibilidade de alteração do regime de bens, condicionada à autorização judicial para não se lesar direitos de terceiros, conforme disposição do artigo 1.639, § 2º. A necessidade de se estabelecer a intervenção judicial para a autorização do regime ganha contornos ainda mais destacáveis com a fixação da preservação da boa-fé, como vetor de interpretação das relações civis da contemporaneidade.

O exercício da autonomia privada das pessoas casadas limitava-se na imposição de uma preservação de direitos que, por si só, não era suficiente para justificar a imutabilidade dos regimes. A antiga noção de imutabilidade, pautada no *pacto de família*, os quais serviam apenas para atender os anseios das famílias dos cônjuges em detrimento dos interesses dos próprios, não se sustenta nos tempos atuais.

Acrescenta-se, também, o fato de que não existe relação mais privada que a familiar, seja a instituída pelo casamento ou pela união familiar estável, de modo que apenas aos particulares compete o interesse em estabelecer a comunhão plena de vida pela família em todos os seus campos.

De outro giro, deve ser assegurado aos terceiros, que firmarem negócios jurídicos com pessoas casadas, o direito de serem informados, à exatidão, as garantias que possuem para eventual execução do negócio jurídico. O direito à informação é, portanto, essencial para a consagração da boa-fé e socialidade das relações estabelecidas entre pessoas casadas e terceiros.

Assim sendo, seguindo a tendência fixada no texto civil italiano e francês, a mutabilidade dos regimes de bens fica condicionada à participação dos terceiros para que seus direitos sejam preservados. Neste sentido, é a posição de Jean Hauser e Danièle Huet-Weiller,[188] para quem "a escolha pelos cônjuges sobre seu estado civil é definitiva no momento do casamento. Este princípio, por vezes embaraçoso, estava muito relaxado pela lei de 13 de Julho de 1965, que dedicou certa mutabilidade do regime matrimonial. Os cônjuges podem, portanto, duran-

---

[187] Cf. *Anteprojeto de código civil*, p. 12.
[188] Cf. *Traité de droit civil*, p. 773.

te o curso do casamento, entrar em um acordo de alteração que deve ser homologada caso o juiz se convença do interesse da família".

Com isso, é possível atender os anseios dos cônjuges que, pautados no exercício da autonomia privada, alteram o regime de bens previamente escolhido, bem como se preserva o direito de terceiros que eventualmente firmou compromissos negociais.

Entre nós, o ponto de nodal preocupação para a imutabilidade dos regimes de bens, aliada à preservação dos interesses de terceiros, era a posição de supremacia do homem em relação à mulher, no que dizia respeito à posição de cada um destes no cotidiano familiar, o que impulsionava a temerosa possibilidade de manipulação e imposição da vontade daquele em detrimento desta.

Todavia, como aponta Débora Vanessa Caús Brandão,[189] "não há mais lugar dentro da ordem jurídica para a supremacia da vontade de um sobre o outro. O medo, a manipulação de situações e emoções, e o autoritarismo não mais fazem parte das relações conjugais, se não de fato, pelo menos sob a ótica jurídica".

A atual posição sociojurídica da mulher é diametralmente oposta àquela que apresentava a sociedade brasileira do início do século passado. Justificar a manutenção da proibição de alteração dos regimes de bens para eventual proteção de situações dessa natureza seria atestar a inoperância dos institutos jurídicos que propagam a igualdade.

O regime de bens e o fato jurídico que o impulsiona – a constituição de família –, não estão mais atrelados aos mesmos comandos legais da codificação Bevilaqua, em que a família era o núcleo social indissolúvel e imutável. Ao contrário: não há de ser mais mutante que a sociedade; e se a família é a base da sociedade como preconiza o *caput* do artigo 226 da Constituição Federal de 1988, por óbvio esta também o é.

A permissão legislativa para a mutabilidade dos regimes de bens não se traduz em mera faculdade do casal, mas sim na consagração, por parte do legislador, da existência e incidência da autonomia privada nas relações patrimoniais da família, a qual se torna fundamental para a preservação dos interesses do casal e atendimento das concretas necessidades que se afiguram no dia a dia.

Engrossando o coro, Carlos Dias Motta[190] expõe que a possibilidade de alteração dos regimes de bens "[...] homenageia os princípios da

---

[189] Cf. *Regime de bens no novo código civil*, cit., p. 104.

[190] Cf. *Direito matrimonial e seus princípios jurídicos*, cit., p. 395.

autonomia da vontade e da liberdade, levando em conta a vontade dos cônjuges".

Estando devidamente prevista no ordenamento jurídico brasileiro, a mutabilidade exige o preenchimento de alguns requisitos para sua existência, validade e eficácia, bem como para evitar qualquer ato que possa ser traduzido como abuso de direito, os quais são extraídos do texto codificado do artigo 1.639, § 2º, quais sejam: a) pedido formulado pelos cônjuges; b) exposição do motivo; c) autorização judicial, que se dará através de procedimento de jurisdição voluntária, regido pelos artigos 1.103 a 1.111, do Código de Processo Civil;[191] d) inexistência de prejuízos aos cônjuges ou terceiros.

Todavia, "entendemos que, comprovada a vontade espontânea do pedido do casal em alterar o regime de bens, aliada ao afastamento de eventual prejuízo a terceiros, pode-se proceder à alteração do regime de bens. Desnecessária seria, a nosso ver, a apresentação de motivos relevantes pelo casal".[192]

Para que o pedido seja julgado procedente e, com isso, alterado o regime de bens, há de ser observado o Código de Organização Judiciária de cada um dos Estados federados. As partes interessadas deverão estar assistidas por advogado comum, o qual ajuizará a ação que deverá, obrigatoriamente, atender os anseios do casal, e não de apenas um dos cônjuges, não se concedendo ao juiz, não é dada a possibilidade de suprir a anuência de qualquer um dos cônjuges.[193] [194]

Não há que se falar em prazo mínimo de casamento para que o pedido seja formulado, até mesmo porque qualquer prazo que se fazia presente na legislação brasileira caiu por terra com o advento da Emenda Constitucional nº 66, de 13 de julho de 2010.

Basta, portanto, que os cônjuges apresentem motivo relevante, o qual poderá ser, *v.g.*, a individualização de suas vidas financeiras

---

[191] De acordo com o texto apresentando e parcialmente aprovado pelo Congresso Nacional até a data de 27 de janeiro de 2014, o regramento processual no vindouro Código de Processo Civil estará alocado entre os artigos 734 a 740.

[192] Carlos Alberto Dabus Maluf e Adriana Caldas do Rego Freitas Dabus Maluf, cf. *Curso de direito de família*, p. 282.

[193] A título exemplificativo, o juízo competente para processar e julgar ações que visam alterar o regime de bens é o da Vara de Família nos seguintes Estados: a) ES: artigo 974, § 4º – Código de Normas; b) RS: artigo 4º – Provimento nº 024/03-CGJ – TJRS; c) BA: artigo 4º – Provimento nº 002/2003-CGJ – TJBA; d) DF: artigo 27, inciso I, alínea "c" – Lei nº 11.697/2008; e) PI: artigo 43 – Lei Estadual nº 3.716/79.

[194] Neste sentido é a doutrina de Maria Berenice Dias, cf. *Manual de direito das famílias*, cit., p. 264, para quem "a ação deve ser proposta por ambos os cônjuges, formando-se um litisconsórcio necessário. A competência é da vara de família e o procedimento de jurisdição voluntária (CPC 1.103)".

e profissionais, sendo oportuna a existência de patrimônio particular para que sejam garantidas as obrigações que estes vierem a assumir.

Ao juiz compete observar a idade e a imaturidade das partes quando do casamento, que impossibilitam, às partes, profundo conhecimento sobre os efeitos da escolha a seu tempo procedida, bem como se um dos cônjuges possui ou não vida financeira própria, assim como a desproporcionalidade de rendas entre estes. Paulo Lôbo[195] anota que "a mudança de regime de bens pode significar a remoção de considerável obstáculo ao entendimento dos cônjuges, assegurando-se a permanência de sua convivência".

No que tange à inexistência de prejuízos para um dos cônjuges, ou para terceiros, é importante destacar que é próprio de cada grupo familiar estabelecer suas relações econômicas para sua mais ampla desenvoltura e subsistência, que podem ser praticadas ao longo de sua existência.

A obrigatoriedade de preservação dos interesses de terceiros de boa-fé amolda-se na possibilidade de estes serem prejudicados com a alteração pretendida e, daí, terem seus créditos ou patrimônios comprometidos. Por este motivo é que os efeitos jurídicos da mudança do regime de bens se operam a partir da data de sua modificação, ou seja, *ex nunc*.

Entretanto, o não cumprimento deste requisito não implica dizer que haverá nulidade da modificação, mas sim ineficácia relativa no que diz respeito ao terceiro prejudicado, isto é, caso haja a alteração do regime de bens de determinado casamento e este ato prejudique algum credor do casal, a mudança valerá apenas para os cônjuges e em nada prejudicará o terceiro.

A preservação dos interesses de terceiro ganhou especial orientação do Conselho da Justiça Federal, quando da realização da I Jornada de Direito Civil, ao aprovar o Enunciado 113, o qual determina a "[...] perquirição de inexistência de dívida de qualquer natureza, exigida ampla publicidade". No âmbito jurisprudencial, orienta o Superior Tribunal de Justiça[196] que:

> 1. Nos termos do art. 1.639, § 2º, do Código Civil de 2002, a alteração do regime jurídico de bens do casamento é admitida, quando procedentes as razões invocadas no pedido de ambos os cônjuges, mediante autorização judicial, sempre com ressalva dos direitos de terceiros. 2. Mostra-se, assim, dispensável a formalidade emanada de Provimento do Tribunal de Justiça de publicação de editais acerca da alteração do regime de bens, mormente pelo fato de se tratar de providência da qual não cogita a legislação aplicável.

---

[195] Cf. *Direito civil: famílias*, cit., p. 322.
[196] REsp 776.455/RS; Quarta Turma; Rel. Min. Raul Araújo; Julg. 17/04/2012; DJE 26/04/2012.

3. O princípio da publicidade, em tal hipótese, é atendido pela publicação da sentença que defere o pedido e pelas anotações e alterações procedidas nos registros próprios, com averbação no registro civil de pessoas naturais e, sendo o caso, no registro de imóveis. 4. Recurso Especial provido para dispensar a publicação de editais determinados pelas instâncias ordinárias.

No mesmo sentido, a jurisprudência do Tribunal de Justiça de Minas Gerais[197] já concretizou a preservação dos interesses de terceiros que mantém negócios com casais que pretendem modificar o regime de bens vigente no casamento, senão vejamos:

[...]. O casamento é, por si, um ato de vontade e a escolha do regime de bens é simplesmente um efeito patrimonial dessa mesma manifestação volitiva. Ademais, a Lei permite aos cônjuges, quando da celebração do matrimônio, optar por quaisquer dos regimes legalmente previstos ou até mesclá-los, o que deve ser feito sempre com o intuito de melhor atender aos interesses do casal. De fato, na atual sistemática do CC/02, prevalece, nos termos do § 2º do art. 1.639, o princípio da mutabilidade dos regimes de bens, pelo que não procedem as justificativas pautadas na necessidade de que essa alteração seja embasada por motivos/razões relevantes, razoáveis ou mesmo adequados. [...]. As razões para a mudança do regime de bens do matrimônio devem ser razoáveis, pois o § 2º do art. 1.639 do Código Civil, ao exigir que o pedido de alteração seja motivado, exige motivação que, por lógica, deve ser convincente, até pela natureza da alteração, que pode constituir renúncia a direitos subjetivos que já se agregaram ao patrimônio jurídico dos contratantes.

No procedimento judicial de alteração do regime de bens, faz-se necessária a participação do Ministério Público, haja vista a existência do interesse público, consoante disposição do artigo 82, III, do Código de Processo Civil combinado com o artigo 1.105 da também codificação processual.

Uma vez prolatada a sentença que autoriza a modificação do regime de bens do casal, esta servirá como justo título para expedição de mandados a fim de que os cartórios de registro civil e de imóveis procedam a devida averbação, bem como em sendo um dos cônjuges empresário, também deverá ser procedida a anotação perante a Junta Comercial, de acordo com o estabelecido no artigo 968, I, c/c artigo 979, ambos do Código Civil.

O mesmo procedimento judicial se aplica às hipóteses em que, para o ato da celebração do casamento, seja necessário o suprimento judicial de incapacidade ou quando este não observar uma das causas suspensivas, estabelecidas no artigo 1.523 do Código Civil. Nestes casos, em consonância com a orientação dada pelo Enunciado 262, aprovado na III Jornada de Direito Civil, realizado pelo Conselho da Justiça

---

[197] APCV 2850364-88.2009.8.13.0701; Uberaba; Primeira Câmara Cível; Rel. Des. Geraldo Augusto de Almeida; Julg. 08/02/2011; DJEMG 25/03/2011.

Federal, o qual dispõe que "a obrigatoriedade da separação de bens, nas hipóteses previstas nos incs. I e III do art. 1.641 do Código Civil, não impede a alteração do regime, desde que superada a causa que o impôs".

A necessidade de intervenção do Poder Judiciário nos procedimentos de alteração dos regimes de bens é reflexo dos limites impostos à autonomia privada dos cônjuges. Explica-se: conforme exposto no capítulo anterior, o legislador brasileiro consagrou, no texto do artigo 1.513 do Código Civil, o princípio da liberdade ou da não intervenção estatal nas relações da família.

Ocorre que, ao Estado, é assegurado o direito de pautar o exercício da liberdade individual, com vistas à manutenção da ordem e da paz social, evitando-se, assim, abusos por partes dos particulares no âmbito da realização dos negócios jurídicos que concretizem suas vontades, bem como destes com terceiros. Trata-se, pois, da verdadeira *intervenção judiciária do Estado* como elemento balizador da autonomia privada no campo patrimonial do Direito de Família.

Ainda sobre a mutabilidade dos regimes de bens, questão de grandes debates quando do início da vigência do atual Código Civil, deu-se acerca da possibilidade de modificação do regime de bens dos casamentos celebrados sob a égide do Código Civil de 1916. Cuida-se de interpretação jurídica do artigo 2.039 da atual codificação civil.

Aos que advogam a tese da impossibilidade de alteração do regime de bens dos casamentos contraídos em atendimento às formalidades da codificação de 1916, fica claro que a nova lei não poderá modificar os fatos jurídicos a ela anteriores, sob pena de se colocar em risco, não apenas a segurança dos atos já praticados, mas também todo o ordenamento jurídico que, constantemente, passa por processos de alterações legislativas.

Neste sentido é a posição de Maria Helena Diniz,[198] para quem "[...] o art. 2.039 (norma de direito intertemporal, de ordem pública e especial), é o aplicável ao regime matrimonial de bens, que, portanto, será imutável, se o casamento se deu sob a égide do Código de 1916, salvo as exceções admitidas pela jurisprudência, durante a sua vigência. Portanto, nada obsta a que se aplique o art. 1.639, § 2º, do novo Código, excepcionalmente, se o magistrado assim o entender, aplicando os arts. 4º e 5º da LICC, para sanar lacuna axiológica que, provavelmente, se instauraria por gerar uma situação em que se teria a não corres-

---

[198] Cf. *Curso de direito civil brasileiro – vol. 5: direito de família*, cit., p. 167.

pondência da norma do Código Civil de 1916 com valores vigentes na sociedade, acarretando injustiça".

Inegável que ponto controvertido da questão versa sobre questão que envolve direito intertemporal, ou seja, um aparente conflito de normas no tempo. Desta feita, com o escopo solucionar o conflito, instaurado a partir da edição de nova lei, dois são os critérios a serem tidos por fundamentais: *a)* irretroatividade – que impede a aplicação da lei nova às situações constituídas antes de sua vigência iniciar e; *b)* eficácia imediata – fazendo incidir os termos da lei nova a todas as situações jurídicas após sua vigência.

Neste diapasão, vale citar a posição de Silmara Juny de Abreu Chinelato,[199] para quem "não se há de confundir efeito imediato da lei com efeito retroativo, vedado pela Constituição Federal, segundo tradição do direito brasileiro. Ao dispor, no inciso XXXVI do art. 5º, que a lei não prejudicará o direito adquirido, o ato jurídico perfeito e a coisa julgada, em harmonia com o que estabelece o art. 6º, §§ 1º a 3º, da Lei de Introdução ao Código Civil, a norma constitucional consagra a irretroatividade da lei".

Impõe afirmar que, não obstante a orientação do artigo 6º da Lei de Introdução às Normas do Direito Brasileiro, a própria Constituição Federal de 1988 alçou à condição de cláusula pétrea que "a lei não prejudicará o direito adquirido, o ato jurídico perfeito e a coisa julgada", ou seja, a lei vigente à época seria a aplicável aos casamentos sob ela realizados, como respeito ao princípio do *tempus regit actum* e, por este motivo, torna-se impossível a alteração dos regimes de bens dos casamentos contraídos com respeito ao Código Beviláqua.

Noutro giro, levantou-se a possibilidade de se alterar os regimes de bens de casamentos realizados anteriormente ao início da vigência da atual codificação. Muitos foram os argumentos, dentre os quais se destacam que a razão da proibição da mudança com base na preservação dos interesses jurídicos de terceiros não se sustentava, uma vez que, estando estes precavidos, não haveria prejuízo. Até mesmo porque, tendo-se a publicidade como requisito basilar para alteração do regime, sua falta tornaria ineficaz a alteração em relação ao terceiro.

Há de se estabelecer que, ao se abraçar o entendimento acerca da possibilidade da alteração dos regimes de bens dos casamentos contraídos sob a Lei Civil de 1916, está-se diante de mais uma forma de consagração da autonomia privada no campo das relações patrimoniais do Direito de Família.

---

[199] Cf. *Direito patrimonial de família: a mutabilidade do regime de bens entre cônjuges no código civil de 2002*, p. 153.

Sedimentando o fim de longa discussão acerca da possibilidade ou não da alteração dos regimes de bens vigentes aos casamentos contraídos com base no Código Civil de 1916, a III Jornada de Direito Civil, organizada pelo Conselho da Justiça Federal, aprovou o Enunciado 260, em cujo texto extrai-se: "a alteração do regime de bens prevista no § 2º do art. 1.639 do Código Civil também é permitida nos casamentos realizados na vigência da legislação anterior".

O Superior Tribunal de Justiça já consolidou a possibilidade de alteração do regime de bens dos casamentos celebrados sob o pálio do Código Civil de 1916. Vejamos:

> Casamento celebrado na vigência do Código Civil de 1916. Disposições transitórias do Código Civil de 2002. Conjugação do art. 1.639, § 2º, com o art. 2.039, ambos do novel diploma. (...). Alteração subordinada à presença dos demais requisitos constantes do art. 1.639, § 2º, do CC/2002.[200]
>
> Ambas as Turmas de Direito Privado desta Corte assentaram que o art. 2.039 do Código Civil não impede o pleito de autorização judicial para mudança de regime de bens no casamento celebrado na vigência do Código de 1916, conforme a previsão do art. 1.639, § 2º, do Código de 2002, respeitados os direitos de terceiros.[201]
>
> O casamento há de ser visto como uma manifestação vicejante da liberdade dos consortes na escolha do modo pelo qual será conduzida a vida em comum, liberdade essa que se harmoniza com o fato de que a intimidade e a vida privada são invioláveis e exercidas, na generalidade das vezes, em um recôndito espaço privado também erguido pelo ordenamento jurídico à condição de "asilo inviolável". 2. Assim, a melhor interpretação que se deve conferir ao art. 1.639, § 2º, do CC/02 é a que não exige dos cônjuges justificativas exageradas ou provas concretas do prejuízo na manutenção do regime de bens originário, sob pena de se esquadrinhar indevidamente a própria intimidade e a vida privada do consortes. (...) A divergência conjugal quanto à condução da vida financeira da família é justificativa, em tese, plausível à alteração do regime de bens, divergência essa que, em não raras vezes, se manifesta ou se intensifica quando um dos cônjuges ambiciona enveredar-se por uma nova carreira empresarial, fundando, como no caso em apreço, sociedade com terceiros na qual algum aporte patrimonial haverá de ser feito, e do qual pode resultar impacto ao patrimônio comum do casal. 4. Portanto, necessária se faz a aferição da situação financeira atual dos cônjuges, com a investigação acerca de eventuais dívidas e interesses de terceiros potencialmente atingidos, de tudo se dando publicidade (Enunciado n. 113 da I Jornada de Direito Civil CJF/STJ).[202]

Em nosso entender, nada mais está a se fazer senão dar verdadeira efetividade e operabilidade à norma do artigo 2.035 do atual Código Civil, haja vista que a validade jurídica dos atos praticados com base

---

[200] REsp 868.404/SC; Quarta Turma; Rel. Min. Hélio Quaglia Barbosa; Julg. 12/06/2007; DJU 06/08/2007; P. 519.

[201] REsp 812.012/RS; Quarta Turma; Rel. Min. Aldir Guimarães Passarinho Junior; Julg. 02/12/2008; DJE 02/02/2009.

[202] REsp 1.119.462/MG; Quarta Turma; Rel. Min. Luis Felipe Salomão; Julg. 26/02/2013; DJE 12/03/2013.

no Texto Civil de 1916 é por ele regulamenta, ao passo que sua eficácia submete-se à Lei atual.

Não obstante, a questão versa sobre direitos meramente econômicos e, por isso, disponíveis, motivo pelo qual não se vislumbra a impossibilidade de que haja renúncia por parte de um dos cônjuges aos regramentos de bens elegidos à época da convolação das núpcias. Alia-se, ainda, a impossibilidade de se utilizar a própria Lei Civil com o escopo de simular atos jurídicos com o viés único de alteração de regime de bens, como aconteceria nos casos de divórcios nos quais a única finalidade dos cônjuges é modificar o regime de bens de seu casamento.

Pelas razões aqui apresentadas, e com a devida vênia aos juristas que não comungam do mesmo pensar, posicionamo-nos acompanhando o entendimento segundo o qual é possível, a partir de uma interpretação do artigo 2.039 do Código Civil, a alteração do regime de bens dos casamentos que foram contraídos no tempo da codificação de 1916, frisando-se que em nada se modifica sua validade, mas tão somente condiciona sua eficácia à novel legislação.[203]

2.3. Liberdade de escolha

É certo e incontroverso que a liberdade foi (e continua sendo) o motivo maior das perseguições sociais ao longo das últimas décadas da história humana. Ora, se a liberdade abrangeu toda a estrutura do Direito Civil, impulsionando a possibilidade de autorregulamentação dos civis, as autonomias da vontade e privada encontram-se enraizadas na hodierna concepção privatística do Direito.

Ao Direito de Família e seu universo de relações patrimoniais também se estendem as facetas da *autonomia*, seja naquilo que se traduz como desejo íntimo dos cônjuges e dos conviventes, seja como no poder que o ordenamento jurídico lhes concede para firmarem um determinado número de situações que reflitam uma justa adequação daquela com os limites desta.

---

[203] Neste sentido, observam Carlos Alberto Dabus Maluf e Adriana Caldas do Rego Freitas Dabus Maluf, cf. *Curso de direito de família*, cit., p. 285, que: "Deve-se, portanto, entender que a irretroatividade das normas sobre regimes de bens tem em vista erradicar a aplicação da lei nova pela vontade de apenas uma das partes, visando assim respeitar e proteger o ato jurídico perfeito e o direito adquirido, de modo a fazer-se aplicar o ordenamento jurídico vigente à época da celebração do ato. Porém, por ser um ato bilateral, ou seja, exigir o pedido de ambos os cônjuges, a mutabilidade do regime de bens deve ser possibilitada também em casamentos celebrados antes da entrada em vigor do Código Civil atual".

Com vistas ao atendimento da comunhão plena de vida,[204] instituída pela família através do casamento ou da união familiar estável, a autonomia privada foi levada, não apenas para atos de escolha do futuro cônjuge ou companheiro – devendo ser observada as exigências fixadas na lei –, mas também para eleição, por parte destes, do regramento patrimonial a ser aplicado em sua vida familiar.

Esta, portanto, é a justifica pela qual o Código Civil manteve, em seu texto, uma dualidade de sistemas para que as regras dos bens sejam aplicadas às famílias constituídas pelo casamento e pela união familiar estável. Tal dualidade é identificada quando se extrai a necessidade de que seja escolhido, pelo casal, um dos regimes-tipo previstos ou, mediante instrumentos jurídicos hábeis para tanto, haja uma combinação ou criação de um regime particular de bens.

A ocorrência de relações de natureza patrimonial na vida do casal é certa e incontroversa e, por tal razão, não poderão os cônjuges ou conviventes alijar-se dos reflexos insculpidos no Código Civil. Disso implica afirmar que o casal deverá: a) escolher um dos regimes-tipo previstos; b) manter-se silente e, automaticamente, ter aplicado em suas relações a imposição do chamado regime supletivo de bens; ou c) elaborar um regime de bens próprio.

Neste sentido, o instrumento jurídico hábil para a elaboração de um regramento patrimonial próprio de bens se dará, para os que se submeterão ao formalismo legal do casamento, através de *pacto antenupcial* e, para aqueles que estabelecerão a vida familiar pautada na informalidade de sua constituição, pela união familiar estável, mediante *contrato de convivência*, devendo-se ressaltar que, em ambos os casos, deverão estar presentes os requisitos de validade dos negócios jurídicos previstos no artigo 104 do Código Civil, do qual se infere a necessidade destes serem praticados por (I) pessoas capazes, visando a (II) objetos lícitos, possíveis, determinados ou determináveis, bem como

---

[204] Conforme exposto anteriormente, a comunhão plena de vida é uma cláusula geral, inexistindo, portanto, um conceito pré-estabelecido pelo legislador. A adoção de um sistema aberto de codificação tem sua vez, pois facilita a aplicação das normas previstas na codificação calcadas nos princípios gerais do direito que servirão de norte interpretativo. De acordo com o magistério de Judith Martins-Costa, cf. *A boa-fé no direito privado*, p. 273/294, "são proteiformes as cláusulas gerais porque assumem, seja qual for o ângulo de análise do estudioso, uma diversa significação. São proteiformes, também, porque o exame de suas significações traz consigo uma longa lista de problemas nucleares à teoria do direito e à dogmática jurídica, afastando, assim, qualquer reducionismo ou simplificação na sua análise. [...] Com efeito, esgotado o modelo oitocentista da plenitude ou totalidade da previsão legislativa, em face da complexidade da tessitura das relações sociais, com todas as inovações de ordem técnica e científica que vêm mudando em face do mundo desde o pós-guerra, iniciou-se, em alguns países da Europa, a época das reformas nos códigos civis. [...] Os códigos mais recentes, em que pese as suas diversidades, têm em comum, contudo, a técnica de legislar mediante o emprego de cláusulas gerais".

(III) forma prevista ou não proibida pela lei, há de se interpretá-los conjuntamente com as disposições dos artigos 1.639, *caput*, 1.653 e 1.655.[205]

2.3.1. O pacto antenupcial

A possibilidade das convenções patrimoniais realizadas antes das núpcias – Pactos Antenupciais – encontra-se prevista nas mais diversas legislações mundo afora, tendo como grande diploma influenciador o BGB, o qual estabelece a existência das disposições antenupciais em seu § 1.432, através do qual, segundo palavras de Heinrich Lehmann,[206] "os cônjuges podem regulamentar contratualmente, de modo diferente, suas relações patrimoniais, em harmonia com o § 1.432. O contrato se denomina 'contrato matrimonial', e é um negócio de disposição e repercute imediatamente sobre o patrimônio de um ou ambos os cônjuges".

Entre nós, sua primeira aparição se deu com a vigência das Ordenações Manuelinas (1521), que ao contrário de sua antecessora – Ordenações Afonsinas – passou a admitir a celebração de *acordo* ou *contrato* anterior ao casamento, onde as partes poderiam estabelecer a regra de bens que melhor atendesse seus interesses patrimoniais.

Ato contínuo, com o surgimento das Ordenações Filipinas (1603), fixou-se a possibilidade do casal, antes das núpcias, pactuar sua vida patrimonial utilizando o instrumento jurídico previsto: o *pacto antenupcial*. O texto ordenado vigeu entre nós até a entrada em vigor do Código Civil de 1916, o qual expressamente previa, em seu artigo 256, a possibilidade do casal, antes da celebração do casamento, celebrar o mencionado pacto.

A sistemática do Direito Civil brasileiro codificado sempre outorgou aos nubentes a possibilidade do livre ajuste de vontade, desde que esta composição de vontade estivesse sempre dentro dos limites da autonomia privada, uma vez que se tratava de liberdade condicionada.

Neste sentido, Silvio Rodrigues[207] já anotava que "a liberdade de ajuste, entretanto, não é ilimitada, pois, como dispõe o art. 257 do Código Civil, ter-se-á por não escrita a convenção ou cláusula que prejudi-

---

[205] Imprescindíveis são as palavras de Antônio Junqueira de Azevedo, cf. *Negócio jurídico: existência, validade e eficácia*, p. 34, ao expor que todo negócio jurídico possui elementos reputados como gerais. Afirma que "os elementos gerais, [...], são, pois, aqueles sem os quais nenhum negócio existe. Podem ser: a) intrínsecos (ou constitutivos): forma, objeto e circunstâncias negociais; b) extrínsecos (ou pressupostos): agente, lugar e tempo do negócio".

[206] Cf. *Derecho de familia*, cit., p. 123-124.

[207] Cf. *Direito civil – vol. 6: direito de família*, p. 171.

que os direitos conjugais, ou paternos, ou que contravenha disposição absoluta da lei". Pontuava-se, desta feita, os limites ao exercício da autonomia privada dos pactuantes no que dizia respeito ao conteúdo da pactuação antenupcial.

Atualmente, a previsão outrora tratada no texto do artigo 257 do Código Beviláqua encontra-se nas disposições do artigo 1.655 do atual Código Civil, cujo texto diz que "é nula a convenção ou cláusula dela que contravenha disposição absoluta de lei". Sua finalidade encontra guarida em uma única razão: fixar um regramento patrimonial diverso do regime da comunhão parcial de bens.[208]

O conteúdo a ser objeto da pactuação não é a única característica prevista pelo legislador como limite ao exercício da autonomia privada, mas um dos elementos que estabelece um conjunto de exigências para sua validade e eficácia, conforme prevê o artigo 1.653 do Código Civil, o qual torna indubitável a necessidade de sua elaboração por instrumento – escritura – público, a submissão de seus efeitos à celebração do casamento, bem como a necessidade de seu registro junto ao Cartório de Registro de Imóveis do domicílio dos cônjuges para que o pacto também produza efeitos perante terceiros, ressalvando-se que, inexistindo tal registro imobiliário, os efeitos do pacto serão adstritos aos contratantes.

Há de pontuar que o Código Civil não apresenta um conceito de pacto antenupcial, apresentando apenas breves observações no que diz respeito a seu conteúdo, forma e momento de celebração, o que ensejou uma interminável discussão acerca de seu conceito e natureza jurídica.

Para determinar sua natureza jurídica e, consequentemente, conceituá-lo, imperioso se faz percorrer, ainda que brevemente, a teoria do fato jurídico.

Estabelecendo uma análise sobre o objeto elementar do *fato jurídico*, Francesco Carnelutti[209] observa que "assim como uma situação passa a ser jurídica quando aos seus elementos físicos e econômicos se junta o elemento psicológico, que lhe atribui a juridicidade, assim também passa a ser jurídico o fato material ou não jurídico, quando é acompanhado de uma mutação jurídica, ou seja, de uma sucessão de situações, entre a primeira e a última das quais tem lugar uma diver-

---

[208] Diz o artigo 1.640, parágrafo único, do Código Civil brasileiro: "Poderão os nubentes, no processo de habilitação, optar por qualquer dos regimes que este Código regula. Quanto à forma, reduzir-se-á a termo a opção pela comunhão parcial, fazendo-se o pacto antenupcial por escritura pública, nas demais escolhas".

[209] Cf. *Teoria geral do direito*, p. 313.

sidade jurídica. Poderia, ainda, dizer-se que o fato jurídico é o aspecto jurídico de um fato material".

A partir daí não seria equivocado afirmar que a principal distinção entre *fato jurídico* e *fato material* não reside na origem, mas sim no que diz respeito à incidência jurídica de seus efeitos.

Renan Lotufo[210] apresenta salutar observação ao afirmar que "não há dúvidas de que o direito nasce do fato, porque sem que haja um evento, ou um acontecimento, não existe base para que se estabeleça uma relação jurídica. [...] Dentro desse contexto, fato jurídico seria todo e qualquer fato, de ordem física ou social, inserido em uma estrutura normativa. É todo e qualquer fato que, na vida social, venha a corresponder ao modelo de comportamento ou de organização configurado por uma ou mais normas de Direito".

Destarte, o fato jurídico é subdividido em três espécies, a saber: a) *fato jurídico stricto sensu* – aquele cuja hipótese de incidência está prevista na norma, sendo irrelevante qualquer ação humana; b) *ato-fato jurídico* – aquele que embora necessite de ação humana, a própria norma retira o elemento vontade; e c) *ato jurídico lato sensu* – aquele que emerge da vontade humana, ou seja, é uma manifestação consciente de vontade com vistas a obter um resultado.

Acerca do *ato jurídico lato sensu*, este é subdividido em: a) *ato jurídico stricto sensu* – aquele em que a manifestação da vontade humana, aliada a uma situação previamente descrita na lei, acarreta a produção de seus efeitos legais sem a possibilidade de ampliação, restrição ou extinção; b) *negócios jurídicos* – aquele em que a vontade humana inicia o processo de adequação das previsões legais com o exercício da liberdade para se obter um resultado tutelado pela ordem jurídica.[211]

Em outras palavras, enquanto os *atos jurídicos stricto sensu* não possuem qualquer natureza negocial, é na figura dos *negócios jurídicos* que se configura um ato de autonomia privada, que visa à persecução de efeitos previstos no ordenamento, seja através de contratos, pactos ou outros instrumentos para se exercitar a autonomia privada. Deverá este, contudo, ser compreendido a partir dos planos jurídicos da *existência* (plano do ser), *validade* (adequação do ato à luz das exigências da lei) e *eficácia* (produção dos efeitos previstos na lei).

---

[210] Cf. *Código civil comentado: parte geral (vol. 1)*, cit., p. 261-262.

[211] Observa Clóvis Beviláqua, cf. *Teoria geral do direito civil*, p. 213-214: "São atos jurídicos, entre outros: os contratos, inclusive os pactos antenupciais, o reconhecimento de filhos, a adoção, a autorização do pai para o filho comerciar, para casar-se, para realizar outros atos jurídicos, a autorização marital, a uxoriana, o testamento, a aceitação ou repúdio da herança".

Posição de destaque ao longo da história jurídica, o contrato sempre foi alçado à condição de negócio jurídico por excelência, uma vez que este sempre emprestou relevante papel na circulação de riquezas, instrumentalizando a vontade dos interessados em valorar economicamente bens suscetíveis de apropriação humana. Mas que fique claro: o contrato é o mais importante dos negócios jurídicos, mas não o único, haja vista que outros tantos negócios jurídicos poderão ser celebrados à luz das disposições legais.

O contrato, modalidade de negócio jurídico, sempre esteve atrelado à constituição, modificação ou extinção de relações jurídicas eminentemente patrimoniais, pauta-se por um conjunto de regras e princípios jurídicos que visam a delinear seu campo de incidência, dentro da nova realidade sociojurídica, imposta pela Constituição Federal de 1988.

Nesse percurso de humanização do Direito Civil, destaca-se que os contratos hoje são orientados pelos princípios da autonomia privada, da boa-fé objetiva, da função social e da justiça contratual, uma vez que o paradigma voluntarista do contrato (pautado na liberalidade contratual, na força obrigatória do pactuado – *pacta sunt servanda* – e na relatividade contratual) sucumbiu ao conclames do *welfare state*, posteriormente referendado pela nova axiologia constitucional.

Assim sendo, Maria Alice Zaratin Lotufo[212] conceitua o pacto antenupcial como "[...] um contrato solene, formalizado através de escritura pública, através do qual os nubentes declaram a qual regime de bens estarão submetidos e que, para valer *erga omnes* deve ser levado ao Registro Imobiliário do domicílio dos cônjuges".

Noutra banda, há aqueles que defendem o pacto antenupcial como um negócio jurídico previsto pelo legislador civil e posto à disposição dos nubentes para que estes, antes da convolação de suas núpcias, autorregulamentem-se com o escopo de melhor realização do ideal de vida que lhes satisfizer.

Porém, não o concebem como um negócio jurídico qualquer como tanto outros possíveis e previstos pela codificação, pois, por mais que o casamento esteja hoje revestido com caracteres próprios de um contrato bilateral, este possui peculiaridades em relação aos demais previstos nos outros Livros da Parte Especial da atual codificação, uma vez que seus efeitos são muito mais profundos e específicos. Daí, correto afirmar que o pacto antenupcial é verdadeiro *negócio jurídico do Direito de Família*, haja vista sua inserção topológica e efeitos peculiares às relações familiares.

---

[212] Cf. *Curso avançado de direito civil – vol. 5: direito de família*, cit., p. 99.

Em obra de referência sobre o tema, Débora Gozzo[213] sustenta esta posição aduzindo que o pacto antenupcial "[...] é um ato jurídico (*lato sensu*) *pessoal*. Só os nubentes podem ser partes. É *formal*, sendo indispensável à escritura pública. *Nominado*, isto é, previsto em lei. E, por último, *legítimo* (típico), pois os nubentes têm a sua autonomia limitada pela lei e não podem, consequentemente, estipular que o pacto produzirá efeitos diversos daqueles previstos pela norma jurídica".

Em que pesem as afirmações em sentido contrário, somos pelo entendimento da natureza contratual do pacto antenupcial. Justifica-se: tendo o casamento natureza contratual e, na esteira do artigo 1.653 da codificação civil brasileira, sua eficácia condiciona-se à celebração do casamento, o que nos impõe afirmar se tratar de um contrato acessório àquele, ou seja, um Contrato Típico do Direito de Família.

Entretanto, não se pode admitir que os instrumentos contratuais próprios do Direito de Família sejam equiparados ou interpretados como institutos jurídicos obrigacionais, tendo em vista a complexidade das relações familiares e suas nuances jurídicas bastante profundas em relação aos demais Livros do Código Civil.

O exercício da autonomia privada não possui apenas uma limitação no que dispõe a legislação brasileira, mas também uma gama de princípios que transcendem a codificação civil e, portanto, possuem conteúdo axiológico mais profundo. Afirma-se, com isso, que o exercício da liberdade negocial coaduna-se, a mais das limitações legais,[214] à própria essência do ser humano e aos objetivos sociais constitucionalmente previstos.

Em tempos de consagração e efetividade dos princípios constitucionais (*dignidade humana*, *solidariedade* e *igualdade*), bem como a incidência destes no campo das relações privadas (*eficácia horizontal dos direitos fundamentais*), vislumbra-se aqui a possibilidade de se exercitar a autonomia privada, mediante elaboração do pacto antenupcial, para estipulação de situações que não são eminentemente patrimoniais, desde que não haja violação destes preceitos intangíveis.

Limitar a autonomia privada dos nubentes quando da elaboração do pacto antenupcial, unicamente aos aspectos patrimoniais do casamento, por simples questão de inserção topológica (Código Civil – Livro IV da Parte Especial: Direito de Família – Título II: Do Direito Patrimonial) parece-nos desarrazoado, pois, sendo um negócio jurídico

---

[213] Cf. *Pacto antenupcial*, p. 34.

[214] Luiz da Cunha Gonçalves, cf. *Tratado de direito civil – vol. vi (tomo i)*, p. 473, observa que o Código Civil português "[...] permite aos nubentes convencionar, relativamente a seus bens, tudo o que lhes aprouver, mas somente dentro dos limites da lei".

acessório ao casamento, há de se manter uma correlação deste com o elemento primordial para a composição dos núcleos familiares da contemporaneidade, qual seja o afeto.

Não se está a falar que ao pacto se torna admissível a estipulação de toda e qualquer cláusula que venha a dizer respeito ao livre consentimento das partes celebrante, uma vez serem impostos limites à autonomia privada, seja por necessidade de observação de disposições legais, ou pela força imperativa dos princípios gerais do direito, os bons costumes e a boa-fé.

No mesmo contexto, tratando-se de contrato acessório ao casamento, no qual as regras de sua elaboração coadunam-se com as diretrizes fixadas na Parte Geral da codificação, é importante frisar que, em sede de relação jurídica privada, aquilo que não for expressamente proibido é permitido, ou seja, há de se observar a conformidade das capitulações ao ordenamento jurídico vigente.

Karl Larenz[215] assevera que "[...] o ordenamento jurídico proíbe negócios jurídicos de um gênero, determinada a causa de seu conteúdo especial, isto é quando pretende impedir sua celebração. Por isso, não pertencem às proibições da lei as normas legais imperativas que restringem o âmbito da autonomia privada limitando às partes determinados tipos de direitos e de negócios especificamente regulados ou normalizado em relações particulares suas relações jurídicas – especialmente as contratuais – baseadas na criação mediante a autonomia privada".

Idêntica é a conclusão quando se afirma a impossibilidade da livre estipulação de questões não patrimoniais nos pactos por eventual lesão à moral e aos bons costumes, sendo certo que tais conceitos variam entre as mais diversas sociedades e grupos que a integram, inexistindo-se, assim, outra interpretação senão a de se pautar na necessidade de análise dos usos e costumes do local em que o ato jurídico está sendo praticado, sendo esta a posição adotada pelo legislador quando da introdução das regras dos artigos 113, 421 e 422, bem como aquela prevista no artigo 1.513 e alçada à condição de princípio basilar do Direito de Família, todos do Código Civil, o qual se retrata puro vetor de interpretação dos negócios jurídicos, o que possibilita afirmar que inexiste vedação quanto à inserção de cláusulas não patrimoniais nos pactos antenupciais.[216]

---

[215] Cf. *Derecho civil: parte general*, p. 585.

[216] Em seu *Tratado de direito privado – tomo viii: dissolução da sociedade conjugal e eficácia jurídica do casamento*, cit., p. 316, Pontes de Mirada afirma que "as convenções antenupciais contrárias aos bons costumes são pouco frequentes. A solenidade do casamento e a sua significação no curso da

Quanto à capacidade dos contraentes para a elaboração do pacto, há de se conjugar as regras dos artigos 3º, 4º e 104, I, todos constantes da Parte Geral do Código Civil, de onde se observa que a possibilidade do exercício pessoal dos atos da vida civil se dará pela via da exclusão, isto é, não estando estes enquadrados nas hipóteses de absoluta incapacidade (artigo 3º) ou devidamente assistidos quando de sua relativa incapacidade (artigo 4º).

Ocorre que, para a prática de um ato jurídico previsto na Parte Especial do *Codex*, deverão ser observadas as eventuais especialidades das regras ali contidas, sob pena de não se validar o ato em questão. Nesta ordem de ideias, o artigo 1.517 prevê que a capacidade civil para o casamento (contrato principal) se dará com a idade mínima de 16 (dezesseis) anos – idade núbil –, desde que haja expressa autorização para se praticar o mencionado ato.

Desta maneira, e seguindo-se o entendimento da máxima romana segunda a qual *accessio cedit principali* (o acessório segue a sorte do principal), a fim de se manter uma concatenação com a acessoriedade do pacto antenupcial em relação ao casamento, a codificação brasileira pôs verdadeira pá de cal sobre qualquer discussão que eventualmente se fizer presente ao consolidar o entendimento, no artigo 1.654, segundo o qual "a eficácia do pacto antenupcial, realizado por menor, fica condicionada à aprovação de seu representante legal, salvo as hipóteses de regime obrigatório de separação de bens".

Evidencia-se, com isso, que as regras gerais do Código Civil ganham novos contornos neste Livro de sua Parte Especial, autorizando-se a celebração de contratos civis reputados como principal e acessório – casamento e pacto antenupcial, respectivamente –, desde que não ocorra desrespeito aos comandos proibitivos, como se denota da impossibilidade de estipulação pré-nupcial, para os casos de pessoas que estiverem tocadas por uma das causas suspensivas (artigo 1.523) ou daqueles que necessitaram de suprimento judicial de incapacidade para o casamento (artigos 1.519 e 1.520), aos quais será imposto o regime de separação obrigatória de bens, à luz do que determina o artigo 1.641, I e III.

---

vida repelem certas imoralidades aparentes. Todavia, há as questões clássicas do pacto antenupcial a favor dos pais de um dos nubentes, ou de ambos, para aquisição do assentimento paterno, e a cláusula de doação sob condição de não recasar o outro cônjuge (condição de viduidade). Também é imoral a convenção de continuar a mulher o nome do amante com quem não se casou ou o do marido que faleceu".

Sendo o pacto antenupcial, portanto, contratado por pessoas capazes, versando sobre objeto lícito,[217] possível, determinado ou determinável juridicamente, e obedecendo à forma exigida pela lei (escritura pública), este será considerado ato jurídico existente, válido e sua eficácia será condicionada, única e exclusivamente, à celebração do casamento.

Ressalta-se que o pacto antenupcial é elemento *sine qua non* para a eleição de outro regime de bens que não seja o da comunhão parcial ou da separação obrigatória, não sendo a simples manifestação das partes no ato da celebração e a posterior anotação na certidão de casamento, ou, ainda, qualquer termo escrito que não seja a escritura pública, suficientes para escolher o regime de bens, consoante entendimento do Superior Tribunal de Justiça,[218] senão vejamos:

> A certidão de casamento não é suficiente para demonstrar que o casamento foi celebrado sob o regime de separação de bens. É imprescindível tenha havido pacto antenupcial com convenção nesse sentido.

Em não se convolando as núpcias pelo casal, importa se frisar que não haverá produção de seus efeitos jurídicos, isto é, não se falará em eficácia do pacto, não se admitindo qualquer outra imperfeição nos demais planos da *Escada Ponteana* (existência e validade), uma vez que estes ficam vinculados à consumação daquele.[219]

Diferentemente do que ocorre no Código Civil português,[220] o Código Civil brasileiro não estabeleceu qualquer prazo para que se caduque o pacto antenupcial celebrado por nubentes que eventualmente não venham a contrair o casamento em determinado período de tempo, inaplicando-se, quando do reconhecimento de invalidade – absoluta ou relativa – do casamento, os efeitos pretendidos na pactuação.

Por esta razão, Rolf Madaleno[221] afirma com propriedade, que seu regramento jurídico segue, "[...] como no Código Civil de 1916, condi-

---

[217] Já disse o Superior Tribunal de Justiça: "O artigo 1.655 do Código Civil impõe a nulidade da convenção ou cláusula do pacto antenupcial que contravenha disposição absoluta de Lei". (REsp 954.567/PE; Terceira Turma; Rel. Min. Massami Uyeda; Julg. 10/05/2011; DJE 18/05/2011).

[218] RESP 173.018/AC; Terceira Turma; Rel. Min. Eduardo Andrade Ribeiro de Oliveira; Julg. 26/06/2000; DJU 14/08/2000; p. 00164.

[219] Renan Lotufo, cf. *Código civil comentado – vol. 1*, cit., p. 280, é categórico ao afirmar que "para o estudo do negócio jurídico há uma proposta de se utilizar o método de exclusão, ou seja, verificar progressivamente se o negócio é existente, depois, se é válido, e, finalmente, se é eficaz. Porque se não for existente, não será nem válido nem eficaz, não deverá merecer atenção do operador do Direito".

[220] Artigo 1.716 do Código Civil português: "A convenção caduca, se o casamento não for celebrado dentro de um ano, ou se, tendo-o sido, vier a ser declarado nulo ou anulado, salvo o disposto em matéria de casamento putativo".

[221] Cf. *Novos horizontes no direito de família*, cit., p. 15.

cionado à realização do casamento, como deixa claro o artigo 1.653 do Código Civil de 2002, não existindo prazo de caducidade do pacto antenupcial, muito embora a eficácia da habilitação para o casamento tenha a validade de noventa dias, a contar da data em que foi extraído o certificado (art. 1.532 do CC), esse prazo não tem ingerência sobre o pacto, mas apenas sobre o processo de habilitação, que precisará ser renovado se os nubentes não casarem dentro dos 90 dias, mas, por evidente, que não precisarão refazer a escritura pública de pacto antenupcial".

Com paridade de pensamento, Débora Gozzo[222] diz que "na hipótese de os pactantes não contraírem casamento, o pacto, apesar de existir e ser válido, será ineficaz. [...] Assim, costuma-se dizer que, se o casamento não é realizado, o pacto 'caduca'. [...] Não existe, todavia, prazo legal, no ordenamento jurídico brasileiro, para que os nubentes contraiam matrimônio, após a pactação. [...] No direito brasileiro, portanto, os nubentes têm prazo indeterminado para se casar e, consequentemente, tornar o pacto eficaz. Isto, desde que nesse ínterim nenhum dos pactantes contraia casamento com outrem, pois, deste modo, o negócio jurídico pactício também caducaria".

Não se pode olvidar que às relações contratuais da contemporaneidade se aplicam os princípios da *função social* e da *boa-fé* e, desta feita, na hipótese de contratação do pacto antenupcial e a consequente não realização do casamento, pelos mais diversos motivos, estas deverão se fazer presentes até o momento da revogação do estipulado, o que poderá se dar, inclusive, unilateralmente, desde que seja dada ciência ao outro pactuante.[223]

Por fim, registra-se que "o pacto antenupcial firmado sob a égide do Código de 1916 constitui ato jurídico perfeito, devendo ser respeitados os atos que o sucedem, sob pena de maltrato aos princípios da autonomia da vontade e da boa-fé objetiva".[224]

2.3.2. *O contrato de convivência*

Assim como para o casamento existe o pacto antenupcial para a regulamentação dos interesses jurídicos dos nubentes, após o reconhe-

---

[222] Cf. *Pacto antenupcial*, cit., p. 111.

[223] Nesse sentido é a posição de Pontes de Miranda, cf. *Tratado de direito privado – tomo viii: dissolução da sociedade conjugal e eficácia jurídica do casamento*, cit., p. 347: "O pacto antenupcial só se torna imutável com o casamento. Antes disso, são livremente revogáveis pelos cônjuges e, até por um deles, que o denuncie em escritura pública, com ciência do outro, ou judicialmente".

[224] STJ; REsp 1.111.095/RJ; Quarta Turma; Rel. Juiz Fed. Conv. Carlos Fernando Mathias; Julg. 01/10/2009; DJE 11/02/2010.

cimento constitucional da união familiar estável, como entidade familiar legítima (artigo 226, § 3º), aos conviventes foi reconhecido o direito de regularem suas necessidades mediante termo escrito, designado *contrato de convivência*.

O instituto jurídico da união familiar estável sempre foi marginalizado pelo ordenamento jurídico que, como visto acima, somente foi alçado ao *status* de família legítima com a promulgação da Carta Cidadã de 1988, uma vez que, até este momento da história jurídica nacional, apenas o casamento era considerado o mecanismo para a constituição de uma família merecedora de proteção estatal.

Mas nem sempre foi assim. Antes de ser reconhecida como ambiente familiar legítimo aos olhos do ordenamento jurídico, a união familiar estável não era considerada como instituto equiparado ao casamento, sendo tratada como *concubinato* e, desta feita, ilícita à lei e à sociedade, fato que acarretava a não concessão de efeitos jurídicos de contratos ou estipulações realizadas pelos concubinos com vistas a regularizar seu patrimônio.

À época da codificação civil de 1916, este posicionamento era justificável. Se a família se constituía apenas pelos laços do casamento, e apenas este admitia a pactuação da vida patrimonial do casal, qualquer tipo de contratação escrita pelos concubinos seria reputada como nula, uma vez que, à luz do então vigente artigo 145, incisos II a V, reputava contratos desta natureza como contrários à lei.

Isso porque estaríamos diante de uma relação fática de pessoas não reputada como legítima e, devido a sua acessoriedade, não poderia o ordenamento permitir a contratação de disposições que estariam condicionadas à existência de uma relação jurídica vedada pelo ordenamento. Não que isso impedia o estabelecimento da convivência *more uxório*, pois essa nasce de uma simples relação fática e de convenção.

Atualmente, considerando o fato de que as uniões estáveis são, ao lado do casamento, tipos de entidades familiares aptas a merecerem especial proteção do Estado, estas estabelecem não apenas consequências no plano pessoal da relação familiar, mas, também, no que diz respeito aos laços patrimoniais da vida a dois, impulsionada pelos laços de fato que unem pessoas com vistas à formação de um ambiente familiar, a partir da informalidade que reveste sua caracterização.

Neste sentido, a atual codificação civil estabeleceu, em seu artigo 1.725, que "na união estável, salvo contrato escrito entre os companheiros, aplica-se às relações patrimoniais, no que couber, o regime da comunhão parcial de bens".

Assim sendo, acertadamente orienta a jurisprudência do Tribunal de Justiça do Rio de Janeiro[225] que:

[...] presume-se que estes gastos foram fruto do trabalho e da colaboração comum de ambos os conviventes. [...]. Inexistência de estipulação contrária em contrato escrito. Destarte, embora os depoimentos das testemunhas tenham versões distintas, salta aos olhos que eventuais respaldos financeiros dados pelos sogros para ajudar na construção da casa foram destinados a ambos os conviventes, e não exclusivamente em favor do réu. Reconhecimento da comunhão patrimonial, bem como da meação ora pretendida [...].

A expressão *contrato escrito,* a doutrina convencionou designá-la de *contrato de convivência,* sendo o mecanismo previsto pelo ordenamento jurídico como hábil para afastar as regras gerais de bens cabíveis na união familiar estável e permitir, aos conviventes, exercitar livremente a autonomia privada que lhes digam respeito. Seria, pois, o instrumento escrito, no qual os conviventes optam ou elaboram regras patrimoniais, aplicadas aos bens que sobrevierem à constituição da família.

Ao se debruçar sobre o tema, Francisco José Cahali[226] o conceituou como "[...] o instrumento pelo qual os sujeitos de uma união estável promovem regulamentações quanto aos reflexos da relação [...]".

Percebe-se, assim, que o contrato de convivência não é um ato de autonomia privada em si mesmo, mas uma das formas de seu exercício dentro do Direito de Família, uma vez que o ato de constituir uma união familiar estável, como entidade familiar a estabelecer a comunhão plena de vida das vidas, já é uma demonstração da liberdade no âmbito jurídico nacional.

Mutatis Mutandis, o contrato de convivência encontra as mesmas limitações formais que o pacto antenupcial, bem como possui a mesma finalidade: a unificação de patrimônios que atendam às necessidade da família ou a sua completa dissociação, sendo possível, ainda, a elaboração de regramentos intermediários de bens.

Trazendo consigo o traço da acessoriedade, o contrato de convivência vincula-se à união familiar estável e segue as mesmas características basilares desta. Isto é, por ser este tipo de agrupamento familiar pautado na informalidade, em uma realidade meramente fática, o mesmo se dará com o contrato, que não reclama requisitos específicos em lei. Necessita-se, tão somente, de celebração por escrito, por instrumento particular ou público, dispensando-se o registro público, não havendo forma preestabelecida para sua eficácia.

---

[225] AC 2005.001.41858; Décima Quarta Câmara Cível; Rel. Des. Ferdinaldo do Nascimento; Julg. 09/02/2006.

[226] Cf. *Contrato de convivência,* p. 55.

A dispensa de tais formalidades se justifica. Como a união familiar estável não está submetida a maiores exigências além das previstas no artigo 1.723 do Código Civil, equivocado seria, sob pena de ir de encontro à natureza do instituto, exigir uma série de exigências para a elaboração do contrato de convivência.

Seguindo esta orientação fundada na informalidade, o Tribunal de Justiça do Rio Grande do Sul[227] manifestou seu entendimento seguindo a regra da inexigência de forma preestabelecida para o contrato de convivência, conforme se denota do aresto abaixo:

> [...]. Houve de parte dos litigantes a estipulação expressa acerca de um regime patrimonial específico para o relacionamento que iniciavam com cláusula de separação total de bens. O fato de dizer que "sem ler" assinou o que lhe era pedido não sustenta a alegação de obtenção ilícita e involuntária da manifestação de vontade, a caracterizar fraude. 2. Igualmente não se sustenta a assertiva no sentido de que o documento é nulo porque não se adotou pública forma, pois nenhuma exigência faz a Lei neste sentido, bastando que haja entre eles contrato escrito (art. 1.725 do CCB). O dispositivo que exige escritura pública refere-se exclusivamente ao pacto antenupcial (art. 1.653 do CC atual e 256 do CC/16), não sendo aplicável, por analogia, à união estável, pois é sabido que regras atinentes à formalização dos contratos devem ser interpretadas restritivamente [...].

No mesmo sentido, Francisco José Cahali[228] pontua que "[...] qualquer acordo, convenção, disposição ou manifestação, expressados pelas partes, ainda que a união familiar estável e seu efeito patrimonial não tenham sido o objeto único ou principal do negócio jurídico que as contém, valerá como 'contrato de convivência' na abrangência aqui tratada, enquanto instrumento ou pacto eficaz para traçar o destino dos bens adquiridos durante a relação, valendo apenas a identificação do elemento volitivo expresso pelos sujeitos".

Desta feita, dispensa-se, inclusive, a presença de testemunhas quando de sua elaboração. A justificativa é das mais simples: a necessidade destas enseja possibilidade de se provar o ato praticado e não sua validade, a partir de uma interpretação construtiva do artigo 221 do Código Civil.

As partes poderão, a qualquer momento, celebrar o contrato de convivência, pouco importando se este ato se dará antes ou durante a vida comum, desde que esta seja a retratação da vontade de ambos os conviventes, sendo admissível a modificação de seu conteúdo, independentemente do momento, desde que seja de comum acordo, não sendo aplicável, aqui, a regra da irrevogabilidade.

---

[227] AC 520460-92.2010.8.21.7000; Sapucaia do Sul; Oitava Câmara Cível; Rel. Des. Luiz Felipe Brasil Santos; Julg. 04/08/2011; DJERS 11/08/2011.

[228] Cf. *Contrato de convivência*, cit., p. 56.

Não que a modificação será entendida como retratação ou revogação unilateral das partes, pois a ela incidem caracteres do campo contratual, mas não afastam a revogação do contrato por ato de manifestação comum de vontade, desde que seja realizada pela via escrita.

Imperioso frisar que a vontade dos conviventes celebrantes fica adstrita aos limites da autonomia privada, uma vez que não poderá haver disposição que contrarie expressa disposição legal ou extinga direitos de uma das partes, como, *e.g.*, no caso de disposição de cláusula que incida sobre herança de pessoa viva – *pacta corvina* ou pacto do corvo – cuja proibição se encontra no artigo 426 do Código Civil.

Tratando-se de instrumento acessório à família informal, não há que se falar que os efeitos patrimoniais estabelecidos pelos conviventes ficam condicionados à criação da união familiar estável, mas sim à identificação dos elementos necessários para a caracterização da união, que se medirá por atos concretos e não pela simples vontade escrita, daí se afirmar que a condição para a eficácia do contrato é a presença dos elementos caracterizadores da união familiar estável. Por este motivo, o contrato de convivência será meio de prova relativa da existência da vida comum informal.

Em paridade de direitos e limitações jurídicas, assim como no pacto antenupcial, o conteúdo do contrato de convivência versará sobre as disposições de ordem patrimonial, a fim de que os efeitos econômicos da vida familiar estável sejam regulados visando ao melhor interesse do casal que terá a liberdade de criar novos modelos de regimes de bens, bem como de fixar diferentes regras de participação nos bens que porventura forem adquiridos.

Mantendo-se a linha intelectiva segundo a qual os negócios jurídicos têm seus efeitos iniciados a partir do momento de sua celebração, o mesmo se dará com o contrato de convivência, cuja eficácia será iniciada a partir de sua celebração, isto é, seus efeitos são considerados irretroativos. Entretanto, nada obsta que os contratantes acordem a retrooperância das cláusulas do contrato, respeitando-se, obviamente, os direitos de terceiros.

Renato Avelino de Oliveira Neto[229] enfatiza que "os conviventes têm total autonomia para contratarem da forma que melhor atenda as suas necessidades, desde que respeitados os requisitos gerais de validade dos contratos como: moralidade, princípios gerais de direito, não sejam contrários à lei, capacidade e legitimidade das partes, objeto lícito, e forma não defesa em lei".

---

[229] Cf. *Contrato de coabitação na união de fato*, p. 78.

Evidencia-se, portanto, que respeitados os limites estabelecidos à autonomia privada dos conviventes, estes poderão estipular efeitos pretéritos a tais contratos, observando-se o termo inicial da união familiar estável, haja vista que o contrato fica condicionado a sua caracterização.

Tanto o contrato de convivência quanto o pacto antenupcial são manifestações de vontade acessórias e condicionadas a existência da relação familiar principal. Todavia, poderia se falar em efeitos patrimoniais para o casal que, após elaborar um pacto antenupcial, não se submete à celebração do casamento, mas inicia uma vida familiar através da união familiar estável?

Temos a resposta como afirmativa, em atendimento aos comandos estabelecidos implícita e explicitamente no Código Civil.

Justifica-se. *Primus*, ambos os instrumentos (pacto antenupcial e contrato de convivência) são acessórios e condicionados à existência da relação principal (casamento e união familiar estável), refletindo a manifestação de vontade das partes em delimitar a vida patrimonial da relação mediante documento escrito.

Secundus, em respeito ao princípio da operabilidade que fomenta as relações civis da contemporaneidade, o negócio jurídico não poderia ficar limitado à terminologia originalmente empregada, devendo ser interpretado em favor da manifestação de vontade a ele empregada, que pelos dizeres de Renan Lotufo,[230] "decorrentes da declaração, confiança e responsabilidade, tem-se que o conteúdo volitivo do negócio passa a ser recognoscível na interpretação judicial do negócio, em hipótese de litígio, o que se dará a partir de dados objetivos, nos quais se consubstanciam as declarações de vontade, ou os comportamentos expressivos".

Tercius, pelo fato da codificação civil atual ter estabelecido, no artigo 170, o instituto da *conversão substancial do negócio jurídico*, do qual se extrai ser permitido o aproveitamento da vontade manifestada em respeito à autonomia privada, aplicando-se, desta feita, as disposições patrimoniais fixadas em pacto antenupcial à união como contrato de convivência.[231]

Tem-se, desta forma, que se trata de instituto jurídico pautado na interpretação da declaração de vontade negocial firmada pelas partes, a

---

[230] Cf. *Código civil comentado – vol. 1*, cit., p. 308.
[231] Como afirma Renan Lotufo, cf. *Código Civil comentado – vol. 1*, cit., p. 472, "[...] com o previsto no presente artigo não se estará vinculando à vontade das partes, nem presumindo que elas pretendam outro negócio contratual, mas somente permitindo que atinjam a finalidade por elas perseguida".

qual permite aproveitamento e integração da vontade dos particulares, o que nos permite afirmar se tratar de um ato de qualificação jurídica.

Concluindo, importante se faz fixar que o contrato de convivência é, pois, o mecanismo jurídico posto à disposição dos conviventes para que estes venham a estabelecer o que melhor lhes interessar para que a cláusula geral de comunhão plena de vida familiar seja atingida.

3. O contrato de namoro e a união familiar estável

Considerando ter sido a Constituição Federal de 1988 o diploma jurídico responsável pelo reconhecimento das uniões familiares estáveis como entidades familiares legítimas e merecedoras de tutela jurídica, sua caracterização fica condicionada à comprovação da existência dos requisitos exigidos pelo artigo 1.723 da Lei Civil, quais sejam: publicidade, continuidade, durabilidade e *intuito familiae*.

Diante desta nova realidade social, Rolf Madaleno[232] observa ter ocorrido verdadeiro "[...] afrouxamento dos costumes, associado à igualdade e à liberdade dos gêneros sexuais, a convivência informal, que não reconhecia efeitos jurídicos, era um porto seguro para o livre e descompromissado exercício das relações afetivas. Com a total liberdade sexual, os estágios do inicial namoro, com o posterior noivado e o final casamento, perderam seu espaço e importância, criando-se novas configurações, nas quais muitas delas se inclinam para a mera diferença de tempo e amadurecimento das relações".

Disso deflui que, na busca de se evitar caracterizar uma relação de namoro como união familiar estável, com os consequentes efeitos jurídicos atribuídos a este tipo de entidade familiar, muitos casais enxergam, na figura do *contrato de namoro*, o instrumento hábil para afastar qualquer caracterização de uma vida familiar estável, através de manifestação escrita de vontade com o propósito de textualizarem a ausência de recíproco comprometimento e, acima de tudo, de eventual comunhão patrimonial.

Por óbvio, permite a lei civil que contratos sejam celebrados na forma prevista ou não proibida pela lei. Com isso, percebe-se que o ordenamento civil brasileiro não veda a elaboração do contrato de namoro, uma vez que não se exige forma específica para tanto e o objeto não é considerado ilícito.

---

[232] Cf. *Novos horizontes no direito de família*, cit., p. 28.

Todavia, ressaltamos que as partes celebrantes de contratos desta natureza não conseguirão afastar a caracterização da união familiar estável por uma questão demasiadamente simples e já exposta no capitulo anterior: sua configuração está calcada em elementos de ordem fática e não poderá um termo escrito impedir o desenvolvimento do afeto.

Isso porque, para a existência da união familiar estável, exigem-se requisitos muitos mais consistentes que um simples namoro, ainda que esteja caracterizado através de longos anos, visto que a união familiar estável encontra, na cláusula geral da *comunhão plena de vida*, a raiz que se desdobra na convivência estável, pública, duradoura e com ânimo de constituir família.[233] Já a relação entre namorados funda-se em um mero projeto que talvez nem se confirme na formação de um núcleo familiar.

De mais a mais, consoante exposição feita anteriormente, que toda relação contratual traz consigo um viés patrimonial (daí a natureza contratual do pacto antenupcial e a figura do contrato de convivência), o que derruba qualquer pretensão dos interessados no contrato de namoro, vez que este tipo de relacionamento afetivo não é suficiente para gerar direitos e obrigações.

Analisando o *contrato de namoro* à luz dos planos jurídicos estabelecidos aos negócios jurídicos, é flagrante sua existência, mas o mesmo não se pode dizer de sua validade, uma vez que este atenta diretamente contra norma cogente e, portanto, indisponível por ajuste de vontade

---

[233] Já entendeu o Superior Tribunal de Justiça: "[...]. I – Na hipótese dos autos, as Instâncias ordinárias, com esteio nos elementos fáticos-probatórios, concluíram, de forma uníssona, que o relacionamento vivido entre a ora recorrente, F. F., e o de cujus, L., não consubstanciou entidade familiar, na modalidade união estável, não ultrapassando, na verdade, do estágio de namoro, que se estreitou, tão-somente, em razão da doença que acometeu L.; II – Efetivamente, no tocante ao período compreendido entre 1998 e final de 1999, não se infere do comportamento destes, tal como delineado pelas Instâncias ordinárias, qualquer projeção no meio social de que a relação por eles vivida conservava contornos (sequer resquícios, na verdade), de uma entidade familiar. Não se pode compreender como entidade familiar uma relação em que não se denota posse do estado de casado, qualquer comunhão de esforços, solidariedade, lealdade (conceito que abrange "franqueza, consideração, sinceridade, informação e, sem dúvida, fidelidade", [...], além do exíguo tempo, o qual também não se pode reputar de duradouro, tampouco, de contínuo; [...]. Na verdade, ainda que a habitação comum revele um indício caracterizador da affectio maritalis, sua ausência ou presença não consubstancia fator decisivo ao reconhecimento da citada entidade familiar, devendo encontrar-se presentes, necessariamente, outros relevantes elementos que denotem o imprescindível intuito de constituir uma família; [...].; V – Efetivamente, a dedicação e a solidariedade prestadas pela ora recorrente ao namorado L., ponto incontroverso nos autos, por si só, não tem o condão de transmudar a relação de namoro para a de união estável, assim compreendida como unidade familiar. Revela-se imprescindível, para tanto, a presença inequívoca do intuito de constituir uma família, de ambas as partes, desiderato, contudo, que não se infere das condutas e dos comportamentos exteriorizados por L., bem como pela própria recorrente, devidamente delineados pelas Instâncias ordinárias; [...].". (REsp 1.257.819/SP; Terceira Turma; Rel. Min. Massami Uyeda; Julg. 01/12/2011; DJE 15/12/2011).

dos interessados. Bem por isso o Enunciado n° 23, da I Jornada de Direito Civil, promovida pelo Conselho da Justiça Federal, foi aprovado com o seguinte texto: "a função social do contrato, prevista no art. 421 do novo Código Civil, não elimina o princípio da autonomia contratual, mas atenua ou reduz o alcance desse princípio, quando presentes interesses metaindividuais ou interesse individual relativo à dignidade da pessoa humana".

No mesmo sentido, nota-se que o legislador civil constou, no artigo 113, uma verdadeira cláusula geral para a interpretação dos negócios jurídicos, prevendo que "os negócios jurídicos devem ser interpretados conforme a boa-fé e os usos do lugar de sua celebração".

A inserção deste vetor interpretativo, no texto do artigo supramencionado, justifica-se com a assunção constitucional, do zelo obrigatório, por um mínimo existencial como elemento balizador das relações civis da atualidade, contrapondo-se diametralmente com a feição liberalista que a relação jurídica contratual possuía, a qual atribuía ao Estado, de acordo com as palavras de Teresa Negreiros,[234] "[...] a responsabilidade de apenas proteger os cidadãos contra as indevidas interferências na sua pessoa e propriedade, limitando-se ao estabelecimento das regras do jogo para o exercício pleno da liberdade contratual".

O Direito Civil não veda o exercício da autonomia privada para que os particulares ajustem seus interesses, mas segue preceitos constitucionais que impõe uma leitura humanizada das relações contratuais com o escopo de evitar que a paridade contratual seja alijada e, consequentemente, uma das partes venha a ser colocada em situação de extrema injustiça para com a outra.

Ora, se a máxima da composição dos núcleos familiares está umbilicalmente ligada ao *afeto*, inconcebível, portanto, afirmar que um elemento extremamente volátil e subjetivo possa ser passível de contratualização, uma vez que não há como se limitar um sentimento humano que decorre da convivência diária, sendo imprescindível o carinho e cuidado diário para a manutenção de toda e qualquer relação afetiva.

Com efeito, um contrato de namoro torna-se inócuo se o mundo dos fatos não lhe for condizente, porque de nada adianta declaração escrita de mera relação de namoro, se, na realidade da vida, os contratantes estejam preenchendo todos os requisitos necessários à caracterização da união familiar estável, como disposto no artigo 1.723 do Código Civil.

---

[234] Cf. *Teoria do contrato: novos paradigmas*, p. 414.

4. O contrato de convivência poliafetiva

A asfixia praticada pelo Código Civil de 1916 à família, no tocante aos elementos característicos e forma de constituição, paulatinamente foi sendo desconstituída, a partir da promulgação da Constituição Federal de 1988 e, posteriormente, consolidada pela atual codificação civil.

O desapego da *formalidade* em relação à *essência,* no que dizia respeito à constituição do núcleo familiar, ficou flagrantemente caracterizado com a previsão constitucional das uniões estáveis e das famílias monoparentais que, inegavelmente, alcançaram *status* de família aos olhos da Constituição Federal e, portanto, merecedoras de tutela jurídica estatal.

A tábua axiológica que impulsionou esta revolução no Direito de Família pautou-se nos valores da dignidade humana, solidariedade e liberdade, impondo relevância jurídica ao afeto como elemento essencial para a constituição de um ambiente familiar. Tanto é verdade, que os tribunais de justiça estaduais, regionais e superiores há tempo já se debruçavam sobre questões atinentes à composição da família, independente da orientação sexual de seus membros.

Possuindo um claro caráter existencial e moral, a família brasileira tem, na monogamia, um princípio essencial para a organização da sociedade sob a qual está inserida, perfazendo-se um arranjo não apenas jurídico, mas inerente a toda a filosofia humana dos ordenamentos do mundo ocidental.

Tomando as palavras de Rodrigo da Cunha Pereira,[235] nota-se que "a monogamia ultrapassa interesses antropológicos, psicológicos e jurídicos. Podemos dizer que ela é, hoje, também uma questão filosófica e abrange praticamente tudo o que de fato interessa".

Como já fora exposto, para que ocorra o casamento, é necessária a presença de duas pessoas de sexos distintos, ao passo que na união familiar estável, de acordo com o Supremo Tribunal Federal – ADPF nº 132/ RJ e ADI nº 4.277/DF – exigem-se duas pessoas com interesse em constituir família, devendo estas relações se pautarem em direitos e deveres comuns a ambos os pares.

A monogamia e sua relevância jurídica atrelam-se ao casamento como um dever comum ao homem e à mulher, estando designado como *fidelidade recíproca* no artigo 1.566, I, assim como sua incidência na união familiar estável é evidenciada no artigo 1.724 sob as expressões

---

[235] Cf. *Princípios fundamentais norteadores para o direito de família,* cit., p. 107.

lealdade e respeito, que na lição de Cristiano Chaves de Farias e Nelson Rosenvald[236] "[...] constituem gênero do qual a fidelidade é uma de suas espécies".

Feitas tais considerações, a caracterização de relação familiar poliafetiva, ou seja, aquela em que três ou mais pessoas conscientemente buscam constituir uma família, está fadada a ser reconhecida como verdadeira aberração jurídica. Há de se ponderar que, sob o discurso da *dignidade humana* e *valoração desenfreada do afeto*, coloca-se em risco toda uma estrutura social organizada a partir da família.

De fato, o Estado garante a todos o exercício da autonomia individual para que sejam deliberados interesses comuns aos particulares, desde que estejam dentro dos liames legais e utilizem os mecanismos propícios para tanto.

Contratualizar a existência de relação poliafetiva seria ir de encontro à ordem jurídica tratada no Código Civil brasileiro, ainda que o Estado tenha conferido poder de livre planejamento da vida familiar. Reitera-se à exaustão: este poder de exercício da liberdade é concretizado através da autonomia privada, consistindo na possibilidade de estabelecer múltiplos arranjos jurídicos dentro dos limites legais.

Ademais, do comando do artigo 113 do Código Civil e sua função interpretativa das relações civis, nota-se que a postura do legislador, ao estabelecer um código civil orientado por cláusulas gerais, foi a de propiciar ao aplicador e intérprete da norma ferramentas que possam se adequar às realidades sociais sem a necessidade de novos procedimentos legislativos.

Por isso, acertadamente, Renan Lotufo[237] assevera que "o presente artigo representa a *função interpretativa da boa-fé*, que deverá nortear os destinatários do negócio jurídico, visando a conferir o significado que as partes lhe atribuíram, procedendo com lisura, ou, na hipótese de cláusulas ambíguas, conferir preferência ao significado que a boa-fé aponte como mais razoável".

Anderson Schreiber[238] observa que "embora a construção inicial da boa-fé objetiva – como um princípio geral de cooperação e lealdade recíproca entre as partes – tenha prescindido de fundamentações axiológicas precisas, não há, hoje, dúvida de que ela representa expressão da solidariedade social no campo das relações privadas. E, justamente

---

[236] Cf. *Curso de direito civil: famílias*, cit., p. 534.
[237] Cf. *Código Civil comentado – vol. 1*, cit., p. 315-316.
[238] Cf. *A proibição de comportamento contraditório: tutela da confiança e venire contra factum proprium*, p. 84-85.

na esteira da ótica da solidariedade que se consolidou ao longo do século XX, a boa-fé alcançou amplo desenvolvimento, na medida em que os juristas e legisladores das diversas nações iam se sensibilizando à necessidade de conter o exercício desenfreado da autonomia privada dos contratantes".

A cultura sociojurídica brasileira é pautada na monogamia, elevando esta à condição de princípio jurídico informador da constituição das entidades familiares admitidas no Direito nacional. Por esta razão, o Estado tem papel importante na manutenção da ordem e paz social, sendo-lhe assegurado intervir, em função executiva, na determinação de parâmetros sob os quais as famílias deverão se pautar quando de sua constituição. Trata-se, pois, de uma faceta excepcional do princípio da liberdade ou da não intervenção.

Isso porque, conforme jurisprudência do Superior Tribunal de Justiça,[239] "[...] uma sociedade que apresenta como elemento estrutural a monogamia não pode atenuar o dever de fidelidade – que integra o conceito de lealdade – para o fim de inserir no âmbito do Direito de Família relações afetivas paralelas e, por consequência, desleais, sem descurar que o núcleo familiar contemporâneo tem como escopo a busca da realização de seus integrantes, vale dizer, a busca da felicidade. As uniões afetivas plúrimas, múltiplas, simultâneas e paralelas têm ornado o cenário fático dos processos de família, com os mais inusitados arranjos, entre eles, aqueles em que um sujeito direciona seu afeto para um, dois, ou mais outros sujeitos, formando núcleos distintos e concomitantes, muitas vezes colidentes em seus interesses. Ao analisar as lides que apresentam paralelismo afetivo, deve o juiz, atento às peculiaridades multifacetadas apresentadas em cada caso, decidir com base na dignidade da pessoa humana, na solidariedade, na afetividade, na busca da felicidade, na liberdade, na igualdade, bem assim, com redobrada atenção ao primado da monogamia, com os pés fincados no princípio da eticidade. Emprestar aos novos arranjos familiares, de uma forma linear, os efeitos jurídicos inerentes à união estável, implicaria julgar contra o que dispõe a Lei; isso porque o art. 1.727 do CC/02 regulou, em sua esfera de abrangência, as relações afetivas não eventuais em que se fazem presentes impedimentos para casar, de forma que só podem constituir concubinato os relacionamentos paralelos a casamento ou união estável pré e coexistente. [...].".

Portanto, a elaboração de *contrato de convivência poliafetiva*, para constituir uma vida familiar entre três ou mais pessoas, atacaria tanto

---

[239] REsp 1.157.273/RN; Terceira Turma; Relª. Minª. Fátima Nancy Andrighi; Julg. 18/05/2010; DJE 07/06/2010.

as disposições atinentes ao Direito de Família quanto às destinadas aos negócios jurídicos, de modo a se chegar a duas conclusões: a) considerar-se-ia simples sociedade entre as pessoas que o celebraram, com efeitos meramente econômicos; b) considerar-se-ia nulo o contrato, reconhecendo-se a existência de uma união familiar estável e um concubinato, uma vez ser impossível o reconhecimento de uniões estáveis paralelas, haja vista a ausência da estabilidade, pois a *lealdade* e o *respeito* mútuos acarretariam a extinção de uma delas, bem como pela inexistência de boa-fé por parte dos que ali envolvidos.

5. Os regimes de bens

Desde o mais antigo dos tempos, toda relação entre pessoas impulsiona, direta ou indiretamente, a comunhão de ideais, projetos de vida e, também, patrimônio.

Na seara do Direito de Família, uma vez constituído o casamento ou união familiar estável, a comunhão de vida pessoal alia-se àquela afeiçoada com viés patrimonial, notadamente conhecida como *regime de bens*. Neste campo de relações jurídicas, compreendem-se os bens anteriores, presentes e futuros ao casamento e união familiar estável.

Isso porque toda relação familiar, seja pautada pelo casamento ou pela união familiar estável, faz emergir situações atinentes aos interesses patrimoniais, que são comuns aos cônjuges e conviventes. Por este motivo, fez-se necessária a regulamentação jurídica de tais relações a partir de um regramento próprio, não apenas submetido às regras já estabelecidas no Direito das Obrigações ou no Direito das Coisas, uma vez que os desdobramentos patrimoniais decorrentes de uma família são peculiares e, assim, merecedores de disposição jurídica peculiar.

A essas relações ou efeitos patrimoniais da família, aplica-se um tão número de possibilidades que podem decorrer da lei ou pelo exercício da autonomia privada entre os membros que constituíram o grupo familiar. Seja qual for a origem da incidência do regramento patrimonial (legal ou contratual), é cediço que a estes incidirão um específico conjunto de princípios jurídicos que determinarão as relações econômicas do casal.

Daí Pontes de Miranda[240] afirmar que "regime de bens é o conjunto de regras, mais ou menos orgânico, que estabelece para certos bens, ou para os bens subjetivamente caracterizados, *sistema de destinação* e *de*

---

[240] Cf. *Tratado de direito privado – tomo viii: dissolução da sociedade conjugal e eficácia jurídica do casamento*, p. 285.

efeitos". No mesmo sentido, destaca-se a visão de Maria Alice Zaratin Lotufo,[241] para quem "[...] o regime de bens é um conjunto de regras que visa a disciplinar as relações patrimoniais entre marido e mulher, relativos à propriedade, disponibilidade, administração e gozo de seus bens".[242]

Este sistema de destinação e efeito patrimonial, que só se evidencia a partir da constituição de uma família, é aplicado no território brasileiro desde o período do Brasil colônia quando, inicialmente, estava previsto nas Ordenações portuguesas, as quais foram responsáveis pelo pioneirismo na previsão legal de um regime de bens que pudesse ser aplicado de forma idêntica em toda extensão territorial lusitana.

Até a promulgação da codificação civil de 1916 fizeram-se presentes e aplicáveis nas legislações portuguesas, das quais era possível extrair a existência de três regimes de bens aplicáveis às relações familiares da época, a saber: o regime da comunhão universal de bens; b) o regime da simples separação e; c) o regime dotal. Não obstante, fazia-se necessária, até o momento da obrigatoriedade da celebração civil do casamento – que se deu por força do Decreto 181 de 1890 – a consumação sexual do casamento para que a vigência das relações patrimoniais se iniciasse no dia subsequente.

O direito brasileiro conheceu, até o advento do Código Civil de 2002, quatro regimes-tipo: o de comunhão universal, o de comunhão parcial, o de separação e o dotal. Este último foi abolido legalmente com o novo diploma, mas já havia sido extirpado da vida do brasileiro há muito tempo, isso porque os regimes de bens devem corresponder aos anseios da população em que estão inseridos.[243]

6. Os regimes de bens aplicáveis ao casamento

A constituição de um núcleo familiar, a partir do casamento, estabelece, como já observada anteriormente, comunhão plena de vida entre os cônjuges, que se reveste de caráter indivisível e indissociável dos aspectos emocionais e econômicos.

Com isso, o legislador civil fez constar, no texto codificado, quatro padrões de disposições patrimoniais a serem aplicados aos cônjuges,

---

[241] Cf. *Curso avançado de direito civil – vol. 5: direito de família*, cit., p. 97.
[242] Zeno Veloso, cf. *Regimes matrimoniais de bens*, p. 80, observa que "o conjunto de regras jurídicas que disciplinam as relações econômicas entre marido e mulher. Representa o estatuto patrimonial do matrimônio, regulando os interesses pecuniários dos esposos, entre si, e com terceiros".
[243] Débora Vanessa Caús Brandão, cf. *Regime de bens no novo código civil*, p. 52.

assegurando-lhes a liberdade de escolha na forma e limites estabelecidos pela lei, excetuando-se a imposição do regime de separação de bens nos termos de seu artigo 1.641.

Os regimes de bens aplicáveis ao casamento são a comunhão parcial, a comunhão universal, a participação final nos aquestos e a separação convencional.

6.1. O regime da comunhão parcial

A partir da introdução da Lei nº 6.515/77 – Lei do Divórcio – no cenário jurídico nacional, a relação patrimonial dos bens do casal sofreu alteração no que diz respeito a sua forma de comunicação a partir da celebração do casamento.

Em seu corpo, a mencionada Lei trouxe, no texto de seu artigo 50, item 7, a modificação no artigo 258 do então Código Civil, fazendo constar que "não havendo convenção, ou sendo nela, vigorará, quanto aos bens entre os cônjuges, o regime de comunhão parcial", o que passou a representar uma união limitada dos bens do casal, formando-se, assim, três grupos de acervo de bens, a saber: a) os do esposo; b) os da esposa; c) os do casal.

A contemporânea codificação civil brasileira manteve, integralmente, as linhas comunitárias condizentes com a parcial soma dos bens do casal, prevendo em seu artigo 1.658 que "não havendo convenção, ou sendo nela, vigorará, quanto aos bens entre os cônjuges, o regime de comunhão parcial".

Desta feita, após a convolação das núpcias, o casal terá partilhado, igualitariamente, o patrimônio adquirido onerosa ou eventualmente durante sua vigência, ficando excluídos da comunhão aqueles bens cuja aquisição, a qualquer título, se deu em momento anterior ao casamento, ou os que gratuitamente passaram a integrar a massa patrimonial de um dos cônjuges no curso do matrimônio.[244]

O Código Civil é enfático ao dispor, em seus artigos 1.659 e 1.660, os bens que estão excluídos ou vinculados, respectivamente, à divisão de bens do casal quando do fim da relação conjugal. Com isso, pode-se afirmar que o regime da comunhão parcial de bens traz ao mundo

---

[244] O Tribunal de Justiça do Espírito Santo assim se manifestou sobre a questão: "[...]. 1. Os cônjuges casados pelo regime de comunhão parcial de bens farão jus à meação de todo patrimônio adquirido na constância do casamento, inclusive quotas de empresa de titularidade de um deles, que serão divididas após a apuração do ativo e do passivo da pessoa jurídica, devendo-se aguardar a sua liquidação, como determina o art. 1.027 do Código Civil. [...]". (AC 024030192736; Rel. Des. Carlos Simões Fonseca; DJES 17/06/2011; P. 25).

fático-jurídico, uma cindibilidade no aspecto temporal da aplicação da Lei, no que diz respeito às regras que incidirão nas massas patrimoniais dos cônjuges.

Clóvis Beviláqua[245] observa que "sob a denominação de comunhão parcial, o Código Civil brasileiro regula um regime, em que se comunicam somente os bens adquiridos a título oneroso, por fato eventual, as benfeitorias, e os bens doados, ou deixados a ambos os cônjuges. Os bens possuídos de cada um dos cônjuges ao casar, os adquiridos na constância do casamento a título gratuito, e os sub-rogados em bens particulares, não se comunicam".

Em seu âmago, a comunhão parcial de bens impõe uma presunção absoluta – *jure et de jure* – sobre os bens que foram acrescidos à esfera patrimonial do casal a título oneroso, enquanto vigente a vida comum, o que pode ser traduzido como concretização do dever de mútua assistência, insculpido no artigo 1.566, III, do *Codex* e aplicado a ambos os cônjuges.

Cristiano Chaves de Farias e Nelson Rosenvald[246] afirmam que "se o elemento central da comunhão parcial é a colaboração recíproca, naturalmente, os bens adquiridos antes das núpcias, bem como aqueloutros adquiridos a título gratuito (doação ou direito sucessório) na constância do casamento, não ingressam na comunhão, mantendo-se no patrimônio particular de cada um [...]".

A dicotomia existente entre os bens particulares e comuns será determinada, como exposto acima, com a celebração do casamento, ressalvando-se as taxativas hipóteses do artigo 1.659 do Código Civil. Por esta razão, não poderá um dos cônjuges reclamar direitos sobre os bens que um deles levar ao casamento e que sua aquisição tenha ocorrido em momento anterior ao enlace matrimonial, bem como o percebimento de doação ou herança. Igual aplicação se dará quando houver sub-rogação[247] de um bem particular, mesmo que este fato venha a se configurar no curso do matrimônio.

O Tribunal de Justiça de São Paulo[248] já se debruçou sobre o tema pronunciando que "[...]. Pedido de partilha em relação aos bens recebi-

---

[245] Cf. *Direito da família*, p. 204.

[246] Cf. *Curso de direito civil: famílias*, cit., p. 377.

[247] Rolf Madaleno, cf. *Curso de direito de família*, cit., p. 720-721, observa que "a palavra substituição é mais acertada para demonstrar a remoção dos bens móveis privativos, de forma que sucedem a outros bens móveis trocados por um dos cônjuges, como os eletrodomésticos e o mobiliário, que foram comprados com dinheiro de um dos cônjuges e por ele são substituídos".

[248] APL 0003405-45.2009.8.26.0320; Ac. 6068185; Limeira; Quinta Câmara de Direito Privado; Rel. Des. Moreira Viegas; Julg. 01/08/2012; DJESP 16/08/2012.

dos pelo varão, por herança – Impossibilidade – Regime da comunhão parcial de bens – Exegese do art. 1659, I do CC. [...].".

Não obstante, em respeito ao princípio da autonomia privada nas relações civis, nada obsta que esta regra da incomunicabilidade dos bens doados ou herdados no curso do casamento seja afastada, devendo, para tanto, o doador ou testador, em seu ato de disposição de vontade, tornar expressa sua intenção de deixar o bem para ambos os cônjuges para, daí, decorrer a comunicabilidade, que, ressalte-se, não se dará pelas regras do Direito de Família, mas sim daquelas atinentes ao Direito das Obrigações (doação) ou Direito das Sucessões (testamento).

A este ato de liberalidade do doador ou testador soma-se a faculdade de gravar aos bens de sua propriedade, antes da transferência do domínio, cláusula de inalienabilidade, a qual já presume a impossibilidade de incomunicabilidade, a teor da Súmula nº 49 do Supremo Tribunal Federal.[249]

Ponto de frequente divergência versa sobre a regra contida no inciso II do artigo 1.659, que prevê a incomunicabilidade dos bens adquiridos com valores exclusivamente pertencentes a um dos cônjuges, em sub-rogação dos bens particulares, havendo contribuição de seu consorte, abrindo-se interpretação acerca da natureza jurídica deste comando.

De acordo com o escólio de Paulo Lobo,[250] caso o novo bem venha a possuir valor maior em relação a seu antecessor, deverá haver compensação da diferença para o outro cônjuge, a fim de manter paridade econômica entre as partes. Diz o referido autor que "se o bem sub-rogado é mais valioso que o alienado, a diferença de valor, se não foi coberta com recursos próprios e particulares do cônjuge, entende-se comum a ambos os cônjuges; ou seja, o outro cônjuge deterá parte ideal sobre o bem, correspondente a 50% da diferença".

Em tempos de relações jurídicas pautadas na eticidade e na paridade de condições das partes negociantes, levar o novo bem à total meação seria favorecer uma das partes e enriquecê-la ilicitamente, contrariando as disposições dos artigos 884 e 885, ambos do Código Civil.

O exercício da autonomia privada possibilitaria ao cônjuge proprietário do bem originário incluir seu consorte como condômino, não se podendo falar em presunção de divisão à metade da integralidade

---

[249] Súmula nº 49 do Supremo Tribunal Federal: "A cláusula de inalienabilidade inclui a incomunicabilidade dos bens".

[250] Cf. *Direito civil: famílias*, cit., p. 345.

do bem. Por este motivo, aquele que alegar a sub-rogação deverá, obrigatoriamente, comprová-la, uma vez que sua simples declaração não é considerada como bastante para limitar a divisão, apenas no que ultrapassar o valor do bem originário.

Versando a sub-rogação sobre bens imóveis, há de se observar se a aquisição foi realizada com quantia exclusiva de um dos cônjuges, pois a procedência dos fundos se provada pelo reemprego dos valores do bem originário, e não pela alienação de outros, assim como se um dos consortes possuía montante pecuniário que o possibilitasse praticar o negócio.

Vale trazer à baila a posição de Rolf Madaleno,[251] para quem deverá se "[...] demonstrar de modo seguro a venda de bem particular e sua efetiva sub-rogação no reemprego do numerário do bem vendido, com mostra do nexo causal entre a venda de um bem particular e incomunicável e a compra do outro com a sub-rogação do preço, devendo o interessado ter a cautela de documentar a sua sub-rogação, e não irá cometer nenhum excesso se tiver o cuidado de mandar consignar, por exemplo, na escritura de compra e venda de bem imóvel sub-rogado, estar se utilizando de recursos oriundos da venda de bem próprio [...]".

A regra da compensação de valores que ultrapassem a sub-rogação é adotada pelo artigo 1.726 do Código Civil português, o qual aduz que os bens adquiridos em parte com dinheiro ou bens próprios de um dos cônjuges e noutra parte com dinheiro ou bens comuns revestem a natureza da mais valiosa das duas prestações, ficando, porém, sempre salva a compensação devida pelo patrimônio comum aos patrimônios próprios dos cônjuges, ou por estes àquele, no momento da dissolução e partilha da comunhão.

Nesta linha de raciocínio, pontua o Tribunal de Justiça de Santa Catarina:[252]

> [...]. Conforme preceitua o art. 1.659, inc. II, do diploma substantivo, no regime da comunhão parcial, excluem-se do patrimônio comum os bens adquiridos com valores exclusivamente pertencentes a um dos cônjuges, em sub-rogação dos bens particulares. Comprovado que o terreno que a ré pretende partilhar foi adquirido pelo *de cujus* seis dias após a alienação de um imóvel objeto de partilha no inventário de sua primitiva esposa, por valor inferior ao produto da venda daquele bem, e não demonstrada a participação da requerida na compra, inviável a inclusão do mesmo no patrimônio comum do casal.

---

[251] Cf. *Curso de direito de família*, cit., p. 721.

[252] AC 2011.060097-6; Itajaí; Quarta Câmara de Direito Civil; Rel. Des. Subst. Jorge Luis Costa Beber; Julg. 12/07/2012; DJSC 19/07/2012; P. 86.

O inciso III do artigo 1.659 do Código Civil exclui da comunhão, ainda, as obrigações anteriores ao casamento, desde que esta tenha sido adquirida antes das núpcias e seja considerada personalíssima, ou seja, exclusiva de quem a contraiu, desde que o outro cônjuge dela não se beneficie.

Serão excluídas da comunhão, ainda, as denominadas obrigações provenientes dos atos ilícitos, excetuando-se a situação em que haja reversão em proveito do casal, conforme dispõe o artigo 1.659, IV, do qual se extrai a máxima segundo a qual cada pessoa é civilmente responsável, seja pessoal e/ou patrimonialmente, com os danos que causar a outrem, devendo-se observar o que dispõe o texto da Súmula nº 251 do Superior Tribunal de Justiça,[253] que limita a responsabilidade do cônjuge às forças de sua meação.

A noção de atos ilícitos e sua responsabilização civil, como bem observa Giovanna Visintini,[254] "[...] se une, primeiramente, a um fato voluntário (*par son fait*) destinado a produzir dano a terceiros (claro que sem uma causa que o justifique) e, posteriormente, a uma simples negligência ou imprudência".

Em questões que envolvem tal peculiaridade, a parte lesada poderá buscar o ressarcimento de seus prejuízos, respeitando-se as forças da quota-parte patrimonial do cônjuge lesante, a não ser que o outro tenha se beneficiado do ilícito praticado, ressalvando-se o disposto no artigo 333, I, do Código de Processo Civil àquele que alegar o benefício por parte do outro cônjuge.

Neste sentido é o entendimento jurisprudencial do Tribunal de Justiça de Minas Gerais:[255]

> [...]. O Código Civil – artigo 1659, inciso IV – determina que se excluem do regime de comunhão parcial de bens as obrigações provenientes de ato ilícito, desde que não tenha ocorrido reversão em benefício do casal. Logo, a exclusão da comunhão parcial de bens no caso de obrigação por ato ilícito é a regra, que, no entanto, admite hipótese de exceção, cujo ônus da prova incumbe ao credor. Assim, em execução fiscal, a penhora sobre bem de propriedade comum do casal somente poderá subsistir caso seja comprovado pelo Fisco o benefício econômico em proveito do casal.

Ficam igualmente excluídos os bens considerados como de uso pessoal (compreendendo-se tudo aquilo que possa ser tido como utilizado intimamente por cada um dos cônjuges, tais como roupas, sapa-

---

[253] Súmula nº 251: "A meação só responde pelo ato ilícito quando o credor, na execução fiscal, provar que o enriquecimento dele resultante aproveitou ao casal".

[254] Cf. *Tratado de la responsabilidad civil – tomo 1: la culpa como criterio de imputación de la responsabilidad*, p. 9.

[255] AC 1.0000.00.342908-1/000; Belo Horizonte; Quinta Câmara Cível; Relª. Desª. Maria Elza de Campos Zettel; Julg. 23/10/2003; DJMG 28/11/2003.

tos, etc.), bem como os livros e instrumentos de profissão, consoante regra do inciso IV do artigo 1.659 codificado.

No que tange aos livros e instrumentos profissionais, há de se estabelecer que, em determinados casos, tanto a doutrina quanto a jurisprudência apresentam posições jurídicas diversas, seja admitindo ou excluindo estes bens da comunhão do casal.

Há de se observar que deverão ser levados, em consideração, o valor de cada um dos bens e a destinação que estes recebem para, a partir daí, estabelecer a possibilidade ou não de se proceder a uma divisão equitativa do acervo. É o caso da aquisição de uma vasta biblioteca cujas obras possuem alto valor econômico, bem como sua divisão se tornaria impossível ante sua própria condição.[256]

Ressalta-se: a exclusão dos livros e instrumentos de profissão dá-se pelo fato de sua relevância na atuação prática-profissional de cada um dos cônjuges, uma vez que estes são imprescindíveis para a atividade profissional e, portanto, essenciais para a garantia e manutenção de uma vida digna de cada um dos consortes, especialmente após o rompimento da vida em comum, atendendo-se, assim, ao que se denomina de *mínimo essencial para vida digna do ser humano*.

Contudo, observa Débora Vanessa Caús Brandão[257] que "os instrumentos de trabalho, em regra, não devem comunicar-se. Mas não se pode olvidar que é muito comum o sacrifício do casal, por anos ininterruptos, para a compra de equipamentos valiosos, a fim de propiciar a modernização necessária para o negócio, que em última análise traria benefícios à família".

A ocorrência desta situação traria a necessidade de se buscar uma equalização do valor pago pelo referido instrumento àquele que não se beneficiaria diretamente de sua utilização, como forma de se evitar o locupletamento indevido, por parte do cônjuge, que se manterá na posse direta do bem, o que para nós, neste momento, é o reflexo da autonomia que os cônjuges possuem quando da eleição e aplicação do regramento de bens à sua relação matrimonial.

---

[256] O Tribunal de Justiça de São Paulo assim se posicionou: "Inventário. Venda de Biblioteca de Grande Porte. Bem Não Excluído da Comunhão. Inaplicabilidade do Artigo 263, IX do Código Civil. Vultoso Valor Patrimonial que Obsta sua Classificação como Livros de Profissão. Restrições Legais, Ademais, que Não Visam Beneficiar os Herdeiros do Cônjuge Falecido. Decisão nos Autos do Inventário por Não se Tratar de Questão de Alta Indagação. Recurso Não Provido. Alta indagação, ou maior indagação, como preceitua o artigo 984 do Código de Processo Civil, não é indagação difícil, mas busca de prova fora do processo e além dos documentos que o instruem. Não é uma intrincada, difícil e debatida questão de direito, mas o fato incerto que depende de prova aliunde, isto é, de prova a vir de fora do processo, a ser colhida em outro feito". (AI 257.049-1; São Paulo; Quarta Câmara Civil; Rel. Des. Cunha Cintra; Julg. 18/05/1995).

[257] Cf. *Regime de bens no novo código civil*, cit., p. 209.

Identicamente previsto no já citado artigo 1.659, excluídos estão os proventos do trabalho pessoal de cada cônjuge, como estabelece seu inciso VI. Trata-se de questão delicada em que, *data venia*, a imprecisão do legislador em nada facilitou a interpretação deste dispositivo legal.

Em regra, há de se entender que os valores recebidos pelo emprego da força individual do trabalho pertencem àquele que os venderam, assim como os demais direitos decorrentes da relação laboral. A questão envolve longa discussão doutrinária, que remonta a codificação civil de 1916 e seu artigo 263, XIII.

Há de se ressaltar que a noção de comunhão implica a necessidade de se observar o somatório de esforços que deverão ser empregados pelos cônjuges com vistas à manutenção e preservação do ambiente familiar, o que nos impõe afirmar que a incomunicabilidade versa sobre o direito à remuneração, e não sobre o valor já percebido.

Rolf Madaleno[258] diz que "antes tivesse o legislador abortado a ressalva de incomunicabilidade dos proventos do trabalho pessoal de cada cônjuge, em qualquer regime de comunhão de bens, quando é sabido que, via de regra, proverem do labor pessoal de cada cônjuge os recursos necessários à aquisição dos bens conjugais. Premiar o cônjuge que se esquivou de amealhar o patrimônio por ter preferido conservar em espécie os proventos do seu trabalho pessoal é incentivar uma prática de evidente desequilíbrio das relações conjugais econômico-financeiras, mormente porque o regime matrimonial de bens serve de lastro para a manutenção da célula familiar".

Assim é a orientação da jurisprudência do Tribunal de Justiça do Rio Grande do Sul:[259]

> [...]. Presentes os elementos caracterizadores previstos no art. 1.723 do Código Civil, quais sejam, convivência pública, contínua e duradoura da autora com o falecido, com assistência mútua e com objetivo de constituir família, durante o período compreendido entre 1992 até 1998, é de ser reconhecida a união estável. O patrimônio adquirido no período em que reconhecida a união estável, deve ser dividido proporcionalmente (artigo 5º da Lei nº 9.278/96 e artigo 1.725 e 1.659, ambos do Código Civil), conforme as regras atinentes ao regime da comunhão parcial de bens, independente da contribuição individual de cada um, exceto quanto aos bens recebidos por herança ou doação e os sub-rogados em seu lugar, bem como os bens particulares e os sub-rogados em seu lugar. FGTS. Incomunicabilidade que cessa, quando valores passam a integrar o patrimônio do casal [...].

---

[258] Cf. *Curso de direito de família*, cit., p. 724.

[259] AC 527455-87.2011.8.21.7000; Porto Alegre; Sétima Câmara Cível; Rel. Des. Jorge Luís Dall'Agnol; Julg. 23/05/2012; DJERS 28/05/2012.

Derradeiramente, estipulou o legislador, no inciso VII do artigo 1.659 do *Codex*, a exclusão da comunhão às pensões, meio-soldos, montepios e outras rendas semelhantes, fazendo-se referência a nomenclaturas de benefícios cuja finalidade é idêntica uma em relação a outras e que há muito não se justifica. A este inciso aplica-se a mesma regra de seu antecedente no que diz respeito a sua comunicação ou não.

Por conseguinte, de acordo com o que dispõe o artigo 39 da Lei n° 9.610/1998 – Lei dos Direitos Autorais –, "os direitos patrimoniais do autor, excetuados os rendimentos resultantes de sua exploração, não se comunicam, salvo pacto antenupcial em contrário", excluindo-se, portanto, da comunhão do casal, ressalvando-se o que já foi mencionado quando da análise dos incisos VI e VII do artigo 1.659 do Código Civil. Nada mais justo, uma vez que a produção autoral é consequência da personalidade humana, inconfundível e personalíssima.

Nada obsta, entretanto, que as partes fixem, no pacto antenupcial, a extrema exclusão ou comunicação de tais valores, o que se refletiria como ato decorrente da autonomia privada.

Assim como se preocupou em fixar os bens que estão afastados da comunhão do casal neste regime, o legislador descreveu no artigo 1.660 e seus respectivos incisos, aqueles que integrarão o patrimônio comum, a saber: I – os bens adquiridos na constância do casamento por título oneroso, ainda que só em nome de um dos cônjuges; II – os bens adquiridos por fato eventual, com ou sem o concurso de trabalho ou despesa anterior (como nos casos de jogos lícitos de azar, pouco importando se o bilhete foi adquirido antes ou depois do casamento e sorteado durante o matrimônio, devendo aqui ser observada a existência ou não de dissolução fática ou jurídica da relação); III – os bens adquiridos por doação, herança ou legado, em favor de ambos os cônjuges (exige-se a expressa cláusula de comunicabilidade no bem); IV – as benfeitorias em bens particulares de cada cônjuge; V – os frutos dos bens comuns, ou dos particulares de cada cônjuge, percebidos na constância do casamento, ou pendentes ao tempo de cessar a comunhão.

No artigo 1.662 do Código Civil impõe a presunção *juris tantum* sobre os bens móveis, devendo estes ser considerados como adquiridos no curso da vida conjugal, sendo possível, entretanto, a produção de prova que demonstre que a aquisição se deu em momento anterior ao casamento, ou que este tenha sido objeto de sub-rogação.

O patrimônio do casal será administrado por um ou ambos os cônjuges, desde que haja expressa composição de vontade neste sentido, traduzindo-se na plena consagração, por parte do Código Civil – conforme regra do artigo 1.567 –, da igualdade entre homens e mulheres, insculpida no artigo 226, § 5°, da Constituição Federal de 1988, que desde sua promulgação fez cair por terra o que se previa no texto civil de 1916, o qual previa que a administração do patrimônio comum competia apenas ao marido. Já o patrimônio particular de cada um dos cônjuges será administrado pelo seu proprietário, admitindo-se, entretanto, que através de pacto antenupcial ou contrato de convivência, as partes estipulem em sentido contrário, de acordo com a previsão do artigo 1.665 do Código Civil.

Na eventualidade de contração de dívidas decorrentes da administração do patrimônio comum, ficarão destinados ao pagamento destas não apenas os bens comuns do casal, mas também aqueles reputados como exclusivos do cônjuge administrador, ressalvando-se a possibilidade de inclusão dos bens exclusivos do outro cônjuge, caso haja benefício deste na obrigação assumida pelo administrador, desde que haja prova neste sentido. Frise-se que é necessário que ambos os consortes consintam para a cessão de bens a título gratuito, conforme dispõe o artigo 1.663, §§ 1° e 2°, do Código Civil.

No mesmo sentido, trouxe a codificação atual a regra do artigo 1.664, de onde se observa que "os bens da comunhão respondem pelas obrigações contraídas pelo marido ou pela mulher para atender aos encargos da família, às despesas de administração e às despesas decorrentes de imposição legal". Nada mais sensato, afinal de contas, que a comunhão plena de vida instituída pela família trazer consigo uma série de deveres, dentre os quais o descrito no artigo 1.568.

Nada obsta a qualquer dos cônjuges requerer ao juiz a designação do cônjuge administrador, quando houver comprovada prática de ato de dilapidação do patrimônio, facultando-se ao magistrado determinar que apenas um deles fique responsável pela administração do acervo patrimonial do casal, como se verifica do § 3° do artigo 1.663.

A extinção do regramento da comunhão parcial de bens do casamento e da união familiar estável ocorrerá quando um dos cônjuges ou conviventes vier a falecer ou com o reconhecimento de nulidade ou anulação do casamento, bem como com sua dissolução fática ou jurídica.[260]

Este regramento de bens também se fará presente na hipótese de inexistência ou invalidade do pacto antenupcial, ante o não preenchimento de um de seus requisitos essenciais, fato que o legislador brasileiro optou pela incidência de suas regras, uma vez que desde o

---

[260] Em que pese à existência de posições doutrinárias e jurisprudenciais em sentido contrário, entendemos que a Emenda Constitucional n° 66, de 13 de julho de 2010, extirpou o instituto da separação judicial do ordenamento jurídico brasileiro.

advento da Lei nº 6.515, de 26 de dezembro de 1977 – Lei do Divórcio – este se tornou o regime supletivo da vontade daqueles que iniciarão a vida comum.

De forma clara, a jurisprudência do Tribunal de Justiça de Minas Gerais[261] firma que "[...] o regime de bens do casamento, não havendo imposição da separação obrigatória, é de livre escolha dos nubentes. 2. A escolha deve ser feita através de escritura pública de pacto antenupcial. 3. Não tendo os cônjuges feito a escolha, prevalece o regime legal supletivo e que é o da comunhão parcial de bens para os casamentos celebrados após o início de vigência da Lei nº 6.515, de 1977".

Pelas palavras de Cristiano Chaves de Farias e Nelson Rosenvald,[262] "é dizer: no silêncio dos interessados ou na invalidade do pacto antenupcial celebrado, a vontade das partes é suprida, aplicando-se o regime de comunhão parcial, como forma de harmonizar os interesses do casal, evitando situações de extremada injustiça".

A possibilidade desta verdadeira intromissão estatal nas relações privadas não decorre apenas dos limites impostos à autonomia que ostentam os particulares para convencionarem, dentro dos limites impostos pela lei, aquilo que melhor atender a suas necessidades, mas também do já analisado princípio da liberdade ou não intervenção, no qual fica autorizado, ao Poder Público, intervir na comunhão de vida instituída pela família nos casos em que a manutenção da ordem e da paz social seja preponderante e justifique tal conduta.

Entendemos ser justa a posição do legislador. Ora, se existem instrumentos jurídicos que possibilitam o exercício da liberdade negocial no âmbito das relações patrimoniais do Direito de Família, e as partes deles não se valem, há de se presumir que a comunhão plena de vida instituída pela família abrangerá, como consectário lógico da relação pessoal, o aspecto patrimonial, visando à justa e plena distribuição dos bens que advierem da vida a dois.

Assim, a finalidade do artigo 1.640 do Código Civil é estabelecer uma presunção relativa de que os bens, que cada uma das partes levar ao casamento, pertencem exclusivamente a estes, ficando estipulada que a comunhão dos bens incidirá sobre aqueles que forem adquiridos onerosamente no curso da relação, como estabelece a jurisprudência do Tribunal de Justiça do Espírito Santo,[263] vejamos: "[...]. Não haven-

---

[261] AC 1.0000.00.337362-8/000; Governador Valadares; Segunda Câmara Cível; Rel. Des. Caetano Levi Lopes; Julg. 26/08/2003; DJMG 05/09/2003.

[262] Cf. *Curso de direito civil: famílias*, cit, p. 325.

[263] AC 16040003978; Segunda Câmara Cível; Rel. Desa. Subst. Eliana Junqueira Munhos; Julg. 02/10/2007; DJES 14/12/2007; P. 15.

do pacto antenupcial por escritura pública ou sendo nula a convenção, incide o regime supletivo legal, que é o regime da comunhão parcial (exegese do art. 1640 do Código Civil/2002)."

Por esta razão, sendo ausente termo escrito que disponha sobre o regramento de bens do casal, aplica-se a presunção relativa de favorecimento à comunidade familiar.

6.2. O regime da comunhão universal

Nenhum outro regime de bens aplicável ao casamento existe há tanto tempo como o da comunhão universal de bens, uma vez que este tem seu lugar na vida jurídica brasileira desde as mais remotas legislações que se fizeram vigentes entre nós, refletindo-se em uma verdadeira tradição no campo das relações patrimoniais do Direito de Família.

Nos idos da codificação Beviláqua, o regime da comunhão universal de bens encontrava-se previsto nas disposições do então artigo 262, sendo um dos expoentes mais evidentes da concepção de família patriarcal e patrimonial que se fez presente no cotidiano jurídico familiar, permanecendo como a regra de bens supletiva da vontade das partes até a segunda metade da década de 70 do século passado.

Sua razão de ser fundava-se na extrema submissão da mulher (e de sua vontade) aos desejos de seu esposo, o qual ostentava a condição de líder responsável pela condução da família, figurando, por óbvio, como o administrador do acervo patrimonial daquele núcleo. Franz Wieacker[264] afirma ser isto um reflexo de "uma imagem conservadora da vida afirma-se na forma patriarcal do direito da família, e por vezes do direito matrimonial e no seu regime de bens".

Entre nós, foi a partir da Lei nº 6.515, de 26 de dezembro de 1977 – Lei do Divórcio –, que este regime se tornou um dos regimes-tipo disponibilizado aos interessados, necessitando, para sua eleição, de pacto antenupcial ou contrato de convivência, conforme preconiza o artigo 1.640, parágrafo único, da codificação atual.

Este regime encontra-se no artigo 1.667 da atual codificação civil, de onde se extrai que a noção de comunhão universal importa a comunicação de todos os bens presentes e futuros dos cônjuges, bem como o passivo existente, caracterizando-se, assim, verdadeira *mancomunhão patrimonial*.

---

[264] Cf. *História do direito privado moderno*, cit., p. 550.

Para Guillermo A. Borda,[265] "no regime da comunhão universal, todos os bens presentes e futuros dos esposos pertencem a ambos; dissolvida a sociedade, se dividem entre eles em partes iguais, sem consideração de sua origem. Este é o sistema que melhor responde ao conceito de 'união de corpos e almas', e de matrimônio indissolúvel, mas, naturalmente, a proliferação dos divórcios, sejam atacando o vínculo ou apenas o *corpus*, o torna injusto e inaplicável atualmente; [...]".

Constata-se, desta forma, que a regra aplicável neste regime versa sobre comunhão dos bens, tornando os cônjuges *meeiros* – isto é, coproprietário da totalidade dos bens –, excluindo-se aqueles previstos na lei ou em ato de composição de vontade das partes, exercitada através do pacto antenupcial.

A título ilustrativo, o Superior Tribunal de Justiça[266] já entendeu que "se, à data do matrimônio, o marido já herdara bens, ainda que não partilhados, a mulher tem direito à meação, qualquer que tenha sido a duração do casamento".

É no artigo 1.668 que estão elencados os bens que estão excluídos da comunhão, a saber: I – os bens doados ou herdados com a cláusula de incomunicabilidade e os sub-rogados em seu lugar; II – os bens gravados de fideicomisso e o direito do herdeiro fideicomissário, antes de realizada a condição suspensiva; III – as dívidas anteriores ao casamento, salvo se provierem de despesas com seus aprestos, ou reverterem em proveito comum; IV – as doações antenupciais feitas por um dos cônjuges ao outro com a cláusula de incomunicabilidade; V – os bens referidos nos incisos V a VII do artigo 1.659.

Apesar de aparente semelhança, não se pode confundir a previsão dos artigos 1.668, I, com aquela descrita no artigo 1.659, I, uma vez que na disposição atinente ao regime da comunhão parcial de bens, todos os bens recebidos por doação ou herança, mesmo que seja no curso da vida conjugal, não serão objetos de comunicação, salvo se houver cláusula expressa em sentido contrário, ao passo que o escopo da comunhão universal de bens caminha no sentido de que todos os bens recebidos, a título de doação ou herança, pertencerão a ambos os cônjuges, devendo estar prevista cláusula de incomunicabilidade para que determinado bem não passe a integrar o patrimônio comum.

Conforme já observado no regime da comunhão parcial, poderá o doador ou o testador gravar seus bens que serão objeto de transmissão em vida ou por *causa mortis* com a cláusula de inalienabilidade, uma

---

[265] Cf. *Manual de derecho de familia*, cit., p. 116-117.
[266] RESP 145.812/SP; Terceira Turma; Rel. Min. Ari Pargendler; Julg. 11/11/2002; DJU 16/12/2002; p. 00309.

vez que esta, consoante entendimento sumulado[267] pelo Supremo Tribunal Federal, acompanhado pelo Código Civil em seu artigo 1.911, engloba também a incomunicabilidade dos bens assim gravados.

O artigo 1.668, em seu inciso II, estabelece a incomunicabilidade dos bens gravados com fideicomisso e os direitos do herdeiro fideicomissário. O fideicomisso, de acordo com o clássica lição de Arthur Vasco Itabaiana de Oliveira,[268] "é a instituição de herdeiros ou legatários, feita pelo testador, impondo a um deles, o gravado ou fiduciário, a obrigação de, por sua morte, a certo tempo, ou sob certa condição, transmitir a outro, que se qualifica de fideicomissário, a herança ou o legado".[269]

Mantendo a linha da comunhão sobre os bens do casal como forma de uma justa e igualitária relação entre os cônjuges, a administração dos bens não poderia ser de outra forma: compete a ambos os esposos, cabendo a estes o dever de zelar pelos interesses da família, como determina o artigo 226, § 5º, da Constituição Federal de 1988, bem como os artigos 1.567, 1.670 e 1.663, *caput*, todos do Código Civil.

As dívidas também estão excluídas da comunhão, como prevê o artigo 1.688, III. Justifica-se: como as dívidas têm sua origem no inadimplemento de uma obrigação – relação jurídica –, evidenciada pela falta de determinado pagamento, Fernando Noronha[270] traça seu conceito como algo a ser "[...] caracterizada fazendo referência à noção de relação jurídica, ou à de situação jurídica, ou ainda à de vínculo jurídico".

Contudo, caso as dívidas contraídas antes do enlace conjugal venham a se converter em proveito do casal, isto é, na eventualidade do outro cônjuge se beneficiar da causa que ensejou a dívida, ou se estas foram adquiridas para os aprestos do casamento, haverá comunhão sobre estas.

Por *aprestos* entende-se ser tudo aquilo que foi gasto, como despesas para a celebração do casamento. Nestes casos, pondera Eduardo Espínola[271] que "[...] tais dívidas, provadamente, para ocorrer às despesas

---

[267] Súmula nº 49 do Supremo Tribunal Federal: "A cláusula de inalienabilidade inclui a incomunicabilidade dos bens".

[268] Cf. *Tratado de direito das sucessões – vol. II: da sucessão testamentária*, p. 588-589.

[269] Francisco José Cahali e Giselda Maria Fernandes Novaes Hironaka, cf. *Direito das sucessões*, p. 347, enfatizam que: "pode o testador determinar que certa quota-parte de seu patrimônio (herança) ou um ou mais bens dele destacado (legado) fiquem sob a confiança de um herdeiro instituído (fiduciário), sobre o qual pesará a obrigação de transmitir o conteúdo da deixa testamentária a um outro herdeiro ou legatário (fideicomissário), também ele indicado pelo testador".

[270] Cf. *Direito das obrigações*, p. 29.

[271] Cf. *A família no direito civil brasileiro*, p. 379.

e preparativos do casamento, ou em benefício e proveito comum, casos em que entrem na comunhão".

Já no artigo 1.668, inciso IV, restarão excluídas as doações anteriores ao casamento feitas por um dos cônjuges ao outro, desde que gravadas com cláusula de incomunicabilidade.

A motivação de se manter esta incomunicabilidade patrimonial repousa na permissão legal, de manter a exclusividade dos bens que, antes das núpcias, foram livremente doados com as mencionadas cláusulas, passando, assim, a integrar o patrimônio particular de quem os recebeu. Sem dúvidas, a regra é excepcional aos ditames gerais da comunhão universal de bens, já que, caso não fosse possível a exclusividade patrimonial nestes casos, não haveria razão para que um dos cônjuges estipulasse, na doação, a cláusula que lhe afasta da futura comunhão.

Por fim, o inciso V do artigo 1.668 faz alusão ao previsto nos incisos V a VII do artigo 1.659, mantendo-se como incomunicáveis os bens descritos nos incisos sobre os quais já se debruçou anteriormente.

Em paridade de raciocínio com que foi exposto quando da análise do regime da comunhão parcial de bens, restará extinta a comunhão universal de bens incidente sobre o casamento, quando houver a morte de um dos cônjuges, bem como com o reconhecimento de nulidade ou anulação do casamento, e pela sua dissolução voluntária de ordem fática ou jurídica.

Nesta senda é a jurisprudência do Superior Tribunal de Justiça:

> [...] em regime de comunhão universal, a comunicação de bens e dívidas deve cessar com a ruptura da vida comum, respeitado o direito de meação do patrimônio adquirido na constância da vida conjugal.[272]
>
> [...]. 1. O cônjuge que se encontra separado de fato não faz jus ao recebimento de quaisquer bens havidos pelo outro por herança transmitida após decisão liminar de separação de corpos. 2. Na data em que se concede a separação de corpos, desfazem-se os deveres conjugais, bem como o regime matrimonial de bens; e a essa data retroagem os efeitos da sentença de separação judicial ou divórcio [...].[273]

Derradeiramente, reitera-se neste momento o posicionamento já exposto acerca dos efeitos da Emenda Constitucional nº 66, de 13 de julho de 2010, no sentido de que foi extinto do ordenamento jurídico brasileiro o instituto da separação judicial e extrajudicial.

---

[272] REsp 555.771/SP; Quarta Turma; Rel. Min. Luis Felipe Salomão; Julg. 05/05/2009; DJE 18/05/2009.

[273] REsp 1.065.209; Proc. 2008/0122794-7; SP; Quarta Turma; Rel. Min. João Otávio de Noronha; Julg. 08/06/2010; DJE 16/06/2010.

6.3. O regime da participação final nos aquestos

Na vigência da Lei Civil anterior inexistia a previsão legal do regime da participação final nos aquestos, vindo este regime de bens do casamento figurar no ordenamento jurídico brasileiro com o atual Código Civil.

A participação final nos aquestos, como regime de bens aplicáveis às relações familiares, não é novidade em outros ordenamentos,[274] sendo que em alguns deles, ao contrário da realidade jurídica brasileira, é o regime legal, necessitando-se de pacto antenupcial para a adoção de outro regime de bens.

Consta em nossa codificação civil, a partir do artigo 1.672, de onde se obtém sua definição legal, no sentido de que no regime de participação final nos aquestos, cada cônjuge possui patrimônio próprio, consoante disposto no artigo seguinte, e lhe cabe, à época da dissolução da sociedade conjugal, direito à metade dos bens adquiridos pelo casal, a título oneroso, na constância do casamento.

Maria Helena Diniz[275] enfatiza que "neste novo regime de bens há formação de massas de bens particulares incomunicáveis durante o casamento, mas que se tornam comuns no momento da dissolução do matrimônio. Na constância do casamento, os cônjuges têm a expectativa de direito à meação, pois cada um só será credor da metade do que o outro adquiriu, a título oneroso, durante o matrimônio (CC, art. 1.672), se houver dissolução da sociedade conjugal".

Enquanto vigente a vida comum, pautada pelo casamento ou pela união familiar estável, as pessoas terão livre exercício de sua autonomia privada, no que diz respeito à administração de seu acervo patrimonial – o que se equipara à regra da separação de bens –, ao passo que, com o fim do projeto de comunhão de vida familiar, estes poderão reivindicar sua participação nos ganhos que seu consorte obteve ao longo da relação – o que nos remonta à regra da comunhão de bens.

Previsto no artigo 1.411 do Código Civil argentino, o regime da participação final nos aquestos para Eduardo A. Zannoni[276] "por vezes referido como regime misto, porque durante o casamento se opera o

---

[274] Débora Vanessa Caús Brandão, cf. *Regime de bens no novo código civil*, cit., p. 229, observa que "o regime de participação final nos aquestos é muito difundido nos países nórdicos, a saber, na Suécia (no Código de Casamento, de 11-6-1920), na Dinamarca (com a Lei de 18-3-1925), na Finlândia (pela Lei de 13-6-1929) e na Noruega (pela Lei n. 1, de 20-5-1927)".

[275] Cf. *Curso de direito civil brasileiro – vol. 5: direito de família*, cit., p. 183.

[276] Cf. *Derecho civil: derecho de familia – vol. 1*, cit., p. 462.

regime de separação, estabelecendo direitos de participação entre os cônjuges – daí seu nome – no momento de sua dissolução".

Igualmente ocorre no Código Civil chileno, no qual este regime de bens do casamento é um dos regimes previstos a regulamentar as situações patrimoniais destinadas da família, tendo sido inserido no ano de 1994, através da Lei nº 19.335, de 24 de dezembro, possibilitado àqueles que se submeterão às formalidades da lei chilena para contrair casamento, adotar, mediante pacto antenupcial, suas regras que, no entender de Hernán Corral Talciani[277] "[...] é um regime patrimonial que busca superar os inconvenientes e juntar as vantagens dos dois modelos extremos de comunhão e de separação de bens".

A terminologia *final nos aquestos* não deixa qualquer lastro de dúvidas: inexistirá participação de um dos cônjuges ou conviventes no patrimônio do outro, senão quando do fim da relação pessoal que impulsionou o início da vida patrimonial, seja por ato involuntário (morte) ou por ato voluntário (divórcio).

Em tempos de consagração da autonomia privada à luz de um Direito Civil constitucionalizado, não existe outro regime que melhor traduza tal pretensão, haja vista que, ao facultar aos cônjuges as regras do regime da participação final nos aquestos, o legislador brasileiro trouxe novos ares para a incidência da autonomia dos particulares na esfera patrimonial do Direito de Família, uma vez que permite aos interessados estabelecer um estatuto patrimonial diferenciado em relação aos já tradicionais.

Até mesmo porque o artigo 1.673, parágrafo único, do Código Civil, firma que "a administração desses bens é exclusiva de cada cônjuge, que os poderá livremente alienar, se forem móveis", recrudescendo a autonomia privada individual de cada uma das partes, sem que haja desarranjo com a relação pessoal que lhe antecede e origina, possuindo cada consorte legitimidade e interesse gerencial próprio e autônomo, o que se traduz em liberdade negocial.

A regra brasileira da administração dos bens neste regime, ao contrário do que prevê o Código Civil alemão, está elencada no artigo 1.674, incisos I e II, bem como aqueles considerados como amealhados no curso da relação familiar, consoante disposição do artigo 1.673, parágrafo único.

Mas há de se pontuar: a administração dos bens móveis e imóveis não é uníssona, uma vez que, no caso daqueles, a administração e alienação são isentas de quaisquer intromissões do outro consorte, ao pas-

---

[277] Cf. *Bienes familiares y participación en los gananciales*, p. 113.

so que para os imóveis a alienação ou gravação com ônus real, como ato unilateral, fica vedada, salvo se houver pactuação que permita a prática destes atos quando atinentes aos de exclusiva propriedade.

Daí se concluir que a legislação civil brasileira, neste contexto, é de consagradora da autonomia privada no viés patrimonial do Direito de Família, permitindo que as partes pratiquem os atos de administração ou alienação sem a necessidade da outorga do outro. Em sentido diametralmente oposto, o § 1.364 da codificação civil alemã exige o expresso consentimento do cônjuge para o exercício dos atos de disposição.

Quanto à existência de dívidas, é necessário ressaltar que neste regime de bens serão constados três grupos de relações patrimoniais, a saber: a) os do marido; b) os da mulher; c) os bens considerados aquestos.

Como cada uma das partes envolvidas no casamento possui liberdade gerencial e dispositiva em relação a seus bens, é natural (e lógico) que cada qual responda pelas dívidas contraídas após o início da vida comum, ressalvando-se as hipóteses de reversão do débito, parcial ou integralmente, em proveito do outro, estando tal situação estabelecida no texto do artigo 1.677 do Código Civil.

A responsabilização civil pelas dívidas recairá sobre aquele que assumiu as obrigações perante terceiros, coadunando-se esta regra com as diretrizes básicas da autonomia privada, uma vez que a liberdade traz consigo a responsabilidade, sendo estes direitos faces distintas de uma mesma moeda.

No caso das dívidas que porventura venham a exceder a meação do outro, há de se observar o que dispõe o artigo 1.686 codificado, pois não se falará em obrigação do consorte, ou de seus herdeiros,[278] quando o montante devido superar sua quota-parte, devendo os credores buscar seus direitos de crédito dentro das forças da meação do devedor, não sendo cabível, através de atos de constrição patrimonial, adentrar a esfera daquele que não possui qualquer vinculação obrigacional.

Ocorrendo a dissolução da vida comum do casal, a divisão dos bens aquestos se processará neste mesmo ato, onde será devidamente dividido aquilo que foi adquirido onerosamente no curso do casamento. Por esta razão, quando a divisão não for possível, deverá ser procedida uma avaliação para que se possa calcular o montante que caberá

---

[278] Deve-se observar, neste caso, o disposto no artigo 1.792 do Código Civil: "o herdeiro não responde por encargos superiores às forças da herança; incumbe-lhe, porém, a prova do excesso, salvo se houver inventário que a escuse, demonstrando o valor dos bens herdados".

às partes, o qual deverá em dinheiro ao outro consorte, ficando vedada, no artigo 1.682 do Código Civil, a renúncia, cessão ou penhora da meação durante a vigência deste regime de bens.

Apesar de ser inovador e bastante difundido em outros ordenamentos jurídicos, este regime de bens do casamento não se encontra previsto no texto do Projeto de Lei nº 2.285/2007, difundido como *Estatuto das Famílias*, que está em tramitação no Congresso Nacional, por não possuir sentido mantê-lo entre nós ante sua completa falta de raiz na história jurídica brasileira e, ainda, por transformar os cônjuges em sócios de ganhos futuros reais ou contábeis, o que poderia fomentar ainda mais os litígios, segundo entendimento dos elaboradores da mencionada proposta legal.

6.4. O regime de separação de bens

O último regime-tipo previsto pelo Código Civil é o designado de *regime de separação de bens*, o qual estabelece regras que impedem a comunicação de bens, cuja origem seja anterior ou posterior ao casamento, estabelecendo-se, assim, completa individualização patrimonial.

Sua classificação remonta à própria previsão legal, de onde se extrai a dicotomia de que o regime de separação de bens poderá, dependendo do caso, ser considerado *obrigatório* (também tratado como *legal*) – quando caracterizada uma das hipóteses previstas no artigo 1.641 – ou *voluntário* – quando decorrer do exercício da liberdade negocial dos interessados (artigos 1.687 e 1.688).

Pietro Trimarchi[279] observa que "é, conceitualmente, o regime patrimonial mais simples. Os esposos mantêm separados os respectivos patrimônios: cada um deles detém exclusivamente a propriedade dos bens que levaram ao casamento e os que adquirirem posteriormente, administrando-os livremente, salvo, obviamente, na outorga de poderes de um para o outro, conferindo mais ou menos poderes de administração [...]".

Sua peculiaridade é fixar a absoluta separação dos bens dos cônjuges em relação ao patrimônio do outro, o que lhes garante livre administração e alienação dos bens, assim como as dívidas que cada um possuir, sem se falar em participação ou intromissão do outro.

---

[279] Cf. *Istituzioni di diritto privato*, cit., p. 835.

6.4.1. A separação obrigatória de bens

O regime de separação de bens, em seu viés obrigatório ou legal, tem como finalidade impedir a junção de patrimônios para determinados casamentos que se realizem, protegendo-se os interesses individuais de cada uma das partes em nome de um hipotético interesse público.

Trata-se, pois, de uma norma presente na codificação civil que traz consigo uma roupagem sancionatória, isto é, a imposição do regime de separação obrigatória de bens nada mais é do que uma intromissão do Estado na relação familiar, que se constitui com o casamento que não observar as hipóteses do artigo 1.641 do Código Civil, sem que isso caracterize uma violação ao princípio da liberdade ou da não intervenção do Estado nas relações familiares, insculpido no artigo 1.513 do *Codex*.

A teor da proteção patrimonial, que fomenta a regra do artigo 1.641 do texto codificado, às pessoas cujo casamento será regulamentado pela diáspora patrimonial decorrente da imposição da lei, os cônjuges estão proibidos de constituírem sociedade empresarial entre si ou com terceiros,[280] bem como não necessitam de autorização do outro para vender seus bens aos seus descendentes[281] e, ainda, não possuirão direitos sucessórios quando do falecimento de seu consorte.[282]

Na incidência do estatuto patrimonial da família ser corolário da imposição da lei, não há que se falar, por óbvio, de qualquer liberdade dos interessados em proceder o ajuste de vontades antes das núpcias, para que outro seja o regime de bens que guiará a vida financeira daquele grupo familiar.

O legislador estabeleceu, no artigo 1.641 do Código Civil, as situações que ensejarão o regime de separação obrigatória de bens, constituindo-se, desta feita, rol *numerus clausus*, dispondo que este será o regime de bens nas hipóteses de: a) não observação das causas suspensivas para o casamento (inciso I); b) uma das partes contar com mais de

---

[280] Artigo 977: "Faculta-se aos cônjuges contratar sociedade, entre si ou com terceiros, desde que não tenham casado no regime da comunhão universal de bens, ou no da separação obrigatória".

[281] Artigo 496: "É anulável a venda de ascendente a descendente, salvo se os outros descendentes e o cônjuge do alienante expressamente houverem consentido. Parágrafo único: Em ambos os casos, dispensa-se o consentimento do cônjuge se o regime de bens for o da separação obrigatória".

[282] Artigo 1.829: "A sucessão legítima defere-se na ordem seguinte: I – aos descendentes, em concorrência com o cônjuge sobrevivente, salvo se casado este com o falecido no regime da comunhão universal, ou no da separação obrigatória de bens (art. 1.640, parágrafo único); ou se, no regime da comunhão parcial, o autor da herança não houver deixado bens particulares; II – aos ascendentes, em concorrência com o cônjuge; III – ao cônjuge sobrevivente; IV – aos colaterais".

setenta anos[283] (inciso II) e; c) suprimento judicial de incapacidade para a celebração do casamento (inciso III).

A primeira situação versa sobre as causas suspensivas da celebração do casamento, tipificadas nos quatro incisos do artigo 1.523 do Código Civil. A despeito da ideia que a nomenclatura possa trazer, estas causas não suspendem a habilitação ou impossibilitam o ato da celebração em si, mas, tão somente, suspendem a liberdade das partes em escolherem o regime de bens do casamento, com a justificativa de proteção patrimonial.

Não obstante, havendo provas da inexistência de risco ou prejuízo de ordem patrimonial, poderão as partes requerer ao juiz que afaste a imposição do regime da separação obrigatória de bens como via reflexa da não incidência da causa suspensiva, como na situação da viúva que demonstra não haver bens a serem partilhados em razão da morte de seu cônjuge.

No inciso II do artigo 1.641, com nova redação dada pela Lei nº 12.344, de 09 de dezembro de 2010, prevê o legislador que será obrigatório o regime de separação de bens quando uma ou ambas as partes interessadas na convolação das núpcias possuírem setenta ou mais anos de idade.

Entendeu o legislador que a imposição deste regime, quando afigurada esta situação, servirá como uma forma de proteção do patrimônio daquele que, aos seus olhos, se enquadra como vulnerável em determinada relação afetiva. Por este motivo, portanto, entendeu ser adequada a obrigatoriedade do regime em voga.

Propositalmente deixaremos de tecer maiores comentários acerca deste inciso, uma vez que este será objeto de análise no próximo capítulo.

Fechando o rol do artigo 1.641, o inciso III impõe o regime de separação de bens para todos aqueles que, para a contração do casamento, necessitaram de suprimento judicial de incapacidade, seja pela caracterização da hipótese do artigo 1.517, parágrafo único, ou daquela prevista no artigo 1.520,[284] ambos do Código Civil.

---

[283] O Código Civil, até o advento da Lei nº 12.344, de 09 de dezembro de 2010, previa a idade de sessenta anos.

[284] Artigo 1.520: "Excepcionalmente, será permitido o casamento de quem ainda não alcançou a idade núbil (art. 1517), para evitar imposição ou cumprimento de pena criminal ou em caso de gravidez". Atente-se que, após o advento da Lei nº 11.106, de 28 de março de 2005, o casamento não mais exclui a punibilidade daquele que atenta contra a liberdade sexual da mulher, haja vista que a mencionada lei revogou os incisos VII e VIII do artigo 107, do Código Penal brasileiro.

Hodiernamente, não se justifica manter tamanha condenação àqueles que, na maior parte dos casos, são desprovidos de qualquer patrimônio e experiência administrativa, o que por si só caracterizaria uma conotação puramente patrimonial ao casamento, o que não mais se concebe com a releitura de seus institutos que fora fomentada pelos novos ares trazidos pela Carta Política de 1988.

Ademais, a dignidade humana é atacada em sua vertente mais essencial: a liberdade, que aqui diz respeito àquela tocante ao livre direito de ajustar a vontade contratual aos instrumentos exigidos pela lei como necessários para a livre escolha do regime patrimonial do casamento. Em suma: trata-se de uma flagrante violação da liberdade dos nubentes.

Como já anotaram Cristiano Chaves de Farias e Nelson Rosenvald,[285] "[...] partindo da premissa de que a intenção legislativa é a proteção de determinados interesses, o caminho mais adequado para harmonizar, com respeito ao Texto Constitucional, os diferentes interesses albergados, será, sem dúvida, determinar aos nubentes uma *declaração de titularidades patrimoniais* quando da habilitação para o casamento, de modo a precaver, reciprocamente, os direitos".

6.4.1.1. A Súmula nº 377 do Supremo Tribunal Federal

A flagrante violação à dignidade e liberdade das pessoas é tamanha que a jurisprudência nacional necessitou estabelecer verdadeiro freio às vorazes restrições legislativas.

Com vistas a minimizar a arbitrária imposição do regime de separação de bens, cuidou o Supremo Tribunal Federal em editar a Súmula nº 377, dispondo que "no regime de separação legal de bens, comunicam-se os adquiridos na constância do casamento".

Assim, a partir do entendimento sumulado de nossa Corte Suprema, os casamentos celebrados com a incidência do regime de separação obrigatória de bens não estariam isentos de estabelecer uma regra de comunhão. Ao contrário: na hipótese de aquisição onerosa de bens no curso do casamento, a estes se aplicarão as regras da comunhão parcial de bens.

É importante frisar a desnecessidade de se provar o esforço comum decorrente do exercício de atividade remunerada, haja vista que a comunhão dos adquiridos onerosamente no curso do casamento é presumida, sob pena de se prestigiar o enriquecimento sem causa por

---

[285] Cf. *Curso de direito civil: famílias*, cit., p. 333.

parte de uma das partes, cabendo direitos sucessórios quanto a estes bens, conforme já entendeu o Superior Tribunal de Justiça:

[...]. 1. Por força do art. 258, § único, inciso II, do Código Civil de 1916 (equivalente, em parte, ao art. 1.641, inciso II, do Código Civil de 2002), ao casamento de sexagenário, se homem, ou cinquentenária, se mulher, é imposto o regime de separação obrigatória de bens. Por esse motivo, às uniões estáveis é aplicável a mesma regra, impondo-se seja observado o regime de separação obrigatória, sendo o homem maior de sessenta anos ou mulher maior de cinquenta. 2. Nesse passo, apenas os bens adquiridos na constância da união estável, e desde que comprovado o esforço comum, devem ser amealhados pela companheira, nos termos da Súmula nº 377 do STF [...].[286]

[...]. II – A não extensão do regime da separação obrigatória de bens, em razão da senilidade do *de cujus*, constante do artigo 1641, II, do Código Civil, à união estável equivaleria, em tais situações, ao desestímulo ao casamento, o que, certamente, discrepa da finalidade arraigada no ordenamento jurídico nacional, o qual se propõe a facilitar a convolação da união estável em casamento, e não o contrário; IV – Ressalte-se, contudo, que a aplicação de tal regime deve inequivocamente sofrer a contemporização do Enunciado N. 377/STF, pois os bens adquiridos na constância, no caso, da união estável, devem comunicar-se, independente da prova de que tais bens são provenientes do esforço comum, já que a solidariedade, inerente à vida comum do casal, por si só, é fator contributivo para a aquisição dos frutos na constância de tal convivência [...].[287]

[...]. 1. A partilha dos bens adquiridos na constância da sociedade conjugal, erigida sob a forma de separação legal de bens (art. 258, parágrafo único, I, do CC/1916), não exige a comprovação ou demonstração de comunhão de esforços na formação desse patrimônio, a qual é presumida, à luz do entendimento cristalizado na Súmula n. 377/STF. Precedentes do STJ. 2. A necessidade de preservação da dignidade da pessoa humana e de outras garantias constitucionais de igual relevância vem mitigando a importância da análise estritamente financeira da contribuição de cada um dos cônjuges em ações desse jaez, a qual cede espaço à demonstração da existência de vida em comum e comunhão de esforços para o êxito pessoal e profissional dos consortes, o que evidentemente terá reflexos na formação do patrimônio do casal. [...].[288]

Havendo a natural (e justa) divisão dos bens adquiridos no curso da relação familiar e, por esta razão, a formação de um acervo comum às partes, a regra da exclusividade na administração e alienação dos bens (própria deste regime) não incidirá sobre aqueles que surgirão no curso da vida comum, sendo necessário, portanto, o consentimento do outro para os atos desta natureza.

---

[286] REsp 646.259/RS; Quarta Turma; Rel. Min. Luis Felipe Salomão; Julg. 22/06/2010; DJE 24/08/2010.

[287] REsp 1.090.722/SP; Terceira Turma; Rel. Min. Massami Uyeda; Julg. 02/03/2010; DJE 30/08/2010.

[288] AgRg-REsp 1.008.684/RJ; Quarta Turma; Rel. Min. Antonio Carlos Ferreira; Julg. 24/04/2012; DJE 02/05/2012.

Disso não destoam Cristiano Chaves de Farias e Nelson Rosenvald,[289] para quem "partindo do entendimento sumulado de comunhão de aquestos na separação obrigatória é fácil, então, perceber a necessidade de consentimento do cônjuge para a alienação ou oneração de bens imóveis nos matrimônios submetidos à separação legal".

A existência e a incidência do entendimento sumulado não encontram unicidade de pensamentos no âmbito doutrinário, uma vez que duas correntes se amoldaram após o início da vigência da atual codificação civil. Para alguns, o texto sumulado pelo Supremo Tribunal Federal ainda se faz vigente ante a expressa vedação legal ao enriquecimento sem causa, ao passo que para outros, a referida súmula só foi editada com vistas a corrigir um equívoco existente no artigo 259 do então Código Civil aplicável.

De acordo com Rolf Madaleno,[290] a existência e a incidência do posicionamento sumulado ainda se fazem presentes no ordenamento jurídico brasileiro "[...] especialmente porque sempre foi escopo do enunciado evitar o enriquecimento sem causa ou reconhecer o direito à divisão dos bens hauridos pela conjugação de esforços na *affectio societatis*".

Engrossando este coro, Maria Helena Diniz[291] é clara ao afirmar que "parece-nos que a razão está com os que admitem a comunicabilidade dos bens futuros, no regime de separação obrigatória, para evitar enriquecimento indevido (CC, arts. 884 e 886) desde que sejam produto do esforço comum do trabalho e da economia de ambos, ante o princípio de que entre os consortes se constitui uma sociedade de fato por haver comunhão de interesses".

Todavia, sustentando outro entendimento, Francisco José Cahali[292] aduz que a súmula não se faz mais presente e, consequentemente, vigente no ordenamento jurídico brasileiro, tendo em vista que ao se modificar a Lei Civil, e por não haver qualquer artigo que corresponda ao outrora texto do artigo 259, não há que se falar em aplicação sumular.

Postas tais considerações, acompanhamos o entendimento segundo o qual a mencionada súmula se faz presente e em plena vigência

---

[289] Cf. *Curso de direito civil: famílias*, cit., p. 334.

[290] Cf. *Curso de direito de família*, cit., p. 119.

[291] Cf. *Curso de direito civil brasileiro – vol. 5: direito de família*, cit., p. 196.

[292] Cf. *Direito intertemporal no livro de família (regime de bens e alimentos) e sucessões*, p. 204. Diz o autor que "ao deixar o novo Código de reproduzir a nefasta disposição que se continha no art. 259 do Código revogado, a Súmula 377 do STF, originada na interpretação daquela previsão, deixará de ter aplicação. (...). Esse entendimento funda-se no fato de que a inclusão ou exclusão de bens na comunhão representa tipicamente efeito próprio de determinado regime patrimonial, no caso, de separação obrigatória".

nas relações patrimoniais das famílias constituídas com o regime da separação obrigatória de bens, por estar tal corrente mais coadunada com os ditames da justiça patrimonial e vedação ao enriquecimento sem causa, bem como com os princípios constitucionais da dignidade humana e da solidariedade no âmbito familiar.

Assim sendo, aqueles que estabelecerem o projeto de vida comum pelos laços do casamento civil, e que eventualmente estiverem submetidos ao regime patrimonial da obrigatoriedade de separação de bens, poderão invocar o texto da Súmula nº 377 do Supremo Tribunal Federal, com o escopo de que sejam partilhados os bens adquiridos onerosamente no curso da relação familiar, evitando-se, assim, locupletamento sem causa por uma das partes.

6.4.2. A separação convencional de bens

Ao contrário da separação de bens em sua vertente *obrigatória* (ou *legal*), este regime de bens também poderá reger a vida patrimonial da família toda vez que, ante o exercício da autonomia privada das partes, seja eleito através de pacto antenupcial.

Uma de suas peculiaridades é afastar, completamente, toda e qualquer possibilidade de comunhão dos bens que cada uma das partes trouxe consigo quando do início da vida em comum, bem como os que forem acrescidos ao patrimônio de cada uma delas no curso da relação familiar, independente de qualquer título (gratuito ou oneroso) que tenha sido a causa de sua aquisição.

Inegavelmente é o regime de bens mais simples e simplificado existente na ordem jurídica brasileira, uma vez que sua regra é a extrema dicotomia de relações patrimoniais existentes, não deixando brechas para futuras desavenças no momento da liquidação de eventual patrimônio comum. Trata-se, assim, do regime que estabelece a mais absoluta separação de bens.

É, pois, o regime que mais privilegia a autonomia privada na dimensão patrimonial da família, haja vista que sua aplicação à determinada relação entre pessoas se dá pelo exercício da liberdade negocial. Os atos de administração e alienação patrimonial são exclusivos daquele que ostenta a condição de proprietário, não sendo necessário qualquer tipo de anuência do outro para dar a destinação que melhor atenderem aos interesses do titular.

Ainda com a autonomia privada, constata-se que nesta modalidade de separação de bens não incidem os efeitos da Súmula nº 377 do Supremo Tribunal de Federal, uma vez que não há espaço para a existência de bens comuns, estando livres as partes para exercitar suas atividades profissionais sem que haja riscos na esfera patrimonial do outro.

Entretanto, o Superior Tribunal de Justiça já entendeu que "no regime da separação total de bens, à míngua de cláusula excludente expressa no pacto antenupcial, comunicam-se os adquiridos na constância do casamento pelo esforço comum dos cônjuges".[293]

Cristiano Chaves de Farias e Nelson Rosenvald[294] constatam a incidência da autonomia privada no campo das relações patrimoniais da família ao observarem que "de fato, procurando dar sentido e coerência a uma compreensão afetiva da família, nos parece que o regime de separação afasta o casamento de uma concepção patrimonialista. Casar é ato de comunhão afetiva e solidária, promovendo uma integração fisiopsíquica. Logo, deveria o sistema jurídico disciplinar as famílias sem atribuir bens reciprocamente, afastando as consequências econômicas. Dividir patrimônio e permitir a comunhão patrimonial têm de decorrer, exclusivamente, de ato de vontade dos interessados. Por isso, o regime legal supletivo deveria ser a separação de bens, como, aliás, ocorre no Japão e na maioria dos estados norte-americanos".

Este regime também é previsto na codificação civil portuguesa, em seu artigo 1.735, o qual prevê que "se o regime de bens imposto por lei ou adoptado pelos esposados for o da separação, cada um deles conserva o domínio e fruição de todos os seus bens presentes e futuros, podendo dispor deles livremente".

De igual modo, Francisco Pereira Coelho e Guilherme de Oliveira[295] asseveram que "a separação não é só de bens, mas também de administrações, mantendo os cônjuges uma quase absoluta liberdade de administração e disposição dos seus bens próprios".

Como desdobramento lógico do regime de separação decorrente de ato de composição de vontades, as dívidas que, porventura, cada uma das partes vier a assumir pelos atos de administração e alienação patrimonial, não afetarão a saúde financeira de seu consorte, o qual poderá se valer dos embargos de terceiro interessado, previsto no artigo 1.046 do Código de Processo Civil, toda vez que houver penhora que incida sobre seus bens, uma vez que este ato de constrição patrimonial será nulo.

---

[293] AgRg-REsp 1.211.658/CE; Terceira Turma; Rel. Min. Sidnei Beneti; Julg. 16/04/2013; DJE 03/05/2013.

[294] Cf. *Curso de direito civil: famílias*, cit., p. 388.

[295] Cf. *Curso de direito de família – vol. i: introdução e direito matrimonial*, cit., p. 549.

Em relação à liberdade negocial das partes em ajustarem suas vontades para que a separação de bens seja a regra patrimonial da vida em comum, o Código Civil atual afronta a autonomia privada quando, ao estabelecer no artigo 1.829, prevê a participação sucessória no patrimônio do outro. Ora, se a participação ou não de um dos consortes na herança deixada pelo outro decorre do regramento de bens previsto no Direito de Família, entende-se que não poderia o legislador violar o ajuste de vontades que antecede a delação sucessória.

Em sentido idêntico, a violação da autonomia privada das partes com a participação na herança do consorte não poderá ser reparada por estes ainda em vida, uma vez que qualquer disposição que venha a contemplar direitos hereditários de pessoa viva seria reputada como cláusula nula de pleno direito, à luz do que dispõe o artigo 426 do *Codex*, o que iria de encontro com a finalidade e funcionalidade social deste contrato.

Ante a violação praticada pelo legislador, o Superior Tribunal de Justiça acertadamente anotou que:

[...]. Impositiva a análise do art. 1.829, I, do CC/02, dentro do contexto do sistema jurídico, interpretando o dispositivo em harmonia com os demais que enfeixam a temática, em atenta observância dos princípios e diretrizes teóricas que lhe dão forma, marcadamente, a dignidade da pessoa humana, que se espraia, no plano da livre manifestação da vontade humana, por meio da autonomia da vontade, da autonomia privada e da consequente autorresponsabilidade, bem como da confiança legítima, da qual brota a boa fé; a eticidade, por fim, vem complementar o sustentáculo principiológico que deve delinear os contornos da norma jurídica. Até o advento da Lei nº 6.515/77 (Lei do Divórcio), vigeu no Direito brasileiro, como regime legal de bens, o da comunhão universal, no qual o cônjuge sobrevivente não concorre à herança, por já lhe ser conferida a meação sobre a totalidade do patrimônio do casal; [...]. O regime de separação obrigatória de bens, previsto no art. 1.829, inc. I, do CC/02, é gênero que congrega duas espécies: (I) separação legal; (II) separação convencional. Uma decorre da Lei e a outra da vontade das partes, e ambas obrigam os cônjuges, uma vez estipulado o regime de separação de bens, à sua observância. Não remanesce, para o cônjuge casado mediante separação de bens, direito à meação, tampouco à concorrência sucessória, respeitando-se o regime de bens estipulado, que obriga as partes na vida e na morte. Nos dois casos, portanto, o cônjuge sobrevivente não é herdeiro necessário. Entendimento em sentido diverso, suscitaria clara antinomia entre os arts. 1.829, inc. I, e 1.687, do CC/02, o que geraria uma quebra da unidade sistemática da Lei codificada, e provocaria a morte do regime de separação de bens. Por isso, deve prevalecer a interpretação que conjuga e torna complementares os citados dispositivos. [...]. A ampla liberdade advinda da possibilidade de pactuação quanto ao regime matrimonial de bens, prevista pelo Direito Patrimonial de Família, não pode ser toldada pela imposição fleumática do Direito das Sucessões, porque o fenômeno sucessório "traduz a continuação da personalidade do morto pela projeção jurídica dos arranjos patrimoniais feitos em vida". Trata-se, pois, de um ato de liberdade conjuntamente exercido, ao qual o fenômeno sucessório não pode estabelecer limitações. Se o casal firmou pacto no sentido de não ter patrimônio comum e, se não requereu a alteração do regime estipulado, não houve doação de um cônjuge ao outro durante o casamento, tampouco foi deixado testamento ou legado para o cônjuge sobrevivente, quando seria livre e lícita qualquer dessas providências, não deve o intérprete da Lei alçar o cônjuge sobrevivente à condição de herdeiro necessário, concorrendo com os descendentes, sob pena de clara violação ao regime de bens pactuado. Haveria, induvidosamente, em tais situações, a alteração do regime matrimonial de bens *post mortem*, ou seja, com o fim do casamento pela morte de um dos cônjuges, seria alterado o regime de separação convencional de bens pactuado em vida, permitindo ao cônjuge sobrevivente o recebimento de bens de exclusiva propriedade do autor da herança, patrimônio ao qual recusou, quando do pacto antenupcial, por vontade própria. [...].[296]

Finalmente, há de se falar que ocorrendo a hipótese de aquisição conjunta de bens no curso da vida em comum, sobre estes serão as partes coproprietárias, ou seja, condôminos, onde cada uma delas fará jus ao equivalente investido para que fosse adquirido, com vistas a combater o enriquecimento sem causa, insculpido nos artigos 884 e 885 do Código Civil.

7. Dos regimes de bens aplicáveis à união familiar estável

Semelhante ao que ocorre com o casamento, a união familiar estável também faz irradiar efeitos pessoais e patrimoniais entre os conviventes, o que se reflete como uma consequência lógica e natural da constituição de uma vida afetiva entre duas pessoas.

Isso porque a Constituição Federal dispensa, em seu artigo 226, § 3º, especial proteção à família constituída pela união familiar estável, impondo ao legislador infraconstitucional a tarefa em regular seus efeitos patrimoniais, conforme é possível se depreender do texto civil codificado.

Desta feita, serão aplicáveis às uniões estáveis todas as regras patrimoniais que incidem sobre os casamentos, observando-se, inclusive, o regime da comunhão parcial de bens como o regime legal dos conviventes, caso estes não optem por outro regramento de bens, consoante disposição do artigo 1.725 do Código Civil.

Vale pontuar que, assim como no casamento, presume-se absolutamente a colaboração recíproca entre os conviventes, pois injustificada seria exigir comprovação da aquisição conjunta do patrimônio. Por este motivo, o Superior Tribunal de Justiça já anotou que:

---

[296] REsp 992.749/MS; Terceira Turma; Rel. Min. Fátima Nancy Andrighi; Julg. 01/12/2009; DJE 05/02/2010.

Na verdade, para a evolução jurisprudencial e legal, já agora com o art. 1.725 do Código Civil de 2002, o que vale é a vida em comum, não sendo significativo avaliar a contribuição financeira, mas, sim, a participação direta e indireta representada pela solidariedade que deve unir o casal, medida pela comunhão da vida, na presença em todos os momentos da convivência, base da família, fonte do êxito pessoal e profissional de seus membros.[...].[297]

Entretanto, havendo contrato de convivência celebrado pelos conviventes, com vistas a estabelecer uma disposição patrimonial diversa que as decorrentes da comunhão parcial de bens, aplicar-se-ão os efeitos ali contratados, ressalvando-se a nulidade de cláusulas que ataquem direitos previstos pela lei brasileira.

Cimentando esta posição, foi aprovado na I Jornada de Direito Civil, organizada pelo Conselho da Justiça Federal, o Enunciado 115, contendo a seguinte redação: "há presunção de comunhão de aquestos na constância da união extramatrimonial mantida entre os companheiros, sendo desnecessária a prova do esforço comum para se verificar a comunhão dos bens".

Não obstante a similaridade dos regimes de bens aplicáveis ao casamento, importante observar que nas uniões estáveis não incide a regra contida no artigo 1.641 do Código Civil, responsável pela restrição do direito de escolha do regime de bens no casamento, o que se amolda como afronta ao princípio da proteção estatal às entidades familiares estabelecidas no artigo 226 da Carta Magna.

Com vistas a manter uma paridade de tratamento jurídico, o Superior Tribunal de Justiça entendeu pela equiparação patrimonial existente entre casamento e uniões estáveis, reconhecendo a imposição do regime de separação obrigatória de bens, com a consequente produção dos efeitos da Súmula nº 377 do Supremo Tribunal Federal, quando uma das partes esteja tocada, especialmente, pelo critério etário, tendo assim decidido:

> [...]. 2. O regime de bens aplicável na união estável é o da comunhão parcial, pelo qual há comunicabilidade ou meação dos bens adquiridos a título oneroso na constância da união, prescindindo-se, para tanto, da prova de que a aquisição decorreu do esforço comum de ambos os companheiros. 3. A comunicabilidade dos bens adquiridos na constância da união estável é regra e, como tal, deve prevalecer sobre as exceções, as quais merecem interpretação restritiva, devendo ser consideradas as peculiaridades de cada caso. 4. A restrição aos atos praticados por pessoas com idade igual ou superior a 60 (sessenta) anos representa ofensa ao princípio da dignidade da pessoa humana. 5. Embora tenha prevalecido no âmbito do STJ o entendimento de que o regime aplicável na união estável entre sexagenários é o da separação obrigatória de bens, segue esse

---

[297] REsp 736.627/PR; Terceira Turma; Rel. Min. Carlos Alberto Menezes Direito; Julg. 11/04/2006; DJU 01/08/2006; P. 436.

regime temperado pela Súmula nº 377 do STF, com a comunicação dos bens adquiridos onerosamente na constância da união, sendo presumido o esforço comum, o que equivale à aplicação do regime da comunhão parcial. 6. É salutar a distinção entre a incomunicabilidade do produto dos bens adquiridos anteriormente ao início da união, contida no § 1º do art. 5º da Lei nº 9.278, de 1996, e a comunicabilidade dos frutos dos bens comuns ou dos particulares de cada cônjuge percebidos na constância do casamento ou pendentes ao tempo de cessar a comunhão, conforme previsão do art. 1.660, V, do CC/02, correspondente ao art. 271, V, do CC/16, aplicável na espécie. 7. Se o acórdão recorrido categoriza como frutos dos bens particulares do ex-companheiro aqueles adquiridos ao longo da união estável, e não como produto de bens eventualmente adquiridos anteriormente ao início da união, opera-se a comunicação desses frutos para fins de partilha. [...].[298]

A questão envolvendo eventual a celeuma envolvendo a norma restritiva do artigo 1.641 do Código Civil será no próximo capítulo, ressalvando-se, neste momento, que as conclusões que serão obtidas em relação ao casamento também serão extensivas à união familiar estável.

8. Administração de bens e a prática de atos de disposição

Conforme exposto acima, uma vez constituída a relação familiar, automaticamente operam-se os efeitos patrimoniais daquele agrupamento de pessoas, como consectário lógico para a manutenção e subsistência das pessoas ali envolvidas.

Por este motivo, aos cônjuges fica incumbida a prática, em igualdade de direitos e deveres, de atos que são inerentes à atividade financeira do casal para que, pautando-se na regra da comunhão plena de vida, estes venham a deliberar sobre a melhor destinação dos bens e valores que se formaram com o início da vida a dois, em pura obediência à disposição constante do artigo 226, § 5º, da Constituição Federal de 1988, bem como a do artigo 1.565, § 2º, do Código Civil.

Ressalta-se que não se quer falar que tal fato implica a afirmação de que todas as decisões necessitarão da presença de ambos os cônjuges ou de sua anuência. Determinados atos podem ser livremente praticados por qualquer um deles sem que isso venha a ferir a regra do exercício comum.

Desta feita, o legislador civil fez constar, no artigo 1.642, os atos inerentes à sobrevivência econômica da família, independente de anuência expressa do outro, sobre pena de se por em risco toda a autonomia de cada um dos cônjuges, no que diz respeito a sua necessária

---
[298] REsp 1.171.820/PR; Terceira Turma; Rel. Min. Sidnei Beneti; Julg. 07/12/2010; DJE 27/04/2011.

contribuição para a família. Noutro plano, fixou, no artigo 1.647, quais serão os atos que necessitarão de concordância expressa do outro cônjuge para sua prática.

Posta a duplicidade de atos que são próprios da relação patrimonial da família, sua diferenciação nasce do direito ao exercício da autonomia pelas partes na relação afetiva familiar, de modo que a necessidade ou não de autorização do outro para a prática de determinados atos decorrerá das peculiaridade de cada um dos regimes de bens, da lei ou, ainda, de ato de composição de vontade dos interessados, que deverá ser expressamente constante do pacto antenupcial ou do contrato de convivência.[299]

8.1. Atos que não necessitam de anuência expressa

Ainda que se possa falar no interesse maior da família, em relação àqueles próprios de cada uma das partes envolvidas, há de se pontuar que não se fala na perda de autonomia dos consortes em livremente praticarem determinados atos com vistas ao manter o patrimônio do casal, sem que isso necessite da concordância do outro. Não se pode perder de vista que com o casamento ou a união familiar estável, somam-se diferentes desígnios que buscam um mesmo objetivo.

Respeitando-se a liberdade individual das pessoas envolvidas em determinada relação afetiva, o Código Civil estabeleceu, em seu artigo 1.642, que independente do regime de bens do casal, seus integrantes poderão "I – praticar todos os atos de disposição e de administração necessários ao desempenho de sua profissão, com as limitações estabelecida no inciso I do art. 1.647; II – administrar os bens próprios; III – desobrigar ou reivindicar os imóveis que tenham sido gravados ou alienados sem o seu consentimento ou sem suprimento judicial; IV – demandar a rescisão dos contratos de fiança e doação, ou a invalidação do aval, realizados pelo outro cônjuge com infração do disposto nos incisos III e IV do art. 1.647; V – reivindicar os bens comuns, móveis ou imóveis, doados ou transferidos pelo outro cônjuge ao concubino,

---
[299] Em sentido oposto caminha a disciplina sob a ótica do Direito Civil português, de acordo com o artigo 1699º, nº 1, al. c, da codificação lusitana. Neste particular, Francisco Pereira Coelho e Guilherme de Oliveira, cf. *Curso de direito da família – vol. i: introdução e direito matrimonial*, cit., p. 368, apontam que "as regras sobre a administração dos bens do casal são imperativas; os nubentes não podem convencionar regras diferentes, de acordo com a sua conveniência [...]. Talvez o legislador de 1977 tenha receado que, deixando esta matéria è liberdade dos nubentes, muitos fossem tentados a seguir a tradição que confiava ao marido os poderes de administrar todos os bens do casal, frustrando deste modo o princípio igualitário que a Reforma estava a introduzir no direito civil, na sequência dos preceitos constitucionais de 1976".

desde que provado que os bens não foram adquiridos pelo esforço comum destes, se o casal estiver separado de fato por mais de cinco anos; VI – praticar todos os atos que não lhes forem vedados expressamente".

Forçoso concluir, na hipótese do inciso I, que sua aplicação é perfeita nos casos em que um (ou ambos) dos consortes sejam profissionais liberais, desempenhando cada um deles atividades distintas, bem como ocorre com o inciso II, o qual é de obviedade extrema e de respeito a mais pura noção de autonomia de cada um deles, uma vez que ninguém melhor que o proprietário para gerenciar seu patrimônio.

Maior atenção merecem os incisos III, IV e V, os quais garantem legitimação para o consorte, ou seus sucessores, para ajuizar ação em face do outro com o escopo de pleitear a devida reparação de eventual prejuízo que possa ter sofrido, bem como para anular os negócios jurídicos ilegítimos que foram contraídos.

É cristalino o fato de que, amoldando-se as situações previstas nos incisos III e IV, ao terceiro de boa-fé, garante-se o direito de regresso (também aludido no artigo 1.646) em face daquele que lhe causou prejuízo decorrente de uma conduta negocial, devendo este direito ser exercitado através do instituto processual da denunciação da lide, previsto no artigo 70 do Código de Processo Civil, ou mediante ação própria.[300][301][302]

Reclama especial atenção a flagrante inconstitucionalidade constante no inciso V que, em seu texto, aduz ser necessário o lapso temporal de cinco anos de separação de fato, para que se cesse a comunhão

---

[300] Neste sentido é o entendimento do Tribunal de Justiça de Goiás: "[...]. 4 – A eventual nulidade do contrato de compromisso de compra e venda de imóvel por ausência de outorga uxória deve ser discutida em ação própria pelo prejudicado no prazo decadencial previsto em Lei (artigo 1642, inciso III c/c artigo 1645 e 1650 do CC/02). [...].". (AC 425754-39.2008.8.09.0011; Aparecida de Goiânia; Rel. Juiz Fernando de Castro Mesquita; DJGO 26/01/2012; P. 236).

[301] Sobre a regra processual em voga, diz Eduardo Arruda Alvim, cf. *Direito processual civil*, p. 270, que "o art. 70 trata a denunciação da lide como obrigatória. O entendimento correto, porém, é o de que, nas hipóteses dos incs. II e III do mesmo artigo, o não oferecimento da denunciação da lide levará apenas a que a pretensão do réu não seja examinada no mesmo processo, podendo, todavia, ser movida a ação regressiva˜.

[302] Na esteira da orientação da jurisprudência do Superior Tribunal de Justiça: "[...]. 7. No caso, ademais, já fora proferida sentença julgando parcialmente procedente o pedido, de modo que não é recomendável anular todo o processado para se admitir a pretendida forma de intervenção de terceiros, sobretudo porque "a denunciação da lide é, em regra, uma faculdade, nada impedindo que o denunciante exerça, em ação autônoma, o seu direito de regresso" (RESP 550.095/SC, 1ª Turma, Rel. Min. Luiz Fux, DJ de 25.10.2004). 8. "A denunciação da lide, como modalidade de intervenção de terceiros, busca atender aos princípios da economia e da presteza na entrega da prestação jurisdicional, não devendo ser prestigiada quando susceptível de pôr em risco tais princípios" (RESP 216.657/SP, 4ª Turma, Rel. Min. Sálvio de Figueiredo Teixeira, DJ de 16.11.1999). [...].". (REsp 935.063/GO; Primeira Turma; Relª. Minª. Denise Martins Arruda; Julg. 21/05/2009; DJE 24/06/2009).

dos bens de uma pessoa que ainda ostente o estado civil de casada, mas que já esteja separada de fato e com outra relação afetiva configurada pela união familiar estável, como prevê e autoriza o artigo 1.723, § 1º, do Código Civil.

A exigência de tal prazo é claramente contrária às disposições do aludido artigo codificado, assim como o comando constitucional previsto no artigo 226, *caput*, que isenta de qualquer privilégio determinado grupo familiar, impondo-se respeito e tratamento isonômico a todos. Destarte, com a alteração da redação do § 6º do texto constitucional, inexiste qualquer relevância do tempo de separação (fática ou jurídica) para a decretação do divórcio, muito menos para a caracterização de união familiar estável, que foge das formalidades que são próprias do casamento.

Soma-se a estes argumentos, o fato de que tanto a Constituição Federal (artigo 226, § 3º) quanto o Código Civil (artigo 1.723) não exigem prazo para a caracterização da união familiar estável, bastando tão somente o preenchimento dos requisitos aludidos em lei para tanto.

Mesmo porque, se a separação de fato – quando devidamente comprovada – é bastante para determinar o fim da relação afetiva do casal, automaticamente também será para pôr termo ao vínculo patrimonial que se formou,[303] não se falando em riscos ao patrimônio dos então casados com a nova família formada pela união familiar estável, como bem observou o Tribunal de Justiça do Distrito Federal:

> [...]. 2. Emergindo do acervo probatório reunido a certeza de que o relacionamento havido fora público, contínuo, duradouro e constituído com o propósito de constituição de família, reúne os elementos indispensáveis à sua qualificação como união estável, não consubstanciando óbice à sua caracterização sob essa natureza a circunstância de o convivente ter continuado casado durante o tempo em que perdurara a vida em comum se aferido que durante todo o interregno estivera separado de fato da esposa (CC, art. 1.723, § 1º). 3. Consubstancia verdadeiro truísmo que, reconhecida a subsistência da vida em comum passível de ser emoldurada como união estável, o patrimônio amealhado durante o relacionamento a título oneroso, presumindo-se que derivar do esforço conjugado de ambos os conviventes, deve ser partilhado igualitariamente em havendo a dissolução do vínculo (CC, arts. 1.723 e 1.725 e Lei nº 9.278/96, art. 5º). 4. Os bens adquiridos com o produto proveniente da alienação do patrimônio que já era detido pelo convivente antes do início da união estável, tendo sido reunidos em sub-rogação do alienado e não derivando do concurso do outro companheiro, são impassíveis de partilha, à medida que os efeitos patrimoniais do relacionamento estável estão sujeitos

---

[303] Assim frisou o Tribunal de Justiça do Rio Grande do Sul: "[...]. Constitui orientação jurisprudencial pacífica que a ruptura efetiva da vida em comum do casal põe termo ao regime de bens, excluindo-se do patrimônio comum os bens adquiridos após a separação de fato, sendo partilháveis somente os bens adquiridos na constância da vida em comum. [...].". (AC 202407-05.2011.8.21.7000; Rodeio Bonito; Sétima Câmara Cível; Rel. Des. Sérgio Fernando de Vasconcellos Chaves; Julg. 25/04/2012; DJERS 30/04/2012).

à regulamentação inerente ao casamento realizado sob o regime da comunhão parcial de bens, salvo se subsistir regulação contratual em sentido diverso (CC, arts. 1.725 e 1.659, I e II) [...].[304]

Encerrando o rol do artigo 1.642, no texto do inciso VI, o legislador fez constar que as partes, sem o consentimento do outro consorte, poderão "praticar todos os atos que não lhes forem vedados expressamente", o que nos remonta à ideia de se tratar de norma que consagra a autonomia privada para os atos de gestão patrimonial, uma vez que apenas a lei é que poderá compelir ou impedir a prática de determinados atos, como dispõe o artigo 5º, II, da Constituição Federal.

No que tange às dívidas que eventualmente forem adquiridas, o artigo 1.644 do *Codex* é imperioso ao firmar que as dívidas contraídas com a finalidade de proceder a compra, ainda que a crédito, de bens necessários à economia doméstica (artigo 1.643, I) e a obtenção, mediante empréstimo, de quantias que a aquisição dessas coisas possa exigir (artigo 1.643, II), presumem-se – de maneira absoluta – como de mútuo consentimento, haja vista que o desaguar de tais ações será a preservação e manutenção do núcleo familiar.

Bem por isso, e como consequência da solidariedade que decorre da lei, sendo ajuizada ação para pleitear a cobrança de tais dívidas, haverá de ser observada a norma constante do artigo 10, § 1º, inciso III, do Código de Processo Civil, que expressamente exige a citação de ambos os consortes, pouco importando quem tenha contraído o montante devido.[305]

8.2. Atos que necessitam de anuência expressa

Em sentido contrário ao que fora exposto acima, a codificação civil brasileira fez constar uma clara e taxativa limitação à autonomia privada no campo das relações patrimoniais do Direito de Família, estabelecendo, em seus quatro incisos, que a prática de determinados atos dar-se-ão conjuntamente.

---

[304] Rec. 2005.01.1.066038-5; Ac. 536.192; Segunda Turma Cível; Rel. Des. Teófilo Caetano; DJDFTE 23/09/2011; P. 78.

[305] Arruda Alvim, cf. *Manual de direito processual civil – vol. ii: processo de conhecimento*, p. 57, leciona que: "O objetivo do art. 10, § 1º, I a IV, é a defesa do patrimônio do casal, no sentido de que as ações hão de ser movidas contra ambos, devendo, portanto, ser sujeitos passivos das ações, marido e mulher, nos casos discriminados pelo legislador. Segue-se, portanto, que um complementa a capacidade processual do outro, em função da própria incapacidade substancial específica para o caso concreto. O regime de bens, nestes casos, até o advento do CC/2002, era irrelevante. Atualmente, contudo, a providência de que trata o art. 10, do CPC, está dispensada nos casos de matrimônio sob o regime de separação de bens, em face do art. 1.647, do Código Civil, [...]".

A limitação se justifica a partir da incidência da cláusula geral de comunhão plena de vida e os desdobramentos desta na esfera patrimonial do casal, uma vez que esta, de acordo com o escólio de M. Rita Aranha da Gama Lobo Xavier,[306] "[...] implica inevitavelmente uma certa osmose patrimonial, que pode confundir as distintas massas patrimoniais do casal".

Sendo certo que os efeitos patrimoniais de uma constituição familiar não se limitam apenas às pessoas casadas, há de se contextualizar a necessidade de anuência expressa das pessoas casadas e daquelas que estão convivendo estavelmente.

8.2.1. Cônjuges

O texto do artigo 1.647 codificado reza que nenhum dos cônjuges poderá, sem a expressa anuência do outro, (I) alienar ou gravar de ônus real os bens imóveis, (II) pleitear, como autor ou réu, acerca desses bens ou direitos, (III) prestar fiança ou aval, (IV) fazer doação, não sendo remuneratória, de bens comuns, ou dos que possam integrar futura meação.

Destas quatro hipóteses saltam dois tipos de atos jurídicos que dependem de expressa concordância do outro, quais sejam: materiais (incisos I, III e IV) e processuais (inciso II). A divisão tem sua razão: havendo prática de atos materiais, caberá ao cônjuge lesado ajuizar demanda com vistas a anular o negócio jurídico praticado, ao passo que nos de ordem processual, ao consorte restará ingressar nos autos e requerer a anulação do que fora praticado ou, quando já houver transitado em julgado a sentença, valer-se de ação rescisória para buscar seus interesses e, por fim, pleitear, em ação própria, a declaração de inexistência da demanda, caso não tenha sido citado na *actio* de natureza real promovida em desfavor do cônjuge.

A situação prevista no inciso I alcança somente os bens imóveis, restando completamente afastada dos considerados móveis, ainda que estes possuam considerável valor. Aqui, para que seja válida a alienação ou a gravação com ônus real dos bens imóveis, o cônjuge deverá obter a outorga do outro, mesmo que seja para dispor ou instituir ônus real sobre bens imóveis, cuja aquisição tenha sido anterior ao casamento, pois, ainda que o bem em si não venha a ser objeto de comunhão, seus frutos serão à luz do artigo 1.669 do Código Civil.

---

[306] Cf. *Limites à autonomia privada na disciplina das relações patrimoniais entre os cônjuges*, cit., p. 118.

Neste sentido, na jurisprudência do Superior Tribunal de Justiça, é possível encontrar que "a ausência de outorga uxória na cessão de direitos hereditários de bem imóvel inventariado acarreta a invalidade do ato em relação à alienação da parte dos esposos e a ineficácia quanto à meação de suas esposas, casadas pelo regime da comunhão universal".[307]

Pelos termos do inciso II, imprescindível será a autorização para que a capacidade processual dos cônjuges seja atingida em sua plenitude, quando figurarem no polo ativo da ação, bem como a necessidade de se formar litisconsórcio necessário, quando estiverem no polo passivo, sempre que o objeto da demanda versar sobre direitos imobiliários *jus in re propria* ou *jus in re aliena*.

A outorga também será exigida para os atos previstos no inciso III, caracterizados como de prestação de aval ou fiança, sendo esta regra uma inovação trazida pela atual codificação civil, no que diz respeito ao aval, já que a fiança, mesmo antes do início da vigência, já havia sido pacificada sua nulidade quando ausente a outorga.[308] Entretanto, no que concerne o aval, tem-se que caminhou mal o legislador.

O aval, segundo Fábio Ulhoa Coelho,[309] "é o ato cambiário pelo qual uma pessoa (*avalista*) se compromete a pagar título de crédito, nas mesmas condições que um devedor desse título (*avalizado*)". Por este motivo, tem-se inapropriada a exigência do Código Civil na prestação da outorga, uma vez que se trata de um ato estritamente pessoal e com intuito diverso da fiança, não sendo contrato, mas sim garantia à obrigação assumida.

Por tal motivo, foi acertada a edição do Enunciado nº 114, da I Jornada de Direito Civil, promovida pelo Conselho da Justiça Federal, contendo o seguinte teor: "o aval não pode ser anulado por falta de vênia conjugal, de modo que o inc. III do art. 1.647 apenas caracteriza a inoponibilidade do título ao cônjuge que não assentiu".

Acompanhando esta orientação, já disse o Tribunal de Justiça do Rio Grande do Sul que "[...] os bens da mulher não respondem por dívidas assumidas pelo marido, especialmente no caso de aval, quando deve ser comprovado que a dívida beneficiou a cônjuge embargante ou sua família, ônus do credor. A despeito de o inciso III do art. 1.647

---

[307] REsp 274.432/PR; Quarta Turma; Rel. Min. Aldir Guimarães Passarinho Junior; Julg. 07/12/2006; DJU 12/02/2007; P. 262.

[308] O tema isentou-se de discussões a partir da edição da Súmula nº 332, do Superior Tribunal de Justiça, assim prevendo: "A fiança prestada sem autorização de um dos cônjuges implica a ineficácia total da garantia".

[309] Cf. *Curso de direito comercial* – vol. 1, p. 412.

do Código Civil incluir o aval entre os atos que um cônjuge não pode praticar sem autorização do outro, a não ser no regime da separação absoluta de bens, a falta da outorga não torna o ato nulo de pleno direito, tampouco ineficaz. A falta de consentimento da mulher para o aval não constitui nulidade de pleno direito, implicando apenas ineficácia relativa em relação ao cônjuge não anuente, cuja meação não será atingida pela penhora. [...]".[310]

Arrematando o rol constante do artigo 1.647, o inciso IV estipula a necessidade de consentimento expresso do consorte para fazer doação, não sendo remuneratória, de bens comuns, ou dos que possam integrar futura meação. Trata-se de norma com grande obviedade: impedido está o cônjuge de dispor, em vida, de bens que pertençam ao casal ou daqueles que poderão integrar o acervo comum, sem que haja anuência para tanto.

Excetua-se, todavia, as doações que não sejam consideradas de natureza remuneratória, como nos casos daquelas praticadas por pais aos seus filhos, por ocasião de casamento ou inicio da vida empresarial.

A prova da outorga para os casos acima analisados deverá obedecer às disposições do artigo 220 do Código Civil, que, em termos práticos, dar-se-á mediante a prática de ato que seja idêntico à forma exigida pela lei para que se tenha a devida publicidade dos atos, qual seja, a escritura pública.

8.2.2. Conviventes

A necessidade ou não de anuência expressa para os conviventes, para a prática dos atos previstos no artigo 1.647 do Código Civil, levanta divergências.

Paulo Lôbo[311] sustenta que "qualquer alienação (venda, permuta, doação, dação em pagamento) de bem comum pelo companheiro depende de autorização expressa do outro; a falta de autorização enseja ao prejudicado direito e pretensão à anulação do ato e do respectivo registro público. [...] A proteção legal da comunhão é em tudo semelhante à derivada do casamento. Não pode o companheiro prestar aval ou fiança sem expressa autorização do outro, pois a regra do art. 1.647 do Código Civil também é aplicável à união familiar estável, pois incide sobre o regime da comunhão parcial".

---

[310] AC 12532-21.2008.8.21.7000; São Valentim; Décima Oitava Câmara Cível; Rel. Des. Cláudio Augusto Rosa Lopes Nunes; Julg. 11/08/2011; DJERS 18/08/2011.
[311] Cf. *Direito civil: famílias*, cit., p. 181.

De outro lado, Euclides de Oliveira[312] anota não ser necessária a "autorização do companheiro para a alienação dos bens imóveis e outros atos gravosos ao patrimônio comum".

Com a devida vênia, entende-se pela desnecessidade da outorga quando o casal mantém sua comunhão plena de vida pautada na união familiar estável, uma vez que, por se tratar de relação fática que, em sua grande maioria, independe de contrato escrito entre as partes, é inviável se falar em vinculação de terceiros, ainda que estejam de boa-fé.

De acordo com a jurisprudência do Tribunal de Justiça de São Paulo,[313] "[...] em sede de fiança, a exigência de outorga uxória ou marital só incide em hipóteses do civilmente casado, inaplicável ao instituto da união estável. [...]".[314]

Portanto, caberá aos conviventes, para que se protejam mutuamente, tomar cuidado quando do registro dos bens adquiridos na constância da união familiar estável, procedendo este ato de aquisição de propriedade sempre em favor de ambos, furtando-se de futuras tormentas que possam acarretar a divisão do bem quando, eventualmente, chegar ao fim o projeto de vida comum.

Todavia, será exigido consentimento do conviventes caso haja disposição escrita em contrato de convivência em que ambas as partes, no exercício da autonomia privada, assim contratarem.

Assim sendo, estando o bem registrado em nome de apenas um dos conviventes, autorizado estará seu proprietário para aliená-lo ou gravá-lo com ônus real sem a outorga do outro, restando àquele que porventura for lesado, ajuizar ação regressiva em face daquele que procedeu com o desfazimento do patrimônio comum, bem como lhe é assegurado o manejo de ações cautelares para obstaculizar a prática destes atos.

---

[312] Cf. *União estável: do concubinato ao casamento*, p. 189.

[313] APL 9121750-35.2008.8.26.0000; Ac. 5840032; Santo André; Vigésima Sétima Câmara de Direito Privado; Rel. Des. Gilberto Leme; Julg. 10/04/2012; DJESP 02/05/2012.

[314] O Tribunal de Justiça de Minas Gerais segue semelhante entendimento: "[...]. A venda de bem por companheiro de união estável não exige a outorga uxória. [...].". (APCV 1239574-28.2007.8.13.0525; Pouso Alegre; Décima Sétima Câmara Cível; Rel. Desa. Marcia de Paoli Balbino; Julg. 27/10/2011; DJEMG 04/11/2011).

Capítulo 4

As relações patrimoniais da família e a teoria do patrimônio mínimo

1. O Bem de Família e o patrimônio mínimo

Conforme exposto no Capítulo 1, durante um grande período da história da afirmação humana, a partir da liberalidade negocial, o Direito Civil foi alçado à condição de estatuto supremo da liberdade do ser humano, para que os ideais da Revolução Francesa fossem concretizados, a partir da incidência da primazia da negociação entre os particulares, cunhada no *pacta sunt servanda* e seus desdobramentos sociojurídicos.

É inegável que a consubstanciação da livre vontade humana tinha, no Princípio da Autonomia da Vontade, seu ponto de partida para a persecução dos interesses privados: o acúmulo de riquezas e de patrimônio. O tônus da codificação civil francesa de 1804 estava na patrimonialização das relações privadas.

León Duguit[315] apontava ser esta uma nova concepção de liberdade e sua função, trazida pelos fundamentos revolucionários de 1789, uma vez que "[...] faz sentido que todas as leis estabeleçam obrigações positivas ao indivíduo".

Desconheciam-se limites às relações privadas, que obstaculizassem as desenfreadas pactuações humanas, e os riscos exacerbados, que estes traziam aos envolvidos naquelas negociações, e os que deles dependiam direta ou indiretamente. Havia, assim, privilégio do patrimônio em detrimento da pessoa humana.

Entre nós não foi diferente. O Código Civil de 1916 tinha forte conotação patrimonialista, em detrimento da posição que as pessoas ostentavam no seio social, o que se manteve até o surgimento da Carta Política de 1988 e seus ares garantistas e sociais, que impulsionaram uma releitura de toda a ordem jurídica brasileira. A revalorização da

---
[315] Cf. *Les transformations générales du droit privé depuis le code napoléon*, p. 48.

pessoa humana frente ao excessivo apego patrimonialista se deu gradualmente.

A partir da consagração dos princípios da dignidade humana (artigo 1º, III), solidariedade (artigo 3º, I) e igualdade (artigo 5º), toda a relação jurídica privada careceu de nova interpretação para que se adequasse a estes postulados constitucionais, a fim de que as tratativas entre particulares deixassem de ser um fim em si mesmas, vindo, este fenômeno, a ficar conhecido como a *constitucionalização do direito privado* ou, ainda, como *despatrimonialização das relações privadas*.

Ante a clara supremacia da Constituição e seus valores fundamentais, a comunicação entre preceitos públicos e privados se consolidou e, por esta razão, a tábua axiológica trazida pelo Texto Maior impulsionou a que o expoente da liberalidade burguesa se coadunasse a uma concepção de unidade jurídica a partir de uma norma fundamental.

Não é apenas com a capitulação dos direitos sociais que a Constituição Federal de 1988 garantiu um número de situações tidas como mínimas. para que todas as pessoas tenham preservadas e respeitadas sua condição existencial, reputada como essencial à sobrevivência humana, mas também à ordem civil, incumbe o dever jurídico de tutelar estas situações.

Com isso, afirma-se que, como há uma clara necessidade de se voltar os cuidados jurídicos à pessoa humana e, consequentemente, desapegar-se do patrimônio, não se pode mais admitir o ser humano servindo ao patrimônio, mas sim a outra faceta desta relação: o patrimônio como fundamento garantidor da subsistência humana.

A necessidade de se destinar um estatuto mínimo de condições para a vida digna das pessoas encontra em sua célula fundamental seu ponto de partida: o estabelecimento do patrimônio mínimo para as famílias.

Trata-se, pois, de uma consequência lógica do processo de constitucionalização sofrido pelo Direito Privado brasileiro, ante a força vinculante dos preceitos constitucionais, os quais impõem a aplicação dos direitos fundamentais em todos os ramos da ciência jurídica, inclusive nas relações eminentemente privadas.

A proteção à pessoa humana ganhou contornos ainda mais delineados após as duas guerras mundiais, ocorridas na primeira metade do século passado, nas quais as atrocidades e inobservâncias às mínimas condições de uma existência digna causaram perplexidade a todo o planeta.

Por esta razão, a sistemática constitucional brasileira impulsiona o ordenamento jurídico a aplicar concretamente os instrumentos legais que tutelam as mínimas condições para a vida humana, garantindo um estatuto jurídico mínimo e inafastável como verdadeiro mecanismo para o regular desenvolvimento das pessoas.

No Direito Público, a noção de se tutelar o mínimo existencial foi concebido a partir da inserção dos direitos sociais que, pelos dizeres de Cláudio Pereira de Souza Neto,[316] "[...] o conceito de mínimo existencial serve à finalidade central de estabelecer quais são os direitos sociais que representam condições para o exercício efetivo da *liberdade*, entendida como autonomia privada, *i.e.*, os direitos sociais não são considerados *prima facie* direitos fundamentais: sua fundamentalidade é derivada da liberdade, esta sim, por si só, fundamental".

Inexistindo ambiente mais propício para se atingir estes objetivos do que a *família*, forçoso concluir a imperiosa aplicação da teoria do mínimo existencial no Direito de Família, mas sem perder de vista que o vértice do Direito Civil contemporâneo repousa nas relações intersubjetivas e, como não poderia deixar de ser, exercita-se através da autonomia privada.

Todavia, a necessidade de garantir minimamente a existência humana impulsiona a conclusão de que esta atua como verdadeiro limite àquela.

Luiz Edson Fachin[317] é categórico ao afirmar que "a proteção de um patrimônio mínimo vai ao encontro dessas tendências (de despatrimonialização das relações civis), posto que põe em primeiro plano a pessoa e as suas necessidades fundamentais".

A conexão entre a preservação de um mínimo necessário e o direito à vida familiar se estabelece com a instrumentalização da autonomia privada, a partir do princípio maior da dignidade humana e sua concretização legislativa, como ocorreu com o advento da Lei nº 8.009, de 29 de março de 1990, conhecida como *Lei do Bem de Família*, a qual confere proteção ao órgão essencial da sociedade brasileira, fixando-se, desta feita, o mínimo necessário para a vida digna da família.[318] [319]

---

[316] Cf. *Fundamentação e normatividade dos direitos fundamentais: uma reconstrução teórica à luz do princípio democrático*, p. 310.

[317] Cf. *Estatuto jurídico do patrimônio mínimo*, p. 11.

[318] A jurisprudência do Tribunal de Justiça da Paraíba já reconheceu que "[...]. A proteção ao patrimônio mínimo da pessoa humana, conjugada a outro princípio de natureza fundamental que é a dignidade da pessoa humana, alcança o objetivo almejado pela Constituição da República, no sentido de servir o patrimônio como um instrumento de cidadania, pois põe em primeiro plano a pessoa e suas necessidades fundamentais, ao separar uma parcela básica para atender as necessidades elementares da pessoa humana. Direito ao mínimo existencial". (AI 200.2001.032987-4/001; Terceira Câmara Cível; Rel. Des. Saulo Henriques de Sá e Benevides; DJPB 19/10/2011; P. 10).

[319] No mesmo sentido é o entendimento do Tribunal de Justiça do Rio Grande do Sul: "[...]. O instituto do bem de família, exceção ao princípio da responsabilidade patrimonial, visa preser-

Eduardo Zannoni[320] ao traçar sua conceituação sobre o *bem de família* escreve ser este "[...] uma autêntica instituição especial que pode coexistir com o regime patrimonial do casamento, ainda que, puramente, se opera autonomamente e se rege por normas próprias. Consiste na afetação de um imóvel urbano ou rural à satisfação das necessidades de sustento e de sobrevivência de seu titular e de sua família e, consequentemente, extraem as contingências econômicas que puderam provocar, sucessivamente, seu embargo ou alienação".

Com a promulgação da lei supramencionada, criou-se verdadeiro limite ao exercício da autonomia privada por algumas razões, dentre as quais se destacam: a) a preservação de um número mínimo de bens para que as famílias tenham condições ao exercício de direitos intersubjetivos e; b) garantia de que o regime de bens do casamento e da união familiar estável estabelece um grupo considerado como básico para resguardar a dignidade das pessoas.

Não obstante o tratamento legislativo especial destinado ao *bem de família*, o atual Código Civil debruça-se sobre o tema nos artigos 1.711 a 1.722, impulsionando a necessidade de análise conjunta, uma vez que diversas são as situações que fomentarão a funcionalização deste instituto garantidor, por se tratar de pura cláusula geral.

A necessidade de se proteger um estatuto mínimo para a vida da família repousa nas relações obrigacionais que cada pessoa possa firmar, haja vista que a ordem jurídica nacional veda a responsabilização pessoal do devedor, para o adimplemento das dívidas que eventualmente contrair, conforme disposição dos artigos 591 e 391, dos Códigos de Processo Civil e Civil, respectivamente. Ou seja, havendo obrigações assumidas por uma pessoa, é o seu patrimônio que garantirá a satisfação do convencionado.

Todavia, a regra da responsabilidade do patrimônio do devedor comporta exceções, que se encontram no artigo 649 do Código de Processo Civil e na impossibilidade de se penhorar o bem de família, como informam as disposições constantes nos já mencionados artigos 1.711 a 1.722, bem como na Lei do Bem de Família.

O bem de família teve sua primeira tratativa jurídica em 1839, na República do Texas, antes de sua incorporação ao território dos Estados

---

var bens do patrimônio do devedor, a fim de proteger valores mais elevados. Objetiva, essencialmente, assegurar o chamado mínimo existencial, inserido no conceito de dignidade humana. Demonstrado, assim, que o imóvel penhorado é utilizado para residência do núcleo familiar do executado, forçoso reconhecer a incidência do art. 1º da Lei nº 8.009/90. [...].". (AC 70037742459; Bento Gonçalves; Décima Oitava Câmara Cível; Rel. Des. Pedro Celso Dal Prá; Julg. 02/09/2010; DJERS 10/09/2010).

[320] *Derecho civil: derecho de familia – vol. 1*, cit., p. 640.

Unidos da América, com a edição do *Homestead Excemption Act*, o qual garantia uma pequena porção de terra voltada às atividades essenciais para manutenção da família, vindo esta propriedade a ser considerada sagrada para o núcleo familiar.

De acordo com Álvaro Villaça de Azevedo,[321] "vê-se, dessa forma, que a lei em causa veio a proteger as famílias radicadas na República do Texas, livrando de qualquer execução judicial 50 acres de terra rural ou um lote de terreno na cidade, compreendendo a habitação e melhoramentos de valor não superior a 500 dólares, todos os móveis e utensílios de cozinha, desde que o valor não excedesse de 200 dólares, todos os instrumentos aratórios, até o valor de 50 dólares, além das utilidades, instrumentos e livros destinados ao comércio ou ao exercício profissional do devedor ou qualquer cidadão, cinco vacas leiteiras, uma parelha de bois ou um cavalo, 20 porcos e todas as provisões necessárias a um ano de consumo".

A justificativa à manutenção deste instituto, nos mais diversos ordenamentos jurídicos, desde o seu surgimento, dá-se na necessidade de se garantir a proteção do aspecto psicológico, cultural e social das pessoas. Isso porque a inexistência deste instrumento de preservação patrimonial mínima levaria os endividados a mais completa iniquidade.

Sua tutela não versa sobre o patrimônio em si, mas sim sobre o núcleo familiar, pouco importando ser ela constituída a partir dos laços do casamento, da união familiar estável, da monoparentalidade[322] e, também, nos casos de pessoas separadas, solteiras ou viúvas,[323] conforme prevê o artigo 226 da Constituição Federal de 1988, haja vista que à todos é garantido o *bem mínimo existencial*.

---

[321] Cf. *Bem de família*, p. 28.

[322] Da jurisprudência do Tribunal de Justiça de Pernambuco extrai-se: "[...] é dever do julgador, na aplicação da lei, atender aos fins sociais a que ela se dirige e às exigências do bem comum. Sendo assim, caminhou bem o julgador de piso, já que em sua decisão observou o sentido teleológico na lei que define o bem de família. 8. É certo que estamos diante de uma categoria especial de bens, daquela porção do patrimônio reservada à garantia da dignidade do núcleo familiar, e hoje, assim também, do solteiro ou da solteira. Logo, seja a família monoparental, nuclear, clássica, ou esteja a pessoa física ostentando a condição de solteira, o bem de família lhe alcançará, como uma dádiva ofertada pelas mentes brilhantes que idealizaram originalmente este instituto protetivo da família. 9. In casu faz-se imperiosa uma reflexão serena, livre de nossas idiossincrasias, quanto ao verdadeiro significado do bem de família. Isto porque o imóvel familiar do casal ou da entidade familiar é o último e mais sagrado refúgio da família, é o lugar onde descansamos o corpo e o espírito, onde renovamos nossas forças para suportarmos as fadigas de cada dia, e só assim alcançar êxito nas empreitadas diárias. [...]". (AgRg 0014102-62.2012.8.17.0000; Primeira Câmara Cível; Rel. Des. Josué Antônio Fonseca de Sena; Julg. 07/08/2012; DJEPE 13/08/2012; P. 65).

[323] Súmula nº 364 do Superior Tribunal de Justiça: "O conceito de impenhorabilidade de bem de família abrange também o imóvel pertencente a pessoas solteiras, separadas e viúvas".

Em sede jurisprudencial, ponto bastante divergente diz respeito a possibilidade ou não da ampliação do conceito de Bem de Família, tendo o Superior Tribunal de Justiça assim se manifestado:

[...]. 1. "A interpretação teleológica do Art. 1º, da Lei nº 8.009/90, revela que a norma não se limita ao resguardo da família. Seu escopo definitivo é a proteção de um direito fundamental da pessoa humana: o direito à moradia" (ERESP 182.223/SP, Corte Especial, Rel. Min. Humberto Gomes de Barros, DJ 6/2/2002). 2. A impenhorabilidade do bem de família visa resguardar não somente o casal, mas o sentido amplo de entidade familiar. Assim, no caso de separação dos membros da família, como na hipótese em comento, a entidade familiar, para efeitos de impenhorabilidade de bem, não se extingue, ao revés, surge em duplicidade: uma composta pelos cônjuges e outra composta pelas filhas de um dos cônjuges. [...]. 3. A finalidade da Lei nº 8.009/90 não é proteger o devedor contra suas dívidas, tornando seus bens impenhoráveis, mas, sim, reitera-se, a proteção da entidade familiar no seu conceito mais amplo [...].[324]

[...]. 1. – O Superior Tribunal de Justiça já consolidou seu entendimento no sentido de que a proteção ao bem de família pode ser estendida ao imóvel no qual resida o devedor solteiro e solitário. 2. – Esse entendimento, porém, não se estende à hipótese de mera separação de fato de um dos membros da família, do ponto de vista jurídico, denota a existência de uma família e dois imóveis por ela utilizados como residência e proteger ambos com a impenhorabilidade disposta na Lei n. 8.009/1990 significaria ampliar demasiadamente o âmbito da Lei, o que apresenta um risco adicional a facilitar a prática de fraudes. Além disso, a abertura dessa possibilidade de alargamento da impenhorabilidade significaria abertura de oportunidade de criação de incidentes processuais que levariam a mais uma hipótese de eternização do processo de execução. Precedente: RESP 518.711/RO, relator ministro Ari Pargendler, relator(a) p/ acórdão Ministra Nancy Andrighi, Terceira Turma, dje 05/09/2008 [...].[325]

Ante a divergência apontada, temos ser mais sensata a segunda posição, uma vez que a proteção exacerbada do Bem de Família poderá acarretar prejuízos a terceiros credores e, ainda, flagrante caracterização do abuso de direito por parte do devedor.

O Bem de Família, dentro do contexto jurídico em que se encontra, é visto sob duas formas, a saber: a) convencional (que recebe tratamento legal a partir dos comandos da codificação civil); e b) legal (regulado pela Lei nº 8.009/90).

O denominado bem de família convencional encontra sua proteção no artigo 1.711 do Código Civil, de onde se extrai que "podem os cônjuges, ou a entidade familiar, mediante escritura pública ou testamento, destinar parte de seu patrimônio para instituir bem de família, desde que não ultrapasse um terço do patrimônio líquido existente ao

---

[324] REsp 1.126.173; Proc. 2009/0041411-3; MG; Terceira Turma; Rel. Min. Ricardo Villas Boas Cueva; Julg. 09/04/2013; DJE 12/04/2013.

[325] AgRg-AREsp 301.580; Proc. 2013/0047456-0; RJ; Terceira Turma; Rel. Min. Sidnei Beneti; DJE 18/06/2013; P. 562.

tempo da instituição, mantidas as regras sobre a impenhorabilidade do imóvel residencial estabelecida em lei especial".

Sua impenhorabilidade abrange as pertenças e acessórios do bem principal, bem como as rendas que venham a ser aplicadas em sua conservação e no sustento da família, restando afastada, apenas, quando se tratar das obrigações *propter rem* ou taxas condominiais.

Apesar de se tratar de verdadeira limitação à autonomia privada no campo das relações patrimoniais da família, o bem de família tem, neste princípio jurídico, a garantia da possibilidade de sua livre instituição por parte de um dos consortes, uma vez que para o exercício deste ato não se faz necessária a outorga do outro, como se deduz do artigo 1.645 do Código Civil, o qual não fez constar em seu rol tal exigência.

No que concerne ao bem de família legal, o artigo 1º da Lei nº 8.009/90 estabelece que "o imóvel residencial próprio do casal, ou da entidade familiar, é impenhorável e não responderá por qualquer tipo de dívida civil, comercial, fiscal, previdenciária ou de outra natureza, contraída pelos cônjuges ou pelos pais ou filhos que sejam seus proprietários e nele residam, salvo nas hipóteses previstas nesta lei", vindo seu respectivo parágrafo único asseverar que "a impenhorabilidade compreende o imóvel sobre o qual se assentam a construção, as plantações, as benfeitorias de qualquer natureza e todos os equipamentos, inclusive os de uso profissional, ou móveis que guarnecem a casa, desde que quitados".

O regime de proteção legal do bem de família, como forma de estabelecimento de um patrimônio mínimo, tem sua origem no texto do artigo 6º da Constituição Federal, sendo alçado à condição de um direito social garantido à pessoa humana, estando, este, isento de qualquer responsabilidade civil, comercial, fiscal ou de qualquer outra natureza, quando contraída por qualquer dos cônjuges ou pelos pais e seus filhos, que sejam proprietários e possuidores do imóvel.

À luz do civilismo constitucional italiano, Pietro Perlingieri[326] expõe que a família, por si só, caracteriza-se como um constante fundo patrimonial que serve de albergue às pessoas ali inseridas, de modo que o artigo 29 da constituição italiana e a normatividade infraconstitucional estabelecem verdadeira cláusula geral de "[...] *favor familiae* na acepção privilegiada atribuída pela normatividade constitucional [...]".

---

[326] Cf. *Il diritto civile nella legalità costituzionale secondo il sistema italo-comunitario delle fonti – tomo secondo*, cit., p. 979.

Conforme anotam Cristiano Chaves de Farias e Nelson Rosenvald,[327] "na hipótese de o proprietário possuir mais de um imóvel, considerar-se-á bem de família o de menor valor, nos termos da legislação aplicável, ainda que esteja residindo em outro, mais valioso. Nessa hipótese, para que possa ser reconhecida a proteção ao imóvel onde reside (ou a outro imóvel de sua preferência), deverá se valer do procedimento da lei civil, instituindo o bem de família voluntariamente, desde que não ultrapasse um terço de seu patrimônio líquido no momento da instituição, [...]".

Portanto, inexistindo convenção que disponha sobre a instituição de bem de família, desde que preenchidas as exigências da lei, recairá a proteção sobre bem cujo menor valor possuir, sendo que tal proteção não se estenda ao que o artigo 2º da Lei nº 8.009/90 considera como veículos de transporte, obras de arte e adornos suntuosos, como já entendeu o Superior Tribunal de Justiça:

> [...]. I. – É assente na jurisprudência das Turmas que compõem a Segunda Seção desta Corte o entendimento segundo o qual a proteção contida na Lei nº 8.009/90 alcança não apenas o imóvel da família, mas também os bens móveis que o guarnecem, à exceção apenas os veículos de transporte, obras de arte e adornos suntuosos. II. – São impenhoráveis, portanto, o televisor e a máquina de lavar roupas, bens que usualmente são encontrados em uma residência e que não possuem natureza suntuosa [...].[328]

De igual monte, o artigo 649 do Código de Processo Civil, com as modificações introduzidas a partir da Lei nº 11.382, de 06 de dezembro de 2006, prevê a absoluta impenhorabilidade sobre "I – os bens inalienáveis e os declarados, por ato voluntário, não sujeitos à execução; II – os móveis, pertences e utilidades domésticas que guarnecem a residência do executado, salvo os de elevado valor ou que ultrapassem as necessidades comuns correspondentes a um médio padrão de vida; III – os vestuários, bem como os pertences de uso pessoal do executado, salvo se de elevado valor; IV – os vencimentos, subsídios, soldos, salários, remunerações, proventos de aposentadoria, pensões, pecúlios e montepios; as quantias recebidas por liberalidade de terceiro e destinadas ao sustento do devedor e sua família, os ganhos de trabalhador autônomo e os honorários de profissional liberal, observado o disposto no § 3º deste artigo; V – os livros, as máquinas, as ferramentas, os utensílios, os instrumentos ou outros bens móveis necessários ou úteis ao exercício de qualquer profissão; VI – o seguro de vida; VII – os materiais necessários para obras em andamento, salvo se essas forem penhoradas; VIII – a pequena propriedade rural, assim definida em lei,

---

[327] Cf. *Curso de direito civil: parte geral e LINDB*, p. 535.

[328] Rcl 4.374; Proc. 2010/0113066-5; MS; Segunda Seção; Rel. Min. Sidnei Beneti; Julg. 23/02/2011; DJE 20/05/2011.

desde que trabalhada pela família; IX – os recursos públicos recebidos por instituições privadas para aplicação compulsória em educação, saúde ou assistência social; X – até o limite de 40 (quarenta) salários mínimos, a quantia depositada em caderneta de poupança. XI – os recursos públicos do fundo partidário recebidos, nos termos da lei, por partido político".

Merece destaque a impenhorabilidade incidente sobre os *imóveis em construção*, por sua consideração antecipada como bem de família,[329] e às *vagas de garagem*, as quais são consideradas partes acessórias do bem principal, exceto quando estiver registrada autonomamente, oportunidade em que se fará aplicável o texto da Súmula nº 449 do Superior Tribunal de Justiça.[330]

Todavia, havendo ato em que se verifica o exercício da autonomia privada, em que uma das partes oferta seu bem como garantia de cumprimento de obrigação assumida, não há que se falar no benefício da impenhorabilidade do bem, ainda que este preencha os reclames da lei, consoante orientação da jurisprudência do Tribunal de Justiça do Espírito Santo:

> [...]. Se o devedor faz cair sobre o seu bem garantia de dívida, ele perde o benefício trazido pela Lei nº 8.009/90, de modo que se torna possível a penhora ainda que configurada a hipótese de bem de família. – Arrematado o bem penhorado, impossível a invocação do benefício da Lei nº 8.009/90. Precedentes do STJ [...].[331]

Percebe-se, então, que a relação patrimonial que se inicia com a formação de uma entidade familiar, e a consequente necessidade de se estabelecer um estatuto mínimo para a manutenção desse núcleo familiar, vai ao encontro de toda a ordem civil-constitucional brasileira, a qual impõe limitações ao exercício da autonomia privada, para que a vida humana não seja posta em risco.

Apenas excepcionalmente será admitida a prevalência das disposições negociais que envolvam um dos bens que integram o acervo patrimonial mínimo das famílias.

---

[329] Assim entendeu o Tribunal de Justiça de São Paulo: "[...]. A alegação de impenhorabilidade do bem de família estabelecida pela Lei n. 8009/90 é matéria de ordem pública e pode ser reconhecida a qualquer momento, não ocorrendo preclusão. Os dispositivos legais que regulamentam a proteção do patrimônio mínimo da pessoa humana devem ser interpretados de forma ampla. Portanto, é impenhorável o único bem imóvel utilizado atualmente como residência familiar, ainda que em construção quando da época da penhora do mesmo. [...]". (AI 0502528-04.2010.8.26.0000; Ac. 4934644; Ribeirão Preto; Décima Segunda Câmara de Direito Privado; Relª. Desª. Sandra Galhardo Esteves; Julg. 02/02/2011; DJESP 18/02/2011).

[330] Súmula nº 449 do Superior Tribunal de Justiça: "A vaga de garagem que possui matrícula própria no registro de imóveis não constitui bem de família para efeito de penhora".

[331] AGInt-AC 0001041-98.2001.8.08.0056; Segunda Câmara Cível; Rel. Des. Carlos Simões Fonseca; Julg. 14/08/2012; DJES 23/08/2012.

2. A proibição de doação universal

O exercício da autonomia privada permite aos particulares ajustarem vontades com os parâmetros estabelecidos pelo ordenamento jurídico, ou seja, condiciona-se a concretização da vontade das partes pautando-a nos limites legais previstos, configurando-se assim uma das principais fontes das relações contratuais.

Isso porque a vontade subjetiva adequa-se às exigências previstas na legislação, como forma de impedir abusos e desequilíbrios nas tratativas e execuções das obrigações assumidas por cada uma das partes, condicionando a existência, validade e eficácia do contrato a mais escorreita obediência legal.

Desta forma, pode-se dizer que a autonomia privada é corolário da livre iniciativa econômica privada, no sentido de ser, esta, a possibilidade de se introduzir, no mercado a circulação de bens e serviços, fomentando a atividade produtiva e, consequentemente, a atividade aquisição destes produzidos.

No âmbito da autonomia privada e sua instrumentalização contratual com vistas à circulação de bens, Ana Prata[332] observa parecer ser "[...] inequívoca esta consequência do princípio da liberdade de iniciativa econômica privada: sendo essa permitida hão de implicitamente estar autorizados os meios de a desenvolver, e, portanto, os actos negociais necessários à juridicização de tal atividade".

Muito embora haja previsão constitucional que permita a livre iniciativa (artigo 170 da Carta Política de 1988) – e sem dúvidas esta é imprescindível para a circulação de riquezas –, não se pode admitir que a vontade subjetiva se sobreponha aos limites jurídicos e morais que permeiam local onde a celebração do negócio se realiza, sob pena de se (re)instituir o dogma da vontade e sua irrestrita aplicação, o que hoje iria de encontro a toda a ordem jurídica civil-constitucional brasileira.

A isso, deve ser somada a nova principiologia contratual, que trouxe ares mais humanos e condizentes com o Texto Maior de 1988 e sua função protetiva e garantista. Por este motivo, fez-se inserir, no hodierno Código Civil, as cláusulas gerais da *boa-fé* e da *função social*,[333] como elementos basilares para se determinar uma verdadeira *justiça contratual*.

---

[332] Cf. *A tutela constitucional da autonomia privada*, cit., p. 199.

[333] Teresa Negreiros, cf. *Teoria do contrato: novos paradigmas*, cit., p. 207, pondera que "tal como os demais princípios que estruturam as inovações do direito contratual contemporâneo, o princípio da função social aprofunda os questionamentos à ótica individualista, compondo um aspecto a mais da complexa noção de abuso da liberdade contratual".

Transpondo este novo momento da disciplina contratual às relações familiares, neste não há outra hipótese que melhor se amolde aos arranjos contemporâneos dos contratos, a fim de que se imponha uma digressão do viés patrimonialista da família oitocentista, daquela que, hoje, se apresenta na sociedade brasileira.

É dizer: as relações patrimonialistas da família não estão isentas dos princípios constitucionais e civis, de modo que não se admite a prática de determinados atos, sob pena de se colocar em xeque a proteção à dignidade humana e seus instrumentos legais. Não que isso afaste a incidência da vontade das partes no campo negocial da família, mas apenas condiciona a atividade contratual das partes aos reclames da lei.

Justificam-se, com isso, as lições de Enzo Roppo[334] ao apontar, nas relações contratuais, "[...] a sua configuração geral, que não ressalta só no momento da liberdade de determinação do conteúdo do contrato, mas evidentemente concerne a qualquer aspecto no qual se manifesta a iniciativa contratual".

Já foi visto que a autonomia privada, hoje, é condicionada à necessidade de se fixar um mínimo necessário para a manutenção digna da vida humana, cunhando-se, desta feita, como claro e flagrante fator de limitação da atividade econômica dos cônjuges, a fim de que não venha, qualquer deles, padecer à míngua de um mínimo existencial.

Uma das formas de se limitar o exercício da autonomia privada no direito patrimonial da família é prevista no artigo 548 do Código Civil, referente à vedação que existe às doações universais, dispondo o mencionado texto legal que "é nula a doação de todos os bens sem reserva de parte, ou renda suficiente para a subsistência do doador".

Em linhas conceituais, o Código Civil, em seu artigo 538, apresenta a noção de ser a doação um contrato típico pelo qual uma pessoa – doador –, mediante o exercício de uma liberalidade, transfere, gratuitamente, à outra – donatário –, patrimônio ou vantagens. Trata-se, pois, de uma faculdade que possui o doador, uma vez que na condição de proprietário poderá usar (*jus utendi*), gozar (*jus fruendi*), alienar (*jus abutendi*) e reivindicar (*rei vindicatio*) seus bens.

O comando supracitado da codificação brasileira teve fortes influências dos códigos civis de Alemanha (§516), Itália (artigo 769), Portugal (artigo 940) e Suíça (artigo 239), que, expressamente, versam sobre o tema com ideias e finalidade simétricas.

---

[334] Cf. *O contrato*, cit., p. 132.

A dignidade humana exsurge como o basilador do negócio jurídico, que versa sobre a disposição completa dos bens de uma pessoa para um terceiro, pautando a conduta negocial na tábua axiológica da Constituição Federal, fazendo com que a vedação a estas doações seja reputada como nula de pleno direito.

Evidencia-se que a restrição à autonomia privada, que impõe o artigo 548 do Código Civil, busca dar cabo a toda e qualquer possibilidade de desigualdade patrimonial. Não se está a afirmar que o casamento estabelece uma troca de vantagens patrimoniais, como nos induz a (infeliz) redação do artigo 1.564 do *Codex*, mas sim que a relação patrimonial da família atua como um estatuto para garantir e instrumentalizar uma vida humana com um mínimo necessário para sua dignidade.

Todavia, nada obsta que as doações entre cônjuges tenham como objeto os bens particulares de cada um deles, uma vez que a completa abstenção patrimonial poderia colocar o doador em disparidade de bens, o que, consoante anotação de M. Rita Aranha da Gama Lobo Xavier,[335] violaria a comunhão do casal e, consequentemente, o "[...] património colectivo de cujos elementos os cônjuges não podem dispor [...]".

Gravita, em torno da violação ao patrimônio mínimo necessário à digna vida do ser humano, o que a constituição italiana aponta, em capítulo denominado como ético-moral, no texto de seu artigo 29,[336] um princípio da igualdade moral e jurídica dos cônjuges como um limite garantidor do instituto jurídico e da moral social.

Tem-se, assim, que a doação universal de um cônjuge, em favor do outro, viola os preceitos basilares da boa-fé e função social dos contratos, uma vez que empurra o doador ao risco de lhe faltar o mínimo necessário para o desenvolvimento de sua personalidade civil através de uma vida digna.

Não se está a afirmar que a função social incidente nas relações contratuais, prevista no artigo 421 do Código Civil, elimina a autonomia das partes, mas tão somente reduz o alcance desta liberdade negocial, à luz do dispõe o Enunciado nº 23, da I Jornada de Direito Civil, promovida pelo Conselho da Justiça Federal, que assim pronuncia: "a função social do contrato, prevista no art. 421 do novo Código Civil, não elimina o princípio da autonomia contratual, mas atenua ou reduz

---

[335] Cf. *Limites à autonomia privada na disciplina das relações patrimoniais entre os cônjuges*, cit., p. 199.

[336] Articulo 29: La Repubblica riconosce i diritti della famiglia come società naturale fondata sul matrimonio. Il matrimonio è ordinato sull'eguaglianza morale e giuridica dei coniugi, con i limiti stabiliti dalla legge a garanzia dell'unità familiare.

o alcance desse princípio quando presentes interesses metaindividuais ou interesse individual relativo à dignidade da pessoa humana".[337]

Segundo orientação da jurisprudência do Superior Tribunal de Justiça:

> [...]. 1. A proibição inserta no art. 1.175 do Código Civil de 1916 (art. 548 do Código Civil em vigor) destina-se a impedir que o autor da liberalidade reduza-se a situação de pobreza, em razão da doação. Caráter social do preceito em testilha. 2. A vedação à doação universal realiza a mediação concretizadora do princípio constitucional da dignidade da pessoa humana (art. 1º, III, da Constituição Federal). Recursos financeiros suficientes para que as necessidades elementares da pessoa humana sejam atendidas. 3. Acordos realizados nas separações judiciais são transações de alta complexidade, tendo em vista a gama de interesses sensíveis a serem ajustados. Disponibilidade patrimonial para compor ajustes sobre questões intrincadas. Condescendência econômica de uma das partes. Limitação. Não se podem solucionar problemas de ordem familiar a qualquer custo, máxime, quando o preço a ser pago reflete-se na dignidade da pessoa humana. 4. Incide o preceito ético do art. 1.175 do Código de 1916 (art. 548 do Código Civil em vigor) em acordo realizado, em virtude de separação judicial [...].[338]

A limitação à autonomia privada, no que tange às doações universais, configura-se, portanto, não apenas como barreira à liberalidade negocial, uma vez que, assumindo função de vetor interpretativo, não se restringe a tutelar apenas a pessoa humana e suas eventuais mazelas patrimoniais, mas, acima de tudo, impõe uma fonte responsável de relações negociais, a partir do exercício consciente do poder de autor-regulamentação obrigacional.

3. O regime de separação obrigatória de bens aos maiores de setenta anos

As regras atinentes à capacidade civil das pessoas sempre se fez presente nas codificações civis brasileiras. Desta feita, nosso Direito Civil codificado, seguindo tendência dos ordenamentos jurídicos em que se espelhou, debruçou-se, na Parte Geral de seu texto, sobre este tema que se reveste como de suma importância.

No período da Lei Civil de 1916, a capacidade para a prática dos atos da vida civil – capacidade civil plena –, como complemento da personalidade civil, era obtida quando alguém completasse 21 (vinte e

---

[337] Flávio Tartuce, cf. *Manual de direito civil – volume único*, p. 491-492, observa que "pelo enunciado doutrinário transcrito, observa-se a tão aclamada interação entre os direitos patrimoniais e os direitos existenciais ou de personalidade, o que está relacionado com o que se convém denominar Direito Civil Personalizado".

[338] REsp 285.421; Proc. 2000/0111801-3; SP; Terceira Turma; Rel. Des. Conv. Vasco Della Giustina; Julg. 04/05/2010; DJE 12/05/2010.

um) anos de idade, ao passo que, na atual codificação, essa será atingida com a idade de 18 (dezoito) anos.

A importância da tratativa legal das disposições acerca da capacidade civil se revela de extrema relevância, pois, conforme leciona Renan Lotufo,[339] "a capacidade, evidentemente, completa a personalidade, pois, se o ser humano não tivesse condições de adquirir direitos, o sistema jurídico seria sem sentido. Da mesma forma, a capacidade de direitos de nada vale se não forem eles exercidos. O Direito só tem razão de ser se para ser aplicado".

Por este motivo, cuidou o legislador civil de 2002 em difundir, na dogmática civil brasileira, que a possibilidade de exercício dos direitos previstos pela ordem jurídica brasileira seria possível com o adimplemento do critério etário (18 – dezoito – anos) e pleno juízo mental, os quais são estabelecidos taxativamente pela lei brasileira.

Ocorre que estas não são as únicas formas de estabelecimento da capacidade civil plena das pessoas, uma vez que os Códigos Civis, no Livro da Parte Especial destinado ao Direito de Família, fizeram constar uma flagrante limitação etária à capacidade civil, no que diz respeito ao exercício da autonomia privada para a livre escolha do regime de bens a ser aplicado em determinada relação familiar.

Diz Maria Alice Zaratin Lotufo[340] que "a liberdade de escolha do regime de bens foi, em algumas situações, limitada pelo legislador. Ocorrendo as hipóteses aventadas, os nubentes só poderão se casar sob o regime da separação obrigatória de bens que, nesses casos, incide automaticamente, sem a necessidade de pacto antenupcial".

Nos idos da Lei Beviláqua, dispunha o artigo 258, parágrafo único, inciso II, que seria aplicável o regime da separação obrigatória de bens aos casamentos cujos nubentes fossem maiores de 60 (sessenta) anos para os homens e, para as mulheres, a idade caía para 50 (cinquenta) anos, o que, por si só, já se afigurava como ilegal após a promulgação da Constituição Federal de 1988 e a elevação do princípio da igualdade como cláusula pétrea.

Mesmo após todo o avanço sociojurídico das últimas décadas, a imposição do regime de separação obrigatória de bens ainda se faz presente no ordenamento jurídico brasileiro, conforme dispõe o artigo 1.641, II, do Código Civil que, não bastasse insistir com a latente violação à autonomia privada, fixa a capacidade civil plena das pessoas entre os 18 (dezoito) e 70 (setenta) anos de idade.

---

[339] Cf. *Código civil comentado: parte geral (vol. 1)*, cit., p. 15-16.
[340] Cf. *Curso avançado de direito civil – vol.5: direito de família*, cit., p. 107.

Não se pode olvidar que as hipóteses previstas no artigo 1.641 do Código Civil retratam situações *sancionatórias*, sendo aplicável a restrição de disponibilidade patrimonial àqueles enquadrados em uma das causas suspensivas para o casamento, ou por ter sido necessário o suprimento judicial de incapacidade, bem como por ser maior de setenta anos de idade. E é a partir desta afirmação que se levanta a ilegalidade do disposto no inciso II deste artigo codificado.

A vedação à livre escolha do regime de bens do casamento, quando uma ou ambas as partes for maior de setenta anos, revela-se, sem sombra de dúvidas, como flagrante ato atentatório à dignidade humana, uma vez que reduz a capacidade civil do septuagenário, constrangendo-os pessoal e socialmente, indo muito além do que estabelece a Carta Magna no *caput* de seu artigo 5°.

Não obstante, trata-se de uma *tutela* desnecessária e dissociada da realidade sociojurídica brasileira, uma vez que os maiores de setenta anos, hodiernamente, exercem importantes cargos políticos (como, *v.g.*, chefiar o Poder Executivo ou o Senado Federal de nossa República), são altamente lúcidos e assaz experientes para deliberar sobre os mais diversos planos de suas vidas, os quais, segundo Maria Helena Diniz,[341] "[...] tem maturidade suficiente para tomar uma decisão relativamente aos seus bens e é plenamente capaz de exercer os atos da vida civil, logo, parece-nos que, juridicamente, não teria sentido essa restrição legal em função de idade avançada do nubente, [...]".

Soma-se a isto o fato de que a manutenção do regime de separação obrigatória se choca com o que o Código Civil, no texto do artigo 1.513, o qual diz ser a garantia da autonomia privada nas relações familiares, ao prever a não intervenção – ou intervenção mínima – do Estado nesta seara, o que se caracteriza como afronta à autonomia dos privados.

Injustificável, pois, a presunção absoluta de incapacidade que permeia os septuagenários, uma vez que se trata de uma indevida parcial interdição compulsória, o que autoriza aos aplicadores da lei, nas hipóteses de controle difuso da norma, reconhecerem, de ofício ou mediante provocação, a inconstitucionalidade do aludido inciso II do artigo 1.641.

Neste sentido, o Tribunal de Justiça de Santa Catarina já proclamou a injustiça constante no mencionado dispositivo:

> [...]. Interpretação sistemática do Código Civil e da Constituição Federal. Conclusão de que a imposição de regime de bens aos idosos se revela inconstitucional. Afronta ao princípio da dignidade da pessoa humana. Legislação que, conquanto revestida de alegado caráter protecionista, mostra-se discriminatória. Tratamento diferenciado em razão

---

[341] Cf. *Curso de direito civil brasileiro – vol. 5: direito de família*, p. 193.

de idade. Maturidade que, per se, não acarreta presunção da ausência de discernimento para a prática dos atos da vida civil. Nubentes plenamente capazes para dispor de seu patrimônio comum e particular, assim como para eleger o regime de bens que melhor atender aos interesses postos. Necessidade de interpretar a Lei de modo mais justo e humano, de acordo com os anseios da moderna sociedade, que não mais se identifica com o arcaico rigorismo que prevalecia por ocasião da vigência do CC/1916, que automaticamente limitava a vontade dos nubentes sexagenários e das noivas quinquagenárias. Enunciado nº 261, aprovado na III jornada de direito civil, que estabelece que a obrigatoriedade do regime de separação de bens não se aplica quando o casamento é precedido de união estável iniciada antes de os cônjuges completarem 60 (sessenta) anos de idade. Hipótese dos autos. Apelantes que conviveram como se casados fossem no período compreendido entre 1964 e 2006, quando contraíram matrimônio. Consortes mentalmente sadios. Parecer da procuradoria-geral de justiça no sentido de se admitir a pretendida alteração. Sentença objurgada que, além de denegar indevidamente a prestação jurisdicional, revela-se impeditiva do direito de acesso à justiça. *Decisum* cassado. Regime de bens modificado para o de comunhão universal. Recurso conhecido e provido. Deduzir, com pretensão de valor irrefutável e aplicação geral, homens e mulheres, considerados no ápice teórico do ciclo biológico e na plenitude das energias interiores, à condição de adolescentes desvairados, ou de neuróticos obsessivos, que não sabem guiar-se senão pelos critérios irracionais das emoções primárias, sem dúvida constitui juízo que afronta e amesquinha a realidade humana, sobretudo quando a evolução das condições materiais e espirituais da sociedade, repercutindo no grau de expectativa e qualidade de vida, garante que a idade madura não tende a corromper, mas a atualizar as virtualidades da pessoa, as quais constituem o substrato sociológico da noção da capacidade jurídica. [...] não é tudo. A eficácia restritiva da norma estaria, ainda, a legitimar e perpetuar verdadeira degradação, a qual, retirando-lhe o poder de dispor do patrimônio nos limites do casamento, atinge o cerne mesmo da dignidade da pessoa humana, que é um dos fundamentos da república (art. 1º, inc. III, da Constituição Federal), não só porque a decepa e castra no seu núcleo constitutivo de razão e vontade, na sua capacidade de entender e querer, a qual, numa perspectiva transcendente, é vista como expressão substantiva do próprio ser, como porque não disfarça, sob as vestes grosseiras de paternalismo insultuoso, todo o peso de uma intromissão estatal indevida em matéria que respeita, fundamentalmente, à consciência, intimidade e autonomia do cônjuge' (TJSP. Apelação cível nº 007512-4/2-00, relator: Desembargador Cezar Peluso, São José do Rio Preto, j. 18/08/1998).[342]

Atente-se que, até o advento da Lei nº 12.344, de 09 de dezembro de 2010, a imposição do mencionado regime se dava a partir dos sessenta anos, vindo à mencionada lei conferir dez anos mais de lucidez aos que se encontram na melhor idade.

A melhor saída para evitar que este ato violador da dignidade humana, bem como da autonomia privada nas relações patrimoniais da família, continue a ser praticado é reconhecer, portanto, a regra do artigo 1.641, inciso II, do Código Civil, como inconstitucional por in-

---

[342] AC 2011.057535-0; Criciúma; Quarta Câmara de Direito Civil; Rel. Des. Luiz Fernando Boller; Julg. 01/12/2011; DJSC 18/01/2012; P. 16.

troduzir verdadeira norma discriminatória, o que já foi deliberado na I Jornada de Direito Civil, quando da aprovação do Enunciado n° 125, contendo a seguinte redação: "proposição sobre o art. 1.641, inc. II: redação atual: 'da pessoa maior de sessenta anos'. Proposta: revogar o dispositivo. Justificativa: 'A norma que torna obrigatório o regime da separação absoluta de bens em razão da idade dos nubentes não leva em consideração a alteração da expectativa de vida com qualidade, que se tem alterado drasticamente nos últimos anos. Também mantém um preconceito quanto às pessoas idosas que, somente pelo fato de ultrapassarem determinado patamar etário, passam a gozar da presunção absoluta de incapacidade para alguns atos, como contrair matrimônio pelo regime de bens que melhor consultar seus interesses'".

Igualmente, aplica-se a norma que viola a dignidade humana e injustamente limita a autonomia privada à união familiar estável, consoante orientação jurisprudencial do Superior Tribunal de Justiça:

> [...]. 1. Por força do art. 258, parágrafo único, inciso II, do Código Civil de 1916 (equivalente, em parte, ao art. 1.641, inciso II, do Código Civil de 2002), ao casamento de sexagenário, se homem, ou cinquentenária, se mulher, é imposto o regime de separação obrigatória de bens. Por esse motivo, às uniões estáveis é aplicável a mesma regra, impondo-se seja observado o regime de separação obrigatória, sendo o homem maior de sessenta anos ou mulher maior de cinquenta. 2. Nesse passo, apenas os bens adquiridos na constância da união estável, e desde que comprovado o esforço comum, devem ser amealhados pela companheira, nos termos da Súmula nº 377 do STF [...].[343]

Em fracassada tentativa de reduzir os impactos negativos da norma codificada, foi aprovado o texto do Enunciado n° 261, da I Jornada de Direito Civil, promovida pelo Conselho da Justiça Federal, cuja redação estabelece que "a obrigatoriedade do regime da separação de bens não se aplica a pessoa maior de sessenta anos, quando o casamento for precedido de união estável iniciada antes dessa idade".

Parece-nos que o texto do supramencionado enunciado veio a reforçar o que já estabelecia o artigo 45 da Lei n° 6.515, de 26 de dezembro de 1977 – Lei do Divórcio –, que previa a possibilidade de deliberação sobre o estatuto patrimonial do casal, quando o casamento fosse precedido de união pautada na comunhão plena de vida iniciada antes de 28 de junho daquele ano e tivesse perdurado por dez anos consecutivos ou que dessa advieram filhos.

Por esta razão, caminhou mal o legislador civil de 2002, em manter o regime de separação obrigatória para os maiores de setenta anos por clara afronta à dignidade destes seres humanos, bem como a limitação

---

[343] REsp 646.259; Proc. 2004/0032153-9; RS; Quarta Turma; Rel. Min. Luis Felipe Salomão; Julg. 22/06/2010; DJE 24/08/2010

injustificada da autonomia privada com base neste elemento discriminatório, haja vista que a livre escolha do regime de bens, que regerá a vida patrimonial da família, é corolário da privacidade individual, que se manifesta através da personalidade e capacidade civil e todo o fundamento ético que traz consigo.

Conclusão

Diante de todas as transformações e revoluções vivenciadas nos últimos séculos da história humana, pode-se constatar ter sido o Estado Liberal o grande nascedouro jurídico da concepção individualista e patrimonialista daquilo que levou o nome de *Direito Privado*. Neste período, a autorregulação humana, a partir de negócios jurídicos que retratassem suas vontades, era a máxima da concretização do ideal revolucionário francês da *Liberdade*.

Neste plano, a família sempre esteve inserida como um elemento essencial à formação das mais diversas sociedades, bem como o ponto de partida e de chegada de todo o acúmulo de bens que se fizesse possível ao longo da vida das pessoas, iniciando-se com os laços do casamento e se perfazendo com a manutenção patrimonial no mesmo grupo de seu adquirente.

O caráter fechado da formação familiar legítima, pautado apenas no casamento, foi gradativamente deixado de lado, abrindo-se a possibilidade do reconhecimento jurídico de outros tipos de família que surgiram à sua margem, o que só veio a ser reconhecido pelo ordenamento jurídico brasileiro com a promulgação da Constituição Federal de 1988.

Aliás, foi este diploma legal o responsável direto pelos novos valores principiológicos que impulsionaram todos os ramos da ciência jurídica a uma obrigatória reflexão de seus institutos mais básicos e característicos, o que, em se tratando da sistemática do Direito Civil, trouxe a necessidade de se conceber a liberdade negocial sob a batuta destes novos comandos.

Este fenômeno, por nós tratado de *personalização do Direito Civil*, foi realçado com a promulgação da Lei nº 10.406, de 10 de janeiro de 2002, instituidora do atual texto de Código Civil que, em sua essência, trouxe um sistema de cláusulas gerais que possibilitam uma maior e melhor aplicação das disposições infraconstitucionais com a mais estrita consonância dos postulados constitucionais.

Por tal motivo, a outrora *autonomia da vontade* deu lugar à *autonomia privada*, sendo, esta, o poder que o ordenamento jurídico brasileiro confere aos particulares, para que se autorregulem e estipulem suas disposições negociais dentro dos limites preestabelecidos, não se admitindo a transposição destes por se tratarem de questões de ordem pública e, portanto, inafastáveis.

Não há como imaginar um ordenamento jurídico contemporâneo dissociado dos valores da dignidade humana, igualdade e solidariedade. Mas, também, inimaginável se torna quando não garante aos particulares um mínimo de possibilidade para exercitarem a liberdade constitucionalmente garantida.

A autonomia privada não se restringe apenas à disciplina do Direito das Obrigações ou do Direito dos Contratos. Ao contrário: vai mais além e impregna todos os demais ramos do Direito Civil e garante o livre exercício da autorregulamentação social como *conditio sine qua non* da tutela da dignidade humana.

Com isso, é possível afirmar que o exercício da autonomia privada, no campo do Direito de Família, inicia-se a partir da escolha da forma sob a qual as pessoas estabelecerão a *comunhão plena de vida*, respeitando-se as exigências da lei para a caracterização do casamento, da união familiar estável ou das famílias monoparentais.

Ademais, isso se corrobora com a previsão legal da não intervenção do Estado nas relações de ordem familiar, no artigo 1.513 do Código Civil brasileiro, sendo justa sua previsão, por ser a família a mais íntima das relações humanas, devendo haver a mais ampla e irrestrita tutela para sua preservação.

No que tange às relações patrimoniais da família, o legislador brasileiro estabeleceu em título próprio no Código Civil, os regimes de bens aplicáveis ao casamento e às uniões estáveis, os quais representam o estatuto patrimonial que estabelece as regras que incidem sobre a vida do casal a partir da vida em comum até sua dissolução.

É possível afirmar que a Lei Civil, seguindo uma tendência presente nos mais diversos ordenamentos jurídicos mundo afora, trouxe quatro regimes-tipo, cada um deles com regras peculiares no que diz respeito à situação dos bens dentro da vida estipulada pelo casal, sendo estes os regimes da comunhão parcial, da comunhão universal, da participação final nos aquestos e da separação de bens.

Instituiu, ainda, o regime de comunhão parcial de bens como o supletivo da vontade do casal quando estes não escolhem outro regime para viger ao longo do projeto de comunhão de afetos.

Entretanto, tímida foi a tratativa acerca do exercício da autonomia privada nas relações patrimoniais do Direito de Família, uma vez que o pacto antenupcial e o contrato de convivência receberam pouca referência legal e um excessivo número de formalidades para sua concretização.

Parece-nos que a lei brasileira, quando trata do Direito de Família, receia de sobremaneira ao exercício da autonomia privada das partes, estabelecendo uma série de empecilhos que dificultam a liberdade negocial dentro dos regimes de bens do grupo familiar, como se denota, *v.g.*, com as condições para se alterar os regimes de bens do casamento e da união familiar estável.

Igualmente, acreditamos que a limitação do exercício da autonomia privada, na esfera patrimonial da família, não se funda única e exclusivamente em meras disposições que possam reproduzir um pensamento sociojurídico que esteja distante dos valores constitucionais, mas, sim, dar operabilidade aos direitos e garantias fundamentais individuais e sociais que todas as pessoas têm direito em nossa República.

A necessidade de se manter um mínimo para a existência digna das pessoas é o que fundamenta muitas das previsões legais, que limitam o exercício da autonomia privada nas relações patrimoniais da família, como ocorre com a impossibilidade de se proceder com as doações universais, o que levaria uma das partes ao completo estado de miserabilidade, quando da configuração de eventual dissolução do casamento ou da união familiar estável.

Outrossim, a imposição do regime de separação obrigatória aos maiores de setenta anos se configura como o maior dos retrocessos praticados pelo legislador civil, uma vez que atenta diretamente contra sua dignidade e capacidade civil, que não poderá encontrar limitação, senão a partir das regras codificadas nos artigos 3º e 4º da Lei Civil.

Todo o processo de evolução do Direito brasileiro não mais admite tal restrição de idade à livre escolha do regime de bens para os maiores de setenta anos. Mesmo porque, a própria Constituição Federal estabelece a necessidade de fixar um mínimo necessário para a subsistência individual das pessoas, como ocorre no Direito das Sucessões e a restrição do exercício da autonomia privada apenas à denominada *quota parte disponível*.

Chega-se à conclusão de que a autonomia privada, nas relações patrimoniais da família, não se limita pela necessidade de tutelar os interesses patrimoniais das pessoas, mas sim como forma de consagração e concretização da dignidade humana, o que nos impulsiona, neste momento, a afirmar que muitas das limitações previstas no Código

Civil são desnecessárias e desarrazoadas, haja vista que a necessidade de formação de um número mínimo de bens, que lhe garanta uma vida digna, desde que não lhe seja retirado o livre exercício de seus direitos, sob pena de se colocar toda a tutela jurídica da pessoa humana em risco de uma ineficaz sistematização do ordenamento, colocaria em xeque toda a construção axiológica iniciada a partir da Constituição Federal de 1988.

Bibliografia

ALAGNA, Sergio. *Famiglia e rapporti tra coniugi nel nuovo diritto*. Milano: Giuffrè Editore, 1979.

ALEXY, Robert. *Teoria dos direitos fundamentais*. Tradução de Virgílio Afonso da Silva. São Paulo: Malheiros, 2008.

ALKMIM, Marcelo. *Teoria da constituição*. 2ª ed. rev., atual. e ampl. Belo Horizonte: Del Rey, 2009.

ALVES, Leonardo Barreto Moreira. *Direito de família mínimo*: a possibilidade de aplicação e o campo de incidência da autonomia privada no direito de família. Rio de Janeiro: Lumen Juris, 2010.

AMARAL NETO, Francisco dos Santos. *A autonomia privada como princípio fundamental da ordem jurídica*: perspectivas estrutural e funcional in Doutrinas essenciais – responsabilidade civil: vol. 1. Organizadores Nelson Nery Junior e Rosa Maria de Andrade Nery. São Paulo: RT, 2010.

ANDRADE, José Carlos Vieira de. *Os direitos fundamentais na constituição portuguesa de 1976*. 4ª ed. reimpressão da edição de fevereiro de 2009. Coimbra: Almedina, 2010.

———. *Os direitos fundamentais no século XXI* in Derecho constitucional para el siglo XXI: actas del VIII Congreso Iberoamericano de Derecho Consticional – vol. I. Eds. Javier Perez Royo, Joaquin Pablo Urias Martinez, Manuel Carrasco Duran. Coords. Manuel Jose Terol Becerra et al. Sevilla: Thomson & Aranzadi, 2006.

ARRUDA ALVIM, Eduardo. *Direito processual civil*. 4. ed. rev., atual. e ampl. São Paulo: RT, 2012.

ARRUDA ALVIM NETTO, José Manoel de. *Manual de direito processual civil – vol. II: processo de conhecimento*. 11. ed. rev., ampl. e atual. São Paulo: RT, 2007.

AUBRY, Charles; RAU, Charles-Frédéric. *Droit civil français – tome septième*. Cinquième édition revu et mis au courant de la législation et de la jurisprudence par M. Étienne Bartin. Paris: Imprimerie et Librairie Générale de Jurisprudence, 1913.

ÁVILA, Humberto. *Teoria dos princípios*: da definição à aplicação dos princípios jurídicos. 12ª ed. ampl. São Paulo: Malheiros, 2011.

AZEVEDO, Álvaro Villaça. *Bem de família*: com comentários à lei 8.009/90. 5ª ed. rev., ampl. e atual com o novo código civil brasileiro. São Paulo: RT, 2002.

AZEVEDO, Antonio Junqueira. *Negócio jurídico*: existência, validade e eficácia. 4ª ed. atual. de acordo com o novo código civil, 7ª tiragem. São Paulo: Saraiva, 2010.

BARBALUCCA, Vincenza; GALLUCCI, Patrizia. *L'autonomia negoziale dei coniugi nella crisi matrimoniale*. Milano: Giuffrè Editore, 2012.

BETTI, Emilio. *Teoria geral do negócio jurídico*. Campinas: Servanda Editora, 2008.

BEVILAQUA, Clóvis. *Direito de família*. 8ª ed. Atual. pelo des. Isaías Bevilaqua. São Paulo: Freitas Bastos, 1956.

BITTAR, Carlos Alberto; BITTAR FILHO, Carlos Alberto. *Direito civil constitucional*. 3ª ed., rev. e atual. da 2ª ed. da obra *O direito civil na constituição de 1988*. São Paulo: RT, 2003.

BORDA, Guillermo A.; BORDA, Guillermo J. *Manual de familia*. 12ª ed. Buenos Aires: Abeledo Perrot, 2002.

BRANDÃO, Débora Vanessa Caús. *Regimes de bens no novo código civil.* São Paulo: Saraiva, 2007.

CABANILLAS, Renato Rabbi-Baldi. *Teoría del derecho.* 2ª edición, corregida y aumentada. Buenos Aires: Editorial Ábaco de Rodolfo Depalma, 2009.

CAHALI, Francisco José. *Contrato de convivência na união estável.* São Paulo: Saraiva, 2002.

——. *Direito intertemporal no livro de família (regime de bens e alimentos) e sucessões* in Afeto, ética, família e o novo código civil brasileiro – anais do iv congresso brasileiro de direito de família. Coordenador Rodrigo da Cunha Pereira. Belo Horizonte: Del Rey, 2004.

——; HIRONAKA, Giselda Maria Fernandes Novaes. *Direito das sucessões.* 3ª ed. rev., atual. e ampl. São Paulo: RT, 2007.

CANARIS, Claus-Wilhelm. *Direitos fundamentais e direito privado.* Tradução de Ingo Wolfgang Sarlet e Paulo Mota Pinto. 2ª reimpressão da edição de julho de 2003. Coimbra: Edições Almedina, 2009.

CANOTILHO, José Joaquim Gomes. *Direito constitucional e teoria da constituição.* 7ª ed., 2ª reimpressão. Coimbra: Almedina, 2003.

CÁRCAMO, Roncesvalles Baber. *La constitución y el derecho civil* in REDUR – Revista electrônica del departamento de Derecho – Universidad de La Rioja, n° 2, año 2004. Disponível em: http://www.unirioja.es/dptos/dd/redur/numero2/barber.pdf.

CARNELUTTI, Francesco. *Teoria geral do direito.* 2ª impressão. Tradução de Antônio Carlos Ferreira. São Paulo: LEJUS, 1999.

CHINELATO, Silmara Juny de Abreu. *Direito patrimonial da família: a mutabilidade do regime de bens entre cônjuges no código civil de 2002* in Questões controvertidas no direito de família e das sucessões – série grandes temas de direito privado, vol. 3. São Paulo: Editora Método, 2005.

COELHO, Fábio Ulhoa. *Curso de direito comercial – vol. 1.* 11ª ed. rev. e atual. São Paulo: Saraiva, 2007.

COELHO, Francisco Pereira; OLIVEIRA, Guilherme de. *Curso de direito de família – vol. 1: introdução e direito matrimonial.* 4ª ed. Coimbra: Coimbra Editora, 2008.

CORTE-REAL, Carlos Pamplona; Pereira, José Silva. *Direito de família: tópicos para uma reflexão crítica.* Lisboa: AAFDL, 2008.

COSTA, Mário Júlio de Almeida. *Direito das obrigações.* 12ª ed. rev. e actual. Coimbra: Edições Almedina, 2009.

COUTO E SILVA, Clóvis do. *Direito patrimonial de família no projeto do código civil brasileiro e no direito português* in Revista de informação legislativa do Senado Federal da República Federativa do Brasil – vol. 16, n° 62 (abr./jun. de 1979), p. 133-168. Disponível em: http://www2.senado.gov.br/bdsf/item/id/181132.

DIAS, Joaquim José de Barros. *Direito civil constitucional* in Cadernos de direito civil constitucional – caderno n° 3. Renan Lotufo coord.. São Paulo: Malheiros Editores, 2002.

DIAS, Maria Berenice. *Manual de direito das famílias.* 9ª ed., rev. atual. e ampl. São Paulo: RT, 2013.

DINIZ, Maria Helena. *Curso de direito civil brasileiro – vol. 5: direito de família.* 27ª edição. São Paulo: Saraiva, 2012.

DIREITO, Carlos Alberto Menezes. *Da união estável no novo código civil* in O novo código civil: homenagem ao prof. Miguel Reale. Domingos Franciulli Netto, Gilmar Ferreira Mendes, Ives Gandra da Silva Martins Filho, coordenadores. 2ª edição. São Paulo: LTr, 2005.

DOMINGUEZ, Andrés Gil; FAMÁ, María Victoria; HERRERA, María. *Derecho constitucional de familia,* vol. 1. Buenos Aires: Ediar, 2006.

DUGUIT, Léon. *Les transformations générales du droit privé depuis le code napoleon.* Deuxième édition reuve. Paris: Librairie Félix Alcan, 1920.

ESCALANTE, Mijail Mendoza. *Los efectos horizontales de los derechos fundamentales en el ordenamiento constitucional peruano* in Derecho constitucional para el siglo XXI: actas del VIII Congreso Iberoamericano de Derecho Consticional – vol. I. Eds. Javier Perez Royo, Joaquin Pablo Urias Martinez, Manuel Carrasco Duran. Coords. Manuel Jose Terol Becerra et al. Sevilla: Thomson & Aranzadi, 2006.

ESPÍNOLA, Eduardo. *A família no direito civil brasileiro*. Atual. por Ricardo Rodrigues Gama. Campinas: Bookseller, 2001.

FACHIN, Luiz Edson. *Direito civil e dignidade da pessoa humana: um diálogo constitucional contemporâneo* in Dignidade da pessoa humana – fundamentos e critérios interpretativos. Organizadores Agassiz Almeida Filho e Plínio Melgaré. São Paulo: Malheiros Editores, 2010.

――――. *Estatuto jurídico do patrimônio mínimo*. 2ª ed., rev. atual. Rio de Janeiro: Renovar, 2006.

FARIAS, Cristiano Chaves de; ROSENVALD, Nelson. *Curso de direito civil: parte geral e LINDB*. 10ª ed. rev. ampl. e atual. Salvador: Editora JusPodivm, 2012.

――――. *Curso de direito civil: famílias*. 4ª ed. rev. ampl. e atual. Salvador: Editora JusPodivm, 2012.

FERRAZ JR., Tércio Sampaio. *Introdução ao estudo do direito: técnica, decisão, dominação*. 6ª ed., rev. e ampl. São Paulo: Editora Atlas, 2008.

FERREIRA, Pinto. *Curso de direito constitucional*. 8ª ed., ampl. e atual. de acordo com as emendas constitucionais e a revisão constitucional. São Paulo: Saraiva, 1996.

FERRI, Luigi. *La autonomía privada*. Traducción y notas de derecho español por Luis Sancho Mendizábal. Granada: Editorial Comares, 2001.

FIGUEIRA, Eliseu. *Renovação do sistema de direito privado*. Lisboa: Editorial Caminho, 1989.

FLÓREZ-VALDÉS, Joaquín Arce y. *Los principios generales del derecho y su formulación constitucional*. Madrid: Editorial Civitas, 1990.

GALGANO, Francesco. *Diritto privato*. Nona edizione con atlante di diritto comparato. Padova: CEDAM, 1996.

GAMA, Guilherme Calmon Nogueira da. *Princípios constitucionais de direito de família*. São Paulo: Atlas, 2008.

GARCEZ FILHO, Martinho. *Direito de família*: exposição critico-juridica, systematica e philosophica do código civil brasileiro – vol. 1. 2ª ed. Rio de Janeiro: A. Coelho Branco Filho, 1932.

Giorgis, José Carlos Teixeira, *Direito de família contemporâneo*. Porto Alegre: Livraria do Advogado, 2010.

GOMES, Andreia Sofia Esteves. *A dignidade da pessoa humana e o seu valor jurídico partindo da experiência constitucional portuguesa* in Tratado luso-brasileiro da dignidade humana. Jorge Miranda e Marco Antonio Marques da Silva organizadores. São Paulo: Editora Quartier Latin do Brasil, 2008.

GOMES, Orlando. *Raízes históricas e sociológicas do código civil brasileiro*. 2ª ed. São Paulo: Martins Fontes, 2006.

GONÇALVES, Luiz da Cunha. *Tratado de direito civil em comentário ao código civil português – vol. vi: tomo i*. 2ª ed. atual. e aum. e 1ª ed. brasileira. Anotado por Alceu C. Fernandes. São Paulo: Max Limonad, 1957.

GOZZO, Débora. *Pacto antenupcial*. São Paulo: Saraiva, 1992.

GRAU, Eros Roberto. *Direito posto e o direito pressuposto*. 7ª ed. rev. e ampl. São Paulo: Malheiros, 2008.

GRISARD FILHO, Waldyr. *Famílias reconstituídas: novas uniões depois da separação*. 2ª ed. rev. e atual. São Paulo: RT, 2010.

HAUSER, Jean; HUET-WEILLER, Danièle. *Traité de droit civil: la famille*. Paris: Librairie Générale de Droit et de Jurisprudence, 1993.

HESSE, Konrad. *Elementos de direito constitucional da República Federal da Alemanha*. Tradução da 20ª edição alemã de Dr. Luís Afonso Heck. Porto Alegre: Sergio Antonio Fabris Editor, 1998.

HIRONAKA, Giselda Maria Fernandes Novaes. Casamento in Doutrinas essenciais – família e sucessões: vol. 2. Organizadores Yussef Said Cahali e Francisco José Cahali. São Paulo: RT, 2011.

IMBERT, Jean. *Historie du droit privé*. Paris: Presses Universitaires de France, 1950.

KANT, Immanuel. *Fundamentação da metafísica dos costumes*. Lisboa: Edições 70, 2009.

KELSEN, Hans. *Teoria pura do direito*. 8ª ed. Tradução de João Baptista Machado. São Paulo: WMF Martins Fontes, 2009.

LARENZ, Karl. *Derecho civil: parte general*. Traducción y notas de Miguel Izquierdo y Macías-Picavea de la edición original alemana de *Allgemeiner Teil des deutschen Bürgerlichen Rechts*, 3ª ed., 1975. C.H. Beck'sche de Munich. Madrid: Editoriales de Derecho Reunidas, 1978.

——. *Derecho justo: fundamentos de etica juridica*. Reimpresión de la primera edición de 1985. Traducción y presentación de Luis Díez-Picazo de la edición original de *Richtiges Recht. Grundzüge einer Rechtsethik*. Madrid: Civitas Ediciones, 2001.

LEITE, Eduardo de Oliveira. *Famílias monoparentais*: a situação jurídica de pais e mães solteiros, de pais e mães separados e dos filhos na ruptura da vida conjugal. 2ª ed. rev., atual. e ampl. São Paulo: RT, 2003.

LEHMANN, Heinrich. *Derecho de familia – vol. IV*. Traducción de la segunda edición alemana, con orientaciones sobre la legislación española por Jose Maria Navas. Madrid: Editorial Revista de Derecho Privado, 1953.

LÔBO, Paulo. *Direito civil: famílias*. 4ª ed. São Paulo: Saraiva, 2011.

LOTUFO, Maria Alice Zaratin. *Curso avançado de direito civil: direito de família*. São Paulo: RT, 2002.

LOTUFO, Renan. *A codificação: o código civil de 2002 in* Teoria geral do direito civil. Coordenadores Renan Lotufo; Giovanni Ettore Nanni. São Paulo: Atlas, 2008.

——. Código civil comentado, vol. 1: parte geral (arts. 1º a 232). 2ª ed. atual. São Paulo: Saraiva, 2004.

——. Curso avançado de direito civil: parte geral. 2ª ed. São Paulo: RT, 2003.

LUÑO, Antonio Enrique Pérez. *Los derechos fundamentales*. Novena edición. Madrid: Editorial Tecnos, 2007.

MADALENO, Rolf. *Curso de direito de família*. 4ª ed. Rio de Janeiro: Forense, 2011.

——. *Novos horizontes no direito de família*. Rio de Janeiro: Forense, 2010.

MALUF, Carlos Alberto Dabus; MALUF, Adriana Caldas do Rego Freitas Dabus. *Curso de direito de família*. São Paulo: Saraiva, 2013.

MARTINS-COSTA, Judith. *A boa-fé no direito privado*. 1ª ed., 2ª tiragem. São Paulo: RT, 2000.

MAXIMILIANO, Carlos. *Hermenêutica e aplicação do direito*. 19ª ed. Rio de Janeiro: Forense, 2010.

MIRANDA, Jorge. *Manual de direito constitucional – tomo IV: direitos fundamentais*. 3ª ed., rev. e actual. Coimbra: Coimbra Editora, 2000.

MONTESQUIEU, Charles de Secondant – Baron de. *O espírito das leis: as formas de governo, a federação, a divisão dos poderes, presidencialismo versus parlamentarismo*. Introdução, tradução e notas de Pedro Vieira Mota. 7º edição. São Paulo: Saraiva, 2000.

MORAES, Maria Celina Bodin de. *O conceito de dignidade humana: substrato axiológico e conteúdo normativo in* Constituição, direitos fundamentais e direito privado. Ingo Wolfgang Sarlet organizador. 3ª ed. rev. e ampl. Porto Alegre: Livraria do Advogado, 2010.

MOTTA, Carlos Dias. *Direito matrimonial e seus princípios jurídicos*. 2ª ed. rev. e ampl. São Paulo: RT, 2009.

NANNI, Giovanni Ettore. A evolução do direito civil obrigacional: a concepção do direito civil constitucional e a transição da autonomia da vontade para a autonomia privada *in* Cadernos de direito civil constitucional – caderno nº 2. Renan Lotufo coord. 1ª ed., 5ª tiragem. Curitiba: Juruá, 2004.

NEGREIROS, Teresa. *Teoria do contrato: novos paradigmas*. 2ª ed. Rio de Janeiro: Renovar, 2006.

NERY, Rosa Maria de Andrade. *Noções preliminares de direito civil*. São Paulo: RT, 2002.

———. *Tratado jurisprudencial e doutrinário de direito de família* – vol. 2: relações de cuidado e economia da família. São Paulo: RT, 2011.

NORONHA, Fernando. *Direito das obrigações*. 3ª ed. rev. e atual. São Paulo: Saraiva, 2010.

OLIVEIRA, Arthur Vasco Itabaiana de. *Tratado de direito das sucessões – vol. ii: da sucessão testamentária*. 4ª ed. rev. e atual. pelo autor com a colaboração de Aires Itabaiana de Oliveira. São Paulo: Max Limonad, 1952.

OLIVEIRA, Euclides. *União estável: do concubinato ao casamento*. 6ª ed. São Paulo: Método, 2003.

OLIVEIRA, José Sebastião. *Fundamentos constitucionais do direito de família*. São Paulo: RT, 2002.

OLIVEIRA NETO, Renato Avelino de. *Contrato de coabitação na união de fato*: confronto entre o direito brasileiro e português. Coimbra: Edições Almedina S.A., 2006.

PAZOS, René Ramos. *Derecho de familia – tomo I*. Sexta edición actualizada. Santiago: Editorial Juridica de Chile, 2007.

PEREIRA, Jane Reis Gonçalves. *Interpretação constitucional e direitos fundamentais*: uma contribuição ao estudo das restrições aos direitos fundamentais na perspectiva da teoria dos princípios. Rio de Janeiro: Renovar, 2006.

PEREIRA, Rodrigo da Cunha. *Princípios fundamentais norteadores do direito de família*. Belo Horizonte: Del Rey, 2006.

PEREIRA, Virgílio de Sá. *Direito de família – edição histórica*. 3ª ed. atual. legislativamente. Rio de Janeiro: Forense, 2008.

PERLINGIERI, Pietro. *Autonomia negoziale ed autonomia contrattuale*. 2. edizione riveduta ad aggiornata, Napoli: Edizioni Scientifiche Italiane, 2000.

———. *Il diritto civile nella legalità costituzionale secondo il sistema italo-comunitario delle fonti*: tomo primo e secondo. Terza edizione del tutto rinnovata e corredata di note. Napoli: Edizioni Scientifiche Italiane, 2006.

PONTES DE MIRANDA, Francisco Cavalcanti. *Tratado de direito privado – tomo VIII: dissolução da sociedade conjugal e eficácia jurídica do casamento*. 1ª ed., atual. por Rosa Maria de Andrade Nery. São Paulo: RT, 2012.

PRATA, Ana. *A tutela constitucional da autonomia privada*. Coimbra, Livraria Almedina, s/d.

QUESADA, Bernardo Moreno. *Curso de derecho civil – vol. IV: derechos de familia y sucesiones*. 4ª edición. Coordinador Francisco Javier Sánchez Calero. Valencia: Tirant Lo Blanch, 2005.

RAISER, Ludwig. *Il compito del diritto privato*: saggi di diritto privato e di diritto dell'economia di ter dicenti. Traduzione di Marta Graziadei. Milano: Giuffrè Editore, 1990.

RAWLS, John. *Uma teoria da justiça*. Tradução de Almiro Pisetta e Lenita M. R. Esteves. São Paulo: Martins Fontes, 2000.

REALE, Miguel. *Anteprojeto de código civil*. Ministério da Justiça: Comissão de estudos legislativos, 1972

———. *Estudos preliminares do código civil*. São Paulo: RT, 2003.

———. *O projeto de código civil*: situação atual e seus problemas fundamentais. São Paulo: Saraiva, 1986.

RÉBORA, Juan Carlos. *Instituciones de la familia – tomo I: reseña historica – crisis reconstruccion*. Buenos Aires: Editorial Guillermo Kraft Ltda., 1945.

RESCIGNO, Pietro. *Trattato di diritto privato* – vol. 1: premesse e disposizioni preliminari. Ristampa della edizione 1982. Torino: UTET, 1991.

ROCHA, Marco Túlio de Carvalho. *O conceito de família e suas implicações jurídicas*: teoria sociojurídica do direito de família. Rio de Janeiro: Elsevier, 2009.

RODRIGUES, Marcelo Abelha. *Manual de direito processual civil*: teoria geral – premissas e institutos fundamentais, relação jurídica; procedimentos em 1º e 2º graus; recursos; execução; tutela de urgência. 4ª ed. reform., atual. e ampl. São Paulo: RT, 2008.

RODRIGUES, Silvio. *Direito civil – vol. 6: direito de família*, 18ª ed., atual. São Paulo: Saraiva, 1993.

ROPPO, Enzo. *O contrato*. Tradução de Ana Coimbra e M. Januário C. Gomes. Coimbra: Edições Almedina, 2009.

ROSENVALD, Nelson. *Dignidade humana e boa-fé no código civil*. São Paulo: Saraiva, 2005.

RUGGIERO, Roberto de. *Instituições de direito civil: vol. 2*. Tradução da 6ª edição italiana e atualização da obra em conformidade com o novo código civil, por Paolo Capitanio. 2ª ed. Campinas: Bookseller.

SÁNCHEZ, Antonio J. Vela. *Las familias monoparentales*: sy regulación genérica actual y su tratamiento jurisprudencial – hacia su consideración jurídica unitaria y su protección integral. Granada, Editorial Comares, 2005.

SANTOS, Eduardo dos. *Direito de família*. Coimbra: Almedina, 1999.

SARLET, Ingo Wolfgang. *A eficácia dos direitos fundamentais*. 7ª ed. rev., atual. e ampl. Porto Alegre: Livraria do Advogado, 2007.

SARMENTO, Daniel. *Direitos fundamentais e relações privadas*. 2ª ed., 3ª tiragem. Rio de Janeiro: Lumen Juris, 2010.

SAVATIER, René. *Le droit, l'amour et la liberté*. Deuxième Édition. Paris: Libraire Générale de Droit et de Jurisprudence, 1963.

SCHLÜTER, Wilfred. *Código civil alemão: direito de família*. Tradução da 9ª edição – totalmente revisada – de Elisete Antoniuk. Porto Alegre: Sergio Antonio Fabris Editor, 2002.

SCHREIBER, Anderson. *A proibição de comportamento contraditório*: tutela da confiança e *venire contra factum proprium*. 2ª ed. rev. e atual. Rio de Janeiro: Renovar, 2007.

SEREJO, Lourival. *Direito constitucional da família*. 2ª ed. rev. e atual. Belo Horizonte: Del Rey, 2004.

SILVA, José Afonso. *Curso de direito constitucional positivo*. 32ª ed., rev. e atual. até a Emenda Constitucional nº 57, de 18.12.2008. São Paulo: Malheiros Editores, 2009.

SIMÕES, Thiago Felipe Vargas. *A boa-fé nas relações familiares* in Revista Baiana de Direito, vol. 04: proteção ao princípio da boa-fé. Salvador: Editora JusPodivm, 2009.

——. *A emancipação decorrente da união estável: uma possibilidade jurídica* in Revista Brasileira de Direito das Famílias e Sucessões, vol. 29 – Ago/Set 2012. Porto Alegre: Editora Magister.

——. *O regime de bens como limite às sanções por improbidade administrativa* in Flávio Cheim Jorge; Marcelo Abelha Rodrigues; Eduardo Arruda Alvim. (Org.). Temas de Improbidade Administrativa. Rio de Janeiro: Lumen Juris, 2010.

SOUZA NETO, Cláudio Pereira. *Fundamentação e normatividade dos direitos fundamentais: uma reconstrução teórica à luz do princípio democrático* in A novo interpretação constitucional: ponderação, direitos fundamentais e relações privadas. Organização Luiz Roberto Barroso. 2ª ed., rev. e atual. Rio de Janeiro: Renovar, 2006

STEINMETZ, Wilson. *A vinculação dos particulares a direitos fundamentais*. São Paulo: Malheiros, 2004.

TALCIANI, Hernán Corral. *Bienes familiares y participación en los ganaciales*. Segunda edición actualizada. Santiago: Editorial Juridica de Chile, 2012.

TARREGA, Maria Cristina Vidotte Blanco. *Autonomia privada e princípios contratuais no código civil*. São Paulo: RCS Editora, 2007.

TARTUCE, Fernanda. *Processo civil aplicado ao direito de família*. São Paulo: Editora Método, 2012.

TARTUCE, Flávio. *Manual de direito civil – volume único*. São Paulo: Editora Método, 2013.

TAVARES, André Ramos. *Curso de direito constitucional*. 5ª ed. rev. e atual. São Paulo: Saraiva, 2007.

TORRENTE, Andrea; SCHLESINGER, Piero. *Manuale di diritto privato*. Quindicesima edizione. Milano: Giuffrè, 1997.

TRABUCCHI, Alberto. *Istituzioni di diritto civile*. Trentesima nona edizione aggiornata con le riforme e la giurisprudenza. Padova: CEDAM, 1999.

TRIMARCHI, Pietro. *Istituzioni di diritto privato*. Undicesima edizione. Milano: Giuffrè Editore, 1996.

UBILLOS, Juan Maria Bilbao. *Eficacia horizontal de lós derechos fundamentales: las teorias y la practica in* Direito civil contemporâneo: novos problemas à luz da legalidade constitucional. Organizador Gustavo Tepedino. São Paulo: Editora Atlas, 2008.

VARELA, João de Matos Antunes. *Direito da família* – vol. I: direito matrimonial. Lisboa: Livraria Petrony, 1982.

VARGAS, Maricruz Gómez de la Torre. *El sistema filiativo chileno*. Santiago: Editorial Jurídica de Chile, 2007.

VASCONCELOS, Pedro Pais de. *Teoria geral do direito civil*. 3ª ed. Coimbra: Almedina, 2005.

VELOSO, Zeno. *Regimes matrimoniais de bens. in* Direito de família comtemporâneo. Coordenador Rodrigo da Cunha Pereira. Belo Horizonte: Del Rey, 1997.

VISINTINI, Giovanna. *Tratado de la responsabilidad civil* – tomo 1: la culpa como criterio de imputación de la responsabilidad. Traducción de Aída Kemelmajer de Carlucci. Buenos Aires: Editorial Astrea, 1999.

WIEACKER, Franz. *História do direito privado moderno*. 3ª ed. Tradução A. M. Botelho Hespanha. Lisboa: Fundação Calouste Gulbenkian, 2004.

XAVIER, M. Rita da Gama Lobo. *Limites à autonomia privada na disciplina das relações patrimoniais entre os cônjuges*. Coimbra: Almedina, 2000.

ZANNONI, Eduardo A. *Derecho de familia – tomo 1*. 5ª ed. actual. y ampl. Buenos Aires: Editorial Astrea, 2006.

Impressão:
Evangraf
Rua Waldomiro Schapke, 77 - POA/RS
Fone: (51) 3336.2466 - (51) 3336.0422
E-mail: evangraf.adm@terra.com.br